Mysterious Stories

Alexander Green

Загадочные истории

Александр Грин

Mysterious Stories

ISNB: 978-1-61895-260-8

Загадочные истории

ISNB: 978-1-61895-260-8

Эпизод при взятии форта "Циклоп"

I

– Завтра приступ! – сказал, входя в палатку, человек с измученным и счастливым лицом – капитан Егер. Он поклонился и рассмеялся. – Поздравляю, господа, всех; завтра у нас праздник!

Несколько офицеров, игравших в карты, отнеслись к новости каждый по-своему.

– Жму вашу руку, Егер, – вскричал, вспыхивая воинственным жаром, проворный Крисс.

– По-моему – рано; осада еще не выдержана, – ровно повышая голос, заявил Гельвий.

– Значит, я буду завтра убит, – сказал Геслер и встал.

– Почему – завтра? – спросил Егер. – Не верьте предчувствиям. Сядьте! Я тоже поставлю несколько золотых. Я думаю, господа, что перед опасностью каждый хоронит себя мысленно.

– Нет, убьют, – повторил Геслер. – Я ведь не жалуюсь, я просто знаю это.

– Пустяки! – Егер взял брошенные карты, стасовал колоду и стал сдавать, говоря: – Мне кажется, что даже и это, то есть смерть или жизнь на войне, в воле человека. Стоит лишь сильно захотеть, например, жить – и вас ничто не коснется. И наоборот.

– Я фаталист, я воин, – возразил Крисс, – мне философия не нужна

– Однако сделаем опыт, опыт в области случайностей, – сказал Егер. – Я, например, очень хочу проиграть сегодня все деньги, а завтра быть убитым. Уверяю вас, что будет по-моему.

– Это, пожалуй, легче, чем наоборот, – заметил Гельвий, и все засмеялись.

– Кто знает... но довольно шутить! За игру, братцы!

В молчании продолжалась игра. Егер убил все ставки.

– Еще раз! – насупившись, сказал он.

Золото появилось на столе в двойном, против прежнего, количестве, и снова Егер убил все ставки.

– Ах! – вскричал, горячась, Крисс. – Все это идет по вольной оценке. – Он бросил на стол портсигар и часы. – Попробуйте.

Богатый Гельвий утроил ставку, а Геслер учетверил ее. Егер, странно улыбаясь, открыл очки. Ему повезло и на этот раз.

– Теперь проиграться трудно, – с недоумением сказал он. – Но я не ожидал этого. Вы знаете, завтра не легкий день, мне нужно отдохнуть. Я проверял посты и устал. Спокойной ночи!

Он молча собрал деньги и вышел.

– Егер нервен, как никогда, – сказал Гельвий.

– Почему?

– Почему, Крисс? На войне много причин для этого. – Геслер задумался. – Сыграем еще?!

– Есть.

И карты, мягко вылетая из рук Геслера, покрыли стол.

II

Егер не пошел в палатку, а, покачав головой и тихонько улыбаясь мраку, перешел линию оцепления. Часовой окликнул его тем строгим, беспощадным голосом военных людей, от которого веет смертью и приказанием. Егер, сказав пароль, удалился к опушке леса. Пред выросшими из мрака, непоколебимыми, как литые из железа, деревьями, ему захотелось обернуться, и он, с тоской в душе, посмотрел назад, на черно-темные облака, тучи, под которыми лежал форт "Циклоп". Егер ждал последней, ужасной радости с той стороны, где громоздились стены и зеленые валы неприятеля. Он вспомнил о неожиданном выигрыше, совершенно ненужном, словно издевающемся над непоколебимым решением капитана. Егер, вынув горсть золота, бросил его в кусты, та же участь постигла все остальные деньги, часы и портсигар Крисса. Сделав это, капитан постоял еще несколько времени, прислушиваясь к тьме, как будто ожидал услышать тихий ропот монет, привыкших греться в карманах. Молчание спящей земли вызвало слезы на глаза Егера, он не стыдился и не вытирал их, и они, свободно, не видимые никем, текли по его лицу. Егер думал о завтрашнем приступе и своей добровольной смерти. Если бы он мог – он с наслаждением подтолкнул бы солнце к востоку, нетерпеливо хотелось ему покончить все счеты с жизнью. Еще вчера обдумывал он, тоскуя в бессоннице, не пристрелить ли себя, но не сделал этого из гордости. Его положение в эти дни, после письма, было для него более ужасным, чем смерть. Егер, хоть было совсем темно, вынул из кармана письмо и поцеловал смятую бумагу, короткое, глупое письмо женщины, делающей решительный шаг.

"Прощай навсегда, Эльза", – повторил он единственную строку этого письма. Мучительным, волнующим обаянием запрещенной отныне любви повеяло на него от письма, гневно и нежно скомканного горячей рукой. Он не знал за собой никакой вины, но знал женщин. Место его, без сомнения, занял в сердце Эльзы покладистый, услужливый и опытный Магуи, относительно которого он недаром всегда был настороже. Самолюбие мешало ему просить объяснений. Он слишком уважал себя и ее. Есть люди, не способные ждать и надеяться; Егер был из числа их; он не хотел жить.

Медленно вернулся он к себе в палатку, бросился на постель и ясно, в темноте, увидел как бы остановившуюся в воздухе пулю, ту самую, которую призывал всем сердцем. Неясный свет, напоминающий фосфорическое свечение, окружал ее. Это была обыкновенная, коническая пуля штуцеров Консидье, – вооружение неприятеля. Ее матовая оболочка была чуть-чуть сорвана в одном месте, ближе к концу, и Егер отчетливо, как печатную букву, различал темный свинец; пятно это, величиной в перечное зерно, убедительно, одноглазо смотрело на капитана. Прошла минута, галлюцинация потускнела и исчезла, и Егер уснул.

III

Белый туман еще струился над землей, а солнце пряталось в далеких холмах, когда полк, построенный в штурмовые колонны, под крик безумных рожков и гром барабанов, бросился к форту. "Циклоп", построенный ромбом, блестел веселыми, беглыми иллюминационными огоньками; то были выстрелы врассыпную, от них круто прыгали вперед белые, пухлые дымки, хлеща воздух сотнями бичей, а из амбразур, шушукая, вслед за тяжелыми ударами пушек, неслись гранаты. Егер бежал впереди, плечо к плечу с солдатами и каждая услышанная пуля наполняла его холодным сопротивлением и упрямством. Он знал,что той пули, которая пригрезилась ночью, услышать нельзя, потому что она не пролетит мимо. Солдат, опередивший его на несколько шагов, вдруг остановился, покачал головой и упал. Егер, продолжая бежать, осмотрелся: везде, как бы спотыкаясь о невидимое препятствие, падали, роняя оружье, люди, а другие, перескакивая через них, продолжали свой головокружительный бег.

"Скоро ли моя очередь?" – с недоумением подумал Егер, и тотчас, вспахав землю, граната разорвалась перед ним, плюнув кругом землей, осколками и гнилым дымом. Горячий, воздушный толчок остановил Егера на одно мгновение.

– Есть! – радостно вскричал он, но, встряхнувшись, здоровый и злой, побежал дальше.

Поле, по которому бежали роты генерала Фильбанка, дробно пылилось, как пылится, под крупным дождем, сухая грунтовая дорога. Это ударялись пули.

"Как много их, – рассеянно думал Егер, подбегая к линии укреплений. – Дай мне одну, господи!" – Нетерпеливо полез он первый по скату земляного вала, откуда, прямо в лицо, брызгал пороховой дым. За капитаном, скользя коленями по гладкому дерну, ползли солдаты. На гребне вала Егер остановился; его толкали, сбивали с ног, и уже началась тесная, как в субботней бане, медленная, смертельная возня. Гипноз битвы овладел Егером. Как в бреду, видел он красные мундиры своих и голубые – неприятеля: одни из них, согнувшись, словно под непосильной тяжестью, закрывали простреленное лицо руками, другие, расталкивая локтями раненых, лезли вперед, нанося удары и падая от них сами; третьи, в оцепенении, не могли двинуться с места и стояли, как Егер, опустив руки. Острие штыка протянулось к Егеру, он молча посмотрел на него, и лицо стало у него таким же измученным и счастливым, как вчера вечером, когда он пришел к товарищам сообщить о приступе. Но о штык звякнул другой штык; первый штык скрылся, а под ноги Егеру сунулся затылком голубой мундир.

Капитан встрепенулся. "Нет, госпожа Смерть! – сказал он. – Вы не уйдете". Он бросился дальше, ко рву и стенам форта, где уже раскачивались, отталкиваемые сверху, штурмовые лестницы. Его торопили, ругали, и он торопил всех, ругался и лез, срываясь, по узким перекладинам лестниц. Он бросался в самые отчаянные места, но его не трогали. Многие падали рядом с ним; иногда, отчаявшись в том, чего искал и на что надеялся, он вырывался вперед, совсем теряясь для своих в голубой толпе, но скоро опять становилось кругом свободно, и снова бой завивал свой хриплый клубок впереди, оттесняя Егера. Наконец, улыбнувшись, он махнул рукой и перестал заботиться о себе.

IV

Дней через шесть после взятия форта в палатку Егера зашел генерал Фильбанк. Капитан сидел за столом и писал обычный дневной рапорт.

– Позвольте мне лично передать вам письмо, – сказал Фильбанк, – после того, что вы показали при штурме "Циклопа", мне приятно лишний раз увидеться с вами.

– Благодарю, генерал, – возразил Егер, – но я был не более, как... Взгляд его упал на почерк адреса, он, молча, сам взял письмо из рук генерала и, не спрашивая обычного позволения, разорвал конверт. Руки его тряслись. Медленно развернув листок, Егер прочел письмо, вздохнул и рассмеялся.

– Ну, я вижу... – холодно сказал Фильбанк, – ваши мысли заняты. Ухожу.

Егер продолжал смеяться. От смеха на глазах его выступили слезы.

– Извините, генерал... – проговорил он, – я не в своем уме.

Они стояли друг против друга. Генерал, натянуто улыбаясь, пожал плечами, как бы желая сказать: "Я знаю, знаю, как частный человек, я сам"... – сделал рукой извиняющий жест и вышел.

– О глупая! – сказал Егер, прикладывая письмо к щеке. – О глупая! – повторил он так мягко, как только мог произнести это его голос, охрипший от команд и дождей. Он снова перечитал письмо. "Дорогой, прости Эльзу. Я поверила клевете на тебя, мне ложно доказали, что я у тебя не одна. Но я больше не буду".

– Ах вы, глупые женщины! – сказал Егер. – Стоит вам соврать, а вы уже и поверили. Я счастливый человек. За что мне столько счастья?

Затуманенными глазами смотрел он прямо перед собой, забыв обо всем. И вот, тихо задрожав, на полотнище палатки остановилось, как солнечный зайчик, неяркое, конусообразное пятно. Центр его, заметно сгущаясь, напоминал пулю. Конец оболочки, сорванный в одном месте, обнажил темный свинец.

Егер закрыл глаза, а когда открыл их, пятно исчезло. Он вспомнил о безумном поведении своем в памятное утро взятия форта и вздрогнул. "Нет, теперь я не хочу этого, нет". – Он перебрал все лучшие, радостные мгновения жизни и не мог найти в них ничего прекраснее, восхитительнее, божественнее, чем то письмо, которое держал теперь в руках.

Он сел, положил голову на руки и долго, не менее часа, сидел так, полный одним чувством. Когда заиграл рожок, он не сразу понял, в чем дело, но, поняв, внутренне потускнел и, повинуясь привычке, выбежал к построившейся уже в боевой порядок роте. Наступал неприятель.

Стрелки рассыпались, выдвигаясь цепью навстречу неприятельскому арьергарду, откуда, словно приближающийся ливень, летела, рассыпаясь, пыльная линия ударяющих все ближе и ближе пуль. Егер, следуя за стрелками, ощутил не страх, а зудливое, подозрительное беспокойство, но тотчас, как только глухие щелчки, пыля, стали раздаваться вокруг него, беспокойство исчезло. Его сменила теплая, благородная уверенность. Сильным, спокойным голосом отдал он команду ложиться, улыбнулся и упал с пробитой головой, не понимая, отчего земля вдруг поднялась к нему, бросившись на грудь.

– Удивительно крепкие пули, – сказал доктор в походном лазарете своему коллеге, рассматривая извлеченную из головы Егера пулю. Она даже не сплюснулась. Чуть-чуть сорвало оболочку.

– Это не всегда бывает, – возразил второй, умывая темные, как в перчатках, руки, – и пуля Консидье может, попав в ребро костяка, разбиться.

Он стал рассматривать крошечный, весом не более пяти золотников, ружейный снаряд. У конца его была слегка сорвана оболочка и из-под нее темнел голый свинец.

– Да, гуманная пуля, – сказал он. – Как по-вашему, дела капитана?

– Очень плохо. На единицу.

– С минусом. Геслер был крепче, но и тот не выжил.

– Да, – возразил первый, – но этот счастливее. Он без сознания, а тот умер, не переставая кричать от боли.

– Так, – сказал второй, – счастье условно.

Происшествие в квартире г-жи Сериз

I

Калиостро не умер; его смерть выдумали явно беспомощные в достижении высших истин рационалисты. Во времена Калиостро или, вернее, в ту эпоху, когда великий человек этот стоял на виду, рационалисты были еще беспомощнее. У них накопилось кое-что, правда: Ньютоново яблоко, Лавуазье[1] и т.п., но какими пустяками казалось это в сравнении с циклопическими знаниями знаменитого Калиостро! Ламбаль и Прекрасная Цветочница своевременно убедились в них[2]. Итак, рационалисты, эмпирики[3] и натуралисты смертельно завидовали Калиостро, бессмертному и неуязвимому в своей мощи. Они ловко использовали то обстоятельство, что гениальный итальянец встретил ледяной прием в столице нашего отечества, а двор Екатерины, воспитанный на малопитательном для ума смешении юмориста Вольтера с стеклоделом Ломоносовым и футуристом Тредьяковским, не мог усвоить всей ценности знаний своего великого гостя.

Неуспех Калиостро приписали его бессилию, а отсюда заключили, что он смертен. Никто, правда, не видел его гроба, но общий голос решил: «помер, где-нибудь; тайно, стыдливо помер; помер, как пить дать». И это рационалисты! Но он, как сказано, не погрешил этим.

Калиостро, наскучив колоссальным театром истории, кою наблюдал около пяти тысяч лет, оставил мудрую Клио[4] и удалился на одну из Гималайских вершин – Армун, затерянную в обширных джунглях. Это произошло в 1823 году. На Армуне Калиостро занялся чистым знанием: постижением начала вселенной – занятие, малопонятное игроку на биллиарде или ялтинскому проводнику, но

---

[1] Лавуазье, Антуан, Лоран (1743-1794) - французский химик.
[2] Принцесса Ламбаль, подруга Марии-Антуанетты, зверски убитая во время сентябрьских убийств. Прекрасная Цветочница - прозвище девушки из народа, посаженной на раскаленные острия пик санкюлотов по приказанию Теруан-де-Мерикур, любовницы Марата. Смерть обеих была предсказана Калиостро в 1789 году.
[3] Эмпирики - последователи учения, признающего опыт (чувственное восприятие) единственным средством достоверного познания.
[4] Клио - в древнегреческой мифологии одна из девяти муз, покровительница истории.

единственное, на чем мог сосредоточить теперь пламя своего ума Калиостро, знающий все. Воспитанник халдейских жрецов[5], основатель масонских лож и сенешал[6] Розенкрейцеров[7], – он не очень-то стеснялся на Армуне с покорной ему материей. Сложное, непреодолимое движение его воли мгновенно перевело идею предметов в первооснову материи; она, забушевал, приняла послушные формы, и на снеговой вершине Армуна сверкнул, как выстрел, мраморный дворец, застыв в законной неподвижности веса и трех измерений.

II

В конце июля 1914 года большой пантакль Соломона, лежавший на письменном столе Калиостро, издал тихий звон и на краях его вспыхнули голубые пятна тусклого, как сумерки, света. Это указывало на сотрясение мирового эфира. Заинтересованный Калиостро посмотрел в овальное зеркало Сведенборга и увидел символы огромной войны, предсказанной Сен-Жерменом еще в 1828 году. Множество других признаков подтверждало это: резец из горного хрусталя, укрепленный над девственным пергаментом, писал знак Фалега, духа планеты Марс; неподвижно висевший в воздухе цветок Мира завял, и тень крови пала на благородное чело бюста Агриппы[8].

Согласно договору, заключенному лет триста назад между Калиостро и десятью сефиротами, элементалами Белой магии, – Калиостро мог постигать смысл текущих событий и развитие их не иначе, как совершив предварительно акт Добра, направленный против Самоэля, духа яда и смерти. Вспомнив это и горя желанием проникнуть в разум событий, он немедленно приступил к действиям.

– Мадим, Цедек, Шелом-Иезодот, – тихо сказал он, – ко мне! Моя мысль – моя воля!

Погас свет, и тотчас в глубоком мраке наметились гигантские очертания трех сефиротов; контуры эти колебались, светились – напряглись, получили непроницаемость, вес, тело, дыхание – и пол скрипнул под их ногами.

Цедек был сефирот прямоты, Мадим – страшной силы, Шелом-Иезодот – разрушителем оснований, то бишь принципов.

– Цедек, разбей воздух на запад, – сказал Калиостро, – Мадим, уничтожь пространство, а ты, Шелом-Иезодот, как самый ленивый,

---

5 Халдейские жрецы - жрецы из Вавилонии, правившие ею в 625-537 гг. До н.э.

6 Сенешал - королевский дворецкий во Франции V-VIII веков.

7 Розенкрейцеры - члены возникших в XVII веке в Европе религиозно-философских тайных обществ, слившихся впоследствии с масонами.

8 Агриппа - Марк Випсаний Агриппа (ок. 63-12 до н.э.) - римский полководец, строитель многих сооружений в Древнем Риме - водопровода, Пантеона и др.

получишь более всех работы. Разрушь мое принципиальное равнодушие к судьбе людей!

Вновь вспыхнул свет; фантомы исчезли; беззвучный ураган молнией пролетел от Армуна к Бельгии; пространство пало, воздух исчез полосой в сто футов, а непоколебимое равнодушие Калиостро сменилось доброй улыбкой. И вот первое, что увидел он в стране горя и что должно было послужить взяткой сефиротам за единение с Разумом событий, именуемым Ацилут.

III

В маленькой, но чистой квартире, соблазнительно уютной и светлой, сидела в кресле ушедшего под форты мужа маленькая госпожа Сериз. Опишем наружность ее, которая понравилась Калиостро: чистый, правильный лоб, мягкий профиль, темнорусые волосы, нежный рот и все нежное. Взгляд ее темных глаз был важный и милостивый, и светилось в нем порядочно некой хорошей глупости, что извинительно, так как юной женщине этой было всего двадцать лет. Глаза ее были вчера заплаканы, а сегодня остались в них следы слез – тяжесть ресниц.

Госпожа Сериз занималась вот каким делом: она читала роман, судьба героев которого напоминала ее судьбу; в этом романе Альберт Вуаси тоже ушел на войну и у него тоже была жена. Разумеется, г-жа Сериз сделала эту жену собой, а господина Вуаси – господином Сериз. В процессе чтения вздумалось ей загадать следующее: если Вуаси благополучно вернется, то и Сериз благополучно вернется, а если Вуаси неблагополучно вернется, то и Сериз последует его примеру. С пылкостью, свойственной любви и молодости, г-жа Сериз тотчас же уверовала в гадание и гадала уже триста пятнадцатую страницу, как вдруг, перевернув ее, увидела карандашную надпись, выведенную нем-то на переплете: «Дико и некультурно вырывать страницы; на это способен только немец; стыдитесь, неизвестный вырыванец!»

Увы! последние страницы были вырваны! А г-жа Сериз и не подозревала этого! Гадание, таким образом, кончалось на следующих словах: «Шатаясь от усталости, Альберт Вуаси обнажил палаш и кинулся к по...». Дальше шла вышеупомянутая справедливая надпись. Г-жа Сериз топнула обеими ножками и едва не заплакала. Что произошло с Вуаси? И к чему кинулся он, к какому такому «по...». Если это – пороховой погреб – от Вуаси мало чего осталось. Если – по...лку, то он тоже не выстоял один против сотен людей. Если – по...гибели, то... каждый понимает, что это значит и не следовало писать такой глупый роман.

Видя огорчение госпожи Сериз, Калиостро, стоя на вершине Армуна, мыслью приказал явиться новому взводу сефиротов. То были: Бина, сефирот Разумного действия, Хесед, сефирот Сострадания и Нэтцах – Стойкость победы. С крыльев их сыпался

8

свет, их глаза заботливо смотрели на Калиостро, повиновались которому они охотно и без капризов.

– Я думаю, – сказал Калиостро, – я думаю нечто, что должно быть исполнено. Моя мысль – мое приказание!

Тотчас же сефироты прониклись его желаниями и скрылись. Бина, исчезая, усмехнулся: ему нравилось интересное поручение. В мгновение, столь быстрое, что оно не было даже временем, он принял вид Альберта Вуаси и явился перед г-жой Сериз, которая к этому моменту была лишена Калиостро способности изумляться – на время визита Бины. Ее состояние допускало теперь, незаметно для нее самой, принимать как должное все, что бы она не увидела.

– Здравствуйте, г-жа Сериз! – сказал Вуаси-Бина, оправляя гусарский ментик, – «...следнему неприятельскому солдату».

– Г-н Вуаси! – строго заявила г-жа Сериз. – Вы исчезли с триста пятнадцатой страницы, хотя должны были гнать, что я гадаю на вас. Вы исчезли, оставив это страшное «по...».

– Так, – сказал Вуаси-Бина. – Я кинулся к последнему неприятельскому солдату и взял его в плен.

– Так ли, г-н Вуаси?

– Да, это так. Поверьте, мне лучше знать: ведь я герой того романа, что лежит на вашем столе. Впоследствии, когда вам попадет в руки второй, целый экземпляр этой книги, вы почувствуете ко мне полное доверие.

– Значит, вы благополучно вернулись?

– Чрезвычайно благополучно. Настолько благополучно, что советовал бы некоторым дамам гадать на мою особу, – в известных целях.

Г-жа Сериз покраснела и стала кашлять. Она покашляла с минуту, не более, но так выразительно, что Бина-Вуаси счел долгом помочь ей.

– Г-н Сериз, конечно, здоров, – сказал он. – Он вернется.

– Вы думаете?

– Я знаю это. Ему ворожила очаровательная бабушка будущих своих внуков.

Г-жа Сериз, в виде благодарности, заинтересовалась положением самого Вуаси.

– Так вы, значит, женились на мадемуазель Шеврез?

– Как полагается.

– По любви?

– Да.

– И были ей хорошим мужем?

– Сударыня, – возразил Вуаси-Бина, – автор в противном бы случае не сел бы писать роман.

Г-жа Сериз растроганно протянула ему руку. Но окончился срок сефирота: материя, коей был облечен он, распалась в ничто, и рука женщины встретила пустоту и вернулось изумление.

– Что это? – сказала она, вздрагивая. – Я, кажется, слишком

много думала об этом романе. С кем говорила я? Ах, тоска, тоска! Был здесь г-н Вуаси или нет? Если он был, то уход его не совсем вежлив.

Она томилась, и тут начал работать Хесед, коему поручено было рассмешить г-жу Сериз, это во-первых, и внушить ей Радостную уверенность – во-вторых. Сефирот оживил фотографию г-на Сериз, стоявшую на каминной доске. Как только взгляд г-жи Сериз упал на этот портрет – с ним произошли поразительные, странные вещи: левая рука ловко закрутила черный, молодой ус; один глаз комически подмигнул, а другой стал вращаться непостижимым, но совершенно не безобразным образом, и г-жа Сериз окаменела от удивления. А глаз все подмигивал, ус все топорщился, и было это так нежно и смешно, что г-жа Сериз, не выдержав, расхохоталась. Этого и добивался Хесед; тотчас же он проник в доступное в эту минуту сердце женщины и Радостная уверенность была с ней. Конечно, она долго протирала глаза, когда портрет успокоился, но это ничего не сказало ей; она бессильна была решить – было то, что было, или же было то, чего не было? Так гениальный Калиостро распорядился ее сознанием.

IV

Третий сефирот, Нэтцах, очутился на гребне бельгийского окопа и тщательно поймал своею крепкой, как алмаз, рукой штук девять шрапнельных пуль, готовившихся пробить г-на Сериз. Он так и остался при нем, щелкая время от времени пальцем по некоторым весьма назойливым гранатам и бомбам. Сефироты, как и люди, нуждаются в отдыхе; отдых Нэтцаха, когда он предавался ему, состоял в том, чтобы портить неприятельские материалы. Он трансформировал взрывчатые вещества, делая из пороха нюхательный табак, – тогда при выстреле все чихали, и чихали так долго, что уж никак не могли взять верный прицел; или забивал пулеметы сжатым ветром, отчего пули их летели не далее трех шагов.

Много поднялось к небу душ с поля сражения, но не было среди них ни одной немецкой души. «Есть ли душа у немца?» – размышлял сефирот. Оставим его решать этот вопрос: мы уже решили. Есть, но она в пятках и не показывается.

Калиостро посмотрел в зеркало Свенденборга и увидел, что приказания выполнены. Тогда он взглянул наверх, к высокому потолку, где в сумерках снегового вечера тихо плавали чудесные лилии Ацилут – Мира сияния. Лилии издавали тонкий, прекрасный аромат, и аромат этот был Разум событий, и Калиостро погрузился в него. Каждому открыт Разум событий, кто поступает, как поступил Калиостро, но немногие знают это.

Вокруг вершины Армуна бушевала метель. К огромному зеркальному окну дворца подошел каменный баран; гордые, голодные глаза его выразительно смотрели на Калиостро, а на великолепных рогах белел снег.

– Ступай, дикий, ступай, – сказал Калиостро, – немного вниз и немного налево! Там есть еще довольно травы.

Баран исчез, и был ему по его бараньему положению – травяной кусок хлеба.

Так жил могущественный Калиостро на пике горы Армун, в северном Индостане, где никогда и никто не видел его. Все, описанное здесь, – истинно, и в заключение можем мы привести одну из семи тайных молитв Энхеридиона, читаемую по воскресеньям:

«Избави меня, Господь, свое создание, от всех душевных и телесных страданий, прошедших, настоящих и будущих. Дай мне, по благости твоей, мир и здоровье и яви свою милость мне, слабому твоему созданию!»

Рассказ Бирка

Вначале разговор носил общий характер, а затем перешел на личность одного из присутствующих. Это был человек небольшого роста, крепкий и жилистый, с круглым бритым лицом и тонким голосом. Он сидел у стола в кресле. Красный абажур лампы бросал свет на всю его фигуру, за исключением головы, и от тени лицо этого человека казалось смуглым, хотя в действительности он был всегда бледен.

– Неужели, – сказал хозяин, глотая кофе из прозрачной фарфоровой чашечки, – не-у-же-ли вы отрицаете жизнь? Вы самый удивительный человек, какого я когда – либо встречал. Надеюсь, вы не считаете нас призраками?

Маленький человек улыбнулся и охватил руками колени, легонько покачиваясь.

– Нет, – возразил он, принимая прежнее положение, – я говорил только о том, что все мои пять чувств причиняют мне постоянную, теперь уже привычную боль. И было такое время, когда я перенес сложную психологическую операцию. Мой хирург (если продолжать сравнения) остался мне неизвестным. Но он пришел, во всяком случае, не из жизни.

– Но и не с того света? – вскричал журналист. – Позвольте вам сообщить, что я не верю в духов, и не трогайте наших милейших (потому что они уже умерли) родственников. Если же вам действительно повезло и вы удостоились интервью с дедушкой, тогда лучше покривите душой и соврите что-нибудь новенькое: у меня нет темы для фельетона.

11

Бирк (так звали маленького человека) медленно обвел общество серыми выпуклыми глазами. Напряженное ожидание, по-видимому, забавляло его. Он сказал:

– Я мог бы и не рассказывать ввиду почти полной безнадежности заслужить доверие слушателей. Я сам, если бы кто-нибудь рассказал мне то, что расскажу я, счел бы себя вправе усомниться. Но все же я хочу попытаться внушить вам к моему рассказу маленькое доверие; внушить не фактическими, а логическими, косвенными доказательствами. Все знают, что я – человек, абсолютно лишенный так называемого "воображения", то есть способности интеллекта переживать и представлять мыслимое не абстрактными понятиями, а образами. Следовательно, я не мог бы, например, правдоподобно рассказать о кораблекрушении, не быв свидетелем этой катастрофы. Далее, каждый рассказ убедителен лишь при наличности мелких фактов, подробностей, иногда неожиданных и редких, иногда простых, но всегда производящих впечатление большее, чем голый остов события. В газетном сообщении об убийстве мы можем прочесть так: "Сегодня утром неизвестным преступником убит господин N". Подобное сообщение может быть ложным и достоверным в одинаковой степени. Но заметка, ко всему остальному гласящая следующее: "Кровать сдвинута, у бюро испорчен замок", не только убеждает нас в действительности убийства, но и даёт некоторый материал для картинного представления о самом факте. Надеюсь, вы понимаете, что я хочу этим сказать следующее: подробности убедят вас сильнее вашего доверия к моей личности.

Бирк остановился. Одна из дам воспользовалась этим, чтобы ввернуть следующее замечание:

– Только не страшное!

– Страшное? – спросил Бирк, снисходительно улыбаясь, как будто бы говорил с ребенком. – Нет, это не страшное. Это то, что живет в душе многих людей. Я готов развернуть перед вами душу, и если вы поверите ей, – самый факт необычайного, о котором я расскажу и который, по-видимому, более всего вас интересует, потеряет, быть может, в глазах ваших всякое обаяние.

Он сказал это с оттенком печальной серьезности и глубокого убеждения. Все молчали. И сразу самым сложным, таинственным аппаратом человеческих восприятий я почувствовал сильнейшее нервное напряжение Бирка. Это был момент, когда настроение одного передается другим.

– Еще в молодости, – заговорил Бирк, – я чувствовал сильное отвращение к однообразию, в чем бы оно ни проявлялось. Со временем это превратилось в настоящую болезнь, которая мало-помалу сделалась преобладающим содержанием моего "я" и убила во мне всякую привязанность к жизни. Если я не умер, то лишь потому, что тело мое еще было здорово, молодо и инстинктивно стремилось существовать наперекор духу, тщательно замкнувшемуся в себе.

Употребив слово "однообразие", я не хочу сказать этим, что я сознавал с самого начала причину своей меланхолии и стремления к одиночеству. Долгое время мое болезненное состояние выражалось в неопределенной и, по – видимому, беспричинной тоске, так как я не был калекой и свободно располагал деньгами. Я чувствовал глухую полусознательную враждебность ко всему, что воспринимается пятью чувствами. Всякий из вас, конечно, испытывал то особенное, противное, как кислое вино, настроение вялости и томительной пустоты мысли, когда все окружающее совершенно теряет смысл. Я переживал то же самое, с той лишь разницей, что светлые промежутки становились все реже и, наконец, постепенно исчезли, уступив место холодной мертвой прострации, когда человек живет машинально, как автомат, без радостей и страданий, смеха и слез, любопытства и сожаления; живет вне времени и пространства, путает дни, доходит до анекдотической рассеянности и, в редких случаях, даже теряет память.

Случай показал мне, что я достиг этого состояния трупа. На площади, на моих глазах, днем, огромный фургон, нагруженный мебелью, переехал одно из безобидных существ, бегающих с картонками, разнося шляпы и платья. Подойдя к месту катастрофы (не из любопытства, а потому, что нужно было перейти площадь) тем же ровным ленивым шагом, каким все время я шел, – я машинально остановился, задержанный оравой разного уличного сброда, толпившегося вокруг бледного, как известка, погонщика. Девочка лежала у его ног, лицо ее, густо запачканное грязью, было раздавлено. Я видел только багровое пятно с выскочившими от боли глазами и светлые вьющиеся волосы. Сбоку валялась опрокинутая картонка – причина несчастья. Как говорили в толпе, фургон ехал рысью; малютка уронила свою ношу под самые ноги лошадей, хотела схватить, но упала, и в то же мгновение пара подков превратила ее невыспавшееся личико в кровавую массу.

Толпа страшно шумела, выражая свое негодование; трое полицейских с трудом удерживали дюжих мещан, желавших немедленно расправиться с погонщиком. Я видел слезы на глазах женщин, слышал их всхлипывания и, постояв секунд пять, двинулся дальше.

Повторяю: я все это видел и слышал, но мои нервы остались совершенно покойны. Я не чувствовал этих людей, как живых, страдающих, потрясенных, рассерженных, я видел одни формы людей, колеблющиеся, размахивающие руками; черты лиц, меняющие выражение; слышал то громкие, то тихие восклицания; шумные вздохи прибежавших издалека; но это были только звуки и линии, формы и краски, неспособные дать мне малейшее представление о чувствах, волновавших толпу. Я был спокоен; через двадцать шагов началась улица, я зашел в табачную лавку и купил запонки.

Вечером, механически перелистывая книгу истекшего дня, я заинтересовался своим отношением к жизни как раз по поводу вышеописанного происшествия. Быть может, вы замечали, что зрелище поденщика, раскалывающего дрова под вашим окном, вызывает в вас настолько ясные представления о мускульных усилиях дровокола, что вы сами испытываете некоторое внутреннее напряжение всякий раз, когда топор взвивается над поленом. Ритм жизни, кипевший вокруг меня, можно было сравнить именно с движениями человека, занятого трудной работой; но я лишь гальванически отражал ее. Такое состояние духа, вероятно, никогда не доставило бы мне малейшей тревоги, если бы не неимоверная скука, порождавшая раздражительность и тоску. Я не находил себе места; родственники с тревогой следили за моим поведением, так как я терял аппетит, худел и делался невыносим в общежитии, внося своей неуравновешенностью полный разлад в семью.

Разумеется, я много размышлял о себе и сделал ряд наблюдений, одно из которых явилось для меня фонарем, бросившим свет на темные, полусознательные пути моего духа. Так, я заметил, что чувствую некоторое удовлетворение, совершая загородные прогулки, вдали от зданий. Надо сказать, что с самого детства зрительные ощущения являлись для меня преобладающими, комплекс их совершенно определял мое настроение. Эта особенность была настолько сильна, что часто любимые из моих мелодий, сыгранные в отталкивающей обстановке, производили на меня неприятное впечатление. Основываясь на этом, я постарался провести параллель между зрительными восприятиями города и загородного пейзажа. Начав с формы, я применил геометрию. Существенная разница линий бросалась в глаза. Прямые линии, горизонтальные плоскости, кубы, прямоугольные пирамиды, прямые углы являлись геометрическим выражением города; кривые же поверхности, так же, как и кривые контуры, были незначительной примесью, слабым узором фона, в основу которого была положена прямая линия. Наоборот, пейзаж, даже лесной, являлся противоположностью городу, воплощением кривых линий, кривых поверхностей, волнистости и спирали.

От этого определения я перешел к краскам. Здесь не было возможности точного обобщения, но все же я нашел, что в городе встречаются по преимуществу темные, однотонные, лишенные оттенков цвета, с резкими контурами. Лес, река, горы, наоборот, дают тона светлые и яркие, с бесчисленными оттенками и движением красок. Таким образом, в основу моих ощущений я положил следующее:

Кривая линия. Прямая линия. Впечатление тени, доставляемое городом. Впечатление света, доставляемое природой. Всевозможные комбинации этих основных элементов зрительной жизни, очевидно, вызывали во мне то или другое настроение, колеблющееся, подобно звукам оркестра, по мере того, как видимое сменялось передо мной, пока чрезмерно сильная впечатлительность, поражаемая то одними и теми же, то подобными друг другу формами, не притупилась и не атрофировалась. Что же касается загородных прогулок, то относительно благотворное действие их являлось чувством контраста, так как в городе я проводил большую часть времени.

Продолжая углубляться в себя, я пришел к убеждению, что именно однообразие, резко ощущаемое мной, является несомненной причиной моего угнетенного состояния. Желая проверить это, я перебрал прошлое. Там ничего не было такого, что не переживалось бы другими людьми, и, наоборот, не было ничего доступного человеческой душе, чего не испытал бы и я. Разница была только в форме, обстановке и интенсивности. Разлагая свою жизнь на составные ее элементы, я был поражен скудостью человеческих переживаний; все они не выходили за границы маленького, однообразного, несовершенного тела, двух-трех десятков основных чувств, главными из которых следовало признать удовлетворение голода, удовлетворение любви и удовлетворение любопытства. Последнее включало и страсть к знанию.

Мне было двадцать четыре года, а в молодости, как известно, человек склонен к категорическим заключениям и выводам. Я произнес приговор самому себе. Одна из летних ночей застала меня полураздетым, с твердым решением в голове и стальной штукой в руках, заряженной на семь гнезд. Я не писал никаких записок: мне было совершенно все равно, как будут объяснять причину моей смерти. Взведя курою, я вытянулся, как солдат на параде, поднес дуло к виску и в тот же момент на стене, с левой стороны, увидел свою тень. Это было мое последнее воспоминание; тотчас же судорожное сокращение пальца передалось спуску, и я испытал нечто, не поддающееся описанию.

К сознанию меня возвратил резкий стук в дверь. Очнувшись, я мгновенно припомнил все происшедшее. Револьвер, хотя и давший осечку, возбуждал во мне невыразимое отвращение; обливаясь холодным потом, я отбросил его под стол ударом ноги и, шатаясь, открыл дверь. Горничная, вошедшая в комнату с кофейным прибором, взглянув на меня, выронила поднос. Я успокоил ее, как мог, сославшись на бессонницу. Был день, я пролежал без сознания семь часов.

Странно – но этот эпизод развлек меня и заставил сосредоточиться на только что пережитых ощущениях. Меня удивлял пароксизм ужаса перед моментом спуска курка. Инстинкт, не подвластный логике, цеплялся за жизнь, которая от общих своих основ и до самых последних мелочей была мне противна, как хинин здоровому человеку. Терзаясь этим противоречием, я чувствовал себя связанным по рукам и ногам. И вне и внутри меня, соединенный через тоненькую преграду - человеческий разум, клубился океан сил, смысл и значение которых были понятны мне столько же, сколько нож вивисектора понятен для обезьяны. И я, подобно тряпке, опущенной на дно быстрой речки, плыл, колеблясь от малейшей струи течения, из темного в неизвестное. Я был не я, а то, что давали мне в продолжение тридцати лет глаз, ухо и осязание.

Последовавший затем период отчаяния достиг такой напряженности, что я шесть дней не выходил из дома. Не знаю, выпил ли кто – нибудь за такой промежуток времени столько, сколько, расхаживая по комнате, выпил я. Вино обращалось в пожар, сжигающий мозг и кровь то светлыми, то отвратительными видениями тоски. Это был пестрый танец в тумане; цветок вина, уродливый, как верблюд, и нежный, как заря в мае; увлечение отчаянием, молитва, составленная из богохульств; блаженный смех в пытке, покой и бешенство. Я громко рассуждал сам с собой, находя огромное наслаждение в звуках собственного голоса, или лежал часами с ощущением стремительного падения, или сочинял мелодии, равных которым по красоте не было и не будет, и плакал от мучительного восторга, слушая их беззвучную, окрыляющую гармонию. Я был всем, что может представить человеческое сознание, – птицей и королем, нищим на паперти и таинственным лилипутом, строящим корабли в тарелку величиной.

Через шесть дней, в середине ночи, я проснулся от мгновенной тревоги, поднявшей волосы на голове дыбом, и тотчас же, дрожа от беспричинного страха, зажег огонь. Кроме меня, в комнате никого не было; только из большого туалетного зеркала смотрело лицо, воспаленное пьянством, страшное и жалкое. Это было мое лицо. С минуту я смотрел на него, не узнавая себя, потом встал, оделся, подгоняемый беспокойством и стремлением двигаться, и вышел на улицу.

Все спали, но ключ от входной двери был у меня, и я, не разбудив швейцара, покинул дом, направляясь к Новому мосту. Шел я без всякой цели, но быстро, как человек, боящийся опоздать, и помню, рассердился, когда какой-то прохожий, шедший впереди, то с левой, то с правой стороны тротуара, не сразу посторонился. Воздух был свеж и тих, я жадно глотал его и шел, все ускоряя шаги. У моста я остановился, свернул в боковую улицу и, проходя квартал за кварталом, достиг рынка. По мостовой, скользкой от сырости овощного мусора, беззвучно перебегали собаки, прячась за тумбами. Почувствовав небольшую усталость, я присел на огромный дырявый ящик и стал курить.

Нервы мои были так напряжены, что я чувствовал движение времени, отмечая его малейшим сокращением мускулов, неровностью дыхания и тяжелым, бесформенным течением мысли. Я не существовал, как целое; казалось, разбитое и собранное вновь тысячами частиц тело мое страдало физическим страхом перед новой смутной опасностью. В это время два человека вышли из-за угла и тщательно осмотрелись, светя ручным фонариком.

Пространство, разделявшее нас, было не более двух шагов, и я мог достаточно хорошо рассмотреть обоих, оставаясь сам незамеченным, так как столб, подпиравший навес лавок, скрывал мою особу. Один, с оплывшим от спирта угрюмо-благообразным профилем, одетый в коротенькую жакетку с поднятым воротником и котелок, державшийся на затылке, проворно сыпал как будто бессмысленными, ничего не говорящими фразами, набором слов, где общие выражения сталкивались и мешались с лексиконом, подобным тарабарскому языку. Другой, маленький, нервный, в старом пальто, с

16

лицом сморщенной обезьяны, то и дело хватался за поля шляпы, двигая ее взад и вперед, как будто голова его испытывала нестерпимую боль от прикосновения головного убора. Он настойчиво возражал, иногда возвышая свой и без того тонкий гнусавый голос, и беспомощно мотал подбородком, выражая этим, по-видимому, сомнение. Фонарик он судорожно сжимал левой рукой, и тень от его большого пальца, опущенного на стекло, падала огромным пятном в освещенный угол земли, между ящиком и запертой дверью здания.

Я скоро бы разобрал, кто эти люди, ведущие спор ночью, в глухом месте будь мое соображение несколько посвежее; но в тот момент я тупо смотрел на них, удивляясь лишь странной манере говорить. Оба они, появившиеся так внезапно и тихо, казались видениями яркого сна, навязчивыми образами, преследующими расстроенный мозг. Я, кажется, ожидал их исчезновения; по крайней мере ничуть бы не удивился, расплывись они в воздухе клубом дыма. Но оба, поговорив, сунули руки в карманы и мелким деловым шагом пошли в сторону.

Я безотчетно встал и пошел за ними, смутно догадываясь, что два вора выходят ночью не на пищеварительную прогулку, и втайне радуясь маленькому, слегка таинственному развлечению – видеть лоскут ночной жизни, так резко отличающейся от дневной, но подчиненной смене одних и тех же законов, знакомых, как лицо родственника. Ночь, с ее кошками, скрытым от глаз пространством, ворами, бродягами, приближающими в темноте странно блестящие глаза к вашему ожидающему лицу; с нарядно одетыми женщинами, дающими впечатление голых; с тишиной звука и звенящим молчанием – таинственна потому, что в недрах ее у бодрствующих начинает оживать все, убитое законами дня. И я, следуя по пятам за крошечным пятном фонаря, скользившего медленными зигзагами с плиты на плиту, чувствовал себя глазом ночи, причастным ее секретам, хитростям, целям и ожиданиям. Я был соглядатаем, участником из любопытства, звеном между мраком и воровским замыслом. Стараясь шагать беззвучно, я инстинктивно опускал ноги краем подошв и шел бесшумно, как зверь.

Те, за кем я следил, шли безостановочно и уверенно; они, видимо, двигались прямо к цели. Миновав соборную площадь и завернув к реке, они остановились у каменного пятиэтажного дома с огромным подъездом и тотчас же, не теряя времени, приступили к делу.

Я спрятался за угол дома и мог видеть, как маленький завертел руками, пытаясь сломать замок. Должно быть, это оказалось нелегким, потому что сухой треск железа повторялся раз пять, то слабее, то резче, а руки, опытные, проворные руки вора двигались с прежним усилием. Товарищ его то и дело совал ему что-то; маленький брал, кряхтя от нетерпеливой тревоги, и снова начинал взлом. Арсенал хитрых соображений и механических фокусов был пущен в ход перед моими глазами. И вдруг явилось желание попробовать счастья самому, стать вором на час, красться, таиться, разрушать без звука, ходить на цыпочках в незнакомой квартире, брать со страхом, рыться в столах и ящиках и бережно заглядывать в лица спящих светлой щелью фонарика.

Не раздумывая, я встал и твердым шагом пошел к подъезду. И тотчас же увидел мирных прохожих, слегка подвыпивших, но еще бодрых. Котелок сказал обезьяне:

– Позвольте попросить у вас закурить, я потерял спички.

– Пожалуйста, сударь, – ответил маленький, пристально окидывая меня взглядом. – Боюсь, не отсырели ли спички.

– Спички? – сказал я, поворачиваясь в их сторону, – спички есть у меня. Берите.

И я протянул ему спичечницу. Котелок взял ее, пожирая меня глазами. Маленький судорожно поклонился, пискнув:

– Вы очень вежливы!

– Да, по мере возможности! – Я улыбнулся как можно приятнее и раскланялся. – Надеюсь, вас это не обманет? К тому же у меня всегда сухие спички.

– Вы чрезвычайно вежливы, – настойчиво повторил маленький.

– Да, это странно, – отозвался глухим басом другой. – Какая нынче прекрасная погода!

– Погода так хороша, – подхватил я, – что даже не хочется сидеть дома, не правда ли?

Он, не сморгнув, ответил:

– Не отсыреют ли ваши спички, сударь? Воздух немного влажен и не совсем годен для здоровья.

– Другими словами, – сказал я, потеряв терпение, – я вам мешаю? Дверь эта крепкой конструкции.

Они еще силились улыбнуться, но тут же отступили назад, тревожно оглядываясь. Я подошел к ним вплотную.

– Вас двое, – сказал я, – против одного, значит, бояться нечего, тем более, что я вам вредить не буду. Я человек любопытный, ночной шатун человек, любящий приключения. Я хочу войти вместе с вами и украсть на память о сегодняшней ночи то, что придется мне по душе. Вероятнее всего я возьму какую-нибудь безделушку с камина, значит, вас не ограблю. Итак, вперед, Картуши[9], Ринальдини[10], коты в сапогах, валеты и жулики! Я войду с вами, как тень от вашего фонаря.

И только я закрыл рот, как оба повернулись и неторопливо пошли прочь, теряясь в сумраке. Они меня не боялись, это доказывал их презрительно – мерный шаг, но и не доверяли моей навязчивости. Шаги их звучали еще некоторое время, потом все стихло, и я остался один.

Тогда я подошел к двери и тщательно ее осмотрел. Это была большая дверь стильных домов, с бронзой и матовыми стеклами. Чиркнув спичкой, я осветил замочную скважину; она носила следы

---

[9] Картуш, Луи (1693-1721) - французский разбойник.

[10] Ринальдини, Ринальдо - разбойник, герой "разбойничьего романа" Х.А.Вульпиуса (1762-1827). В России перевод романа впервые опубликован в 1802-1804 гг. без имени автора.

взлома, медный кружок был сбит, и, кроме того, рядом с дверной ручкой зияли два свежепросверленные отверстия. Машинально я потянул ручку; к величайшему моему удивлению, дверь раскрылась совершенно свободно, как днем.

С минуту я стоял неподвижно, так как не ожидал этого. Они сделали свое дело, и я помешал им войти на лестницу. Я мог теперь воспользоваться плодами чужих трудов и, если соображение и находчивость придут на помощь, войти в любую квартиру. Мысль эта привела меня в состояние сильнейшего возбуждения я был уже вором, испытывая страх, нетерпение и острую жажду неизвестного, лежащего за каждым порогом. Я чувствовал себя скрытным, ловким, бесшумным и осторожным.

Тщательно притворив за собой дверь, я медленно распахнул вторую, внутреннюю. Было темно и тихо, толстый ковер площадки мягко уперся в мои подошвы, как бы приглашая идти смелее. С сильно бьющимся сердцем прошел я мимо каморки швейцара, поднялся по лестнице и остановился у первой двери.

И тотчас же мое напряжение сменилось чувством усталости, смешанным с тревожным разочарованием. Мне нечем было открыть дверь. Без инструментов и ключей – и, даже будь у меня орудия, без знания, как употребить их – я должен был неизбежно возвратиться назад с сознанием, что разыграл дурака. И, значит, все, что произошло ночью, было бесцельно; весь ряд случайностей, связанных одна с другой, – рынок, разговор двух, взлом двери и то, что я вошел сюда, в спящий дом, – все это произошло только затем, чтобы я мог уйти снова, бесшумно и незаметно.

Мысль эта показалась мне настолько абсурдной, что я громко расхохотался. Конечно, я не был простым вором, иначе я был бы уже в любой квартире и чувствовал себя там хозяином. Я не был даже вором в том смысле, что мною руководила корысть, связанная с риском преступления. Я не хотел ничего брать; я шел, увлекаемый тайной, предчувствием неизвестного, порогом чужой жизни, тревогой бессонницы и смутным предчувствием логического конца. И от этого удовлетворения меня отделяла дверь, открыть которую я не мог.

– Если конец должен быть, дверь откроется.

Я машинально прошептал эти слова, но тотчас же смысл их вспыхнул, как порох от угля. В самом деле, я еще не пробовал открыть дверь! Тогда, замирая от ожидания, я отыскал ручку и тихо, медленно сокращая мускулы, потянул к себе дверь. Она была заперта.

Новый прилив возбуждения схлынул – я отошел и уселся на подоконнике, ноги мои дрожали. Растерявшись, не будучи в состоянии предпринять что-нибудь, я вытащил портсигар и стал курить.

Прошла минута, другая; табак постепенно оказывал свое действие. Волнение улеглось, мысль текла спокойнее, но так же напряженно и резко, с болезненной отчетливостью каждого слова, выступавшего, как напечатанное, всеми буквами. Какой мог быть конец? Я представил себе, что дверь открыта, и я блуждаю по темным комнатам. Передняя, гостиная, зал, кабинет, спальня и кухня – вот пространство, которое я мог обойти и увидеть то, что знакомо, обстановку средней руки; самое большее, лица спящих. Итак, постояв минут пять в потемках с риском быть пойманным, как грабитель, я должен уйти тихо и осторожно, как настоящий вор. Отсюда напрашивались два заключения: 1) входить незачем; 2) конца не будет.

И хотя была очевидна правильность моего рассуждения, глухое бешенство сбросило меня с подоконника, как ветер – клочок бумаги. Я подошел к двери с дерзостью отчаяния, с страстным желанием войти и убедиться, что ничего нет. Логика приводила меня к бессилию, рассуждение – к отступлению, простое бессознательное движение мысли – к мертвому тупику. Я бросился на штурм своего собственного рассудка и поставил знамение желания там, где была очевидность. В несколько секунд я пережил столкновение сомнений и несомненности, иронии и экстаза, страха и ожидания; и когда, наконец, ясная твердая решимость остановила лихорадочную дрожь тела – почувствовал себя таким разбитым и ослабевшим, как будто по мне бежала толпа. Я – знал, что будет.

Несомненным, действительно несомненным было для меня то, что ни квартиры, ни мебели, ни людей нет. Есть неизвестное. То, к чему невольно, непреодолимо, неизбежно пришел я ночью, не зная, что меня ждет. Я стоял на пороге чуда. Я стоял перед всем и перед ничем. Я стоял перед смыслом рынка, котелка, обезьяны, взломанной двери, коробки спичек и своего присутствия.

Тогда, против моей воли, скрытое стало приобретать зрительные образы, цвета воспаленной мысли. Симфония красок кружилась перед моими глазами, и переливы их были музыкальны, как оркестровая мелодия. Я видел пространство, границами которого были звуки, музыка воздуха, движение молекул. Я видел роскошь бесформенного; материю в ее наивысшей красоте сочетаний; движущиеся узоры линий; изящество, волнующее до слез; свет, проникающий в кровь. Я был захвачен оргией представлений. И бессознательно, как хозяин, вынул из бокового кармана ключ.

Момент, когда мне показалось, что все это было, и я уже когда – то стоял так же на лестнице, был мал, как движение крыльев стрижа, порхающего над озером. Я с трудом уловил его. И, погрузившись в себя, замер от ожидания.

Ключ был в моих руках, маленький, медный ключ не от этой двери, но я уже знал, что войду. Уверенность моя была так велика, что я даже не удивился, когда, вложив его в скважину, услышал, как замок щелкнул мягким, странно знакомым звуком. Я волновался так сильно, что принужден был остановиться и переждать припадок сердцебиения. Затем отворил дверь и, шагнув, очутился в темном, нагретом воздухе.

Не помню в точности, что переживал я тогда. Прямо был коридор; я угадал это по особому ощущению тесноты, хотя и не прикасался к стенам. Я двигался по нему как во сне, не зажигая спички,

20

руководимый инстинктом, и, когда сделал десять шагов, понял, что надо остановиться. Почему? Я сам не знал этого. Тело мое было неудержимо и как будто привычно стремилось направо, где, по смутно мелькнувшему убеждению, должна была находиться дверь.

Я шел на цыпочках, сдерживая дыхание... Прежде чем повернуть вправо, я невольно поколебался. Почему – дверь? Я протянул руку, ощупывая ее, и тут, второй раз, неуловимо, как тень от выстрела, скользнуло воспоминание, что этот момент был. Я так же, но неизвестно когда, стоял в темноте коридора, щупая дверь.

Отчаянный страх парализовал мои члены. Ясно, всем существом своим я чувствовал, что сейчас произойдет что-то невообразимое, абсурдное, невозможное. Трясущимися руками я достал спичку, зажег ее и, прежде чем осмотреться, невольно закрыл глаза. Сколько времени я простоял так – не помню, но когда огонь приблизился к пальцам и боль начинающегося ожога дала знать, что сейчас снова наступит тьма, – я взглянул, и в тот же момент спичка погасла, тлея кривой искрой. Но, несмотря на краткость момента, я увидел, что в стене направо действительно была дверь и что я стою в коридоре. Тогда я распахнул дверь, вошел и снова зажег свет.

Это была моя комната; все, начиная с мебели к кончая безделушками на камине, – было мое: картины, оконные занавески, книги, посуда, пол, потолок, обои, письменные принадлежности – все это было известно мне более, чем свое собственное лицо. С тяжестью в сердце, беспомощный сообразить что-нибудь, я обошел все углы, и каждый предмет, который встречали глаза, был мой. Ни одной вещи, способной опрокинуть кошмар чудовищного сходства, не было. Я был у себя.

Тогда, хватаясь за последнюю, безумную в основе надежду, я подался к кровати, отдернул занавески и увидел спящего человека. Человек этот был – я.

Здесь Бирк остановился, как бы собираясь с воспоминаниями. Последние его слова заставили многих переглянуться. Он продолжал:

– Я вышел на лестницу, спустился к швейцару, разбудил его и увидел заспанное, бритое, знакомое лицо. Овладев собой, я попросил его войти в мою комнату, осмотреть ее и вернуться. Он повиновался с некоторым удивлением; помню, шлепанье его туфель доставило мне огромное удовольствие. Через минуту он возвратился, и между нами произошел следующий разговор:

– Вы осмотрели всю комнату?
– Да.
– В ней никого не было?
– Совершенно.
– Вы осмотрели кровать?
– Да.
– Кто лежал на этой кровати?
– Она была пуста.
– Теперь, – сказал я, – будьте добры, взгляните на наружную дверь.

С изумлением, еще большим, чем прежде, он вышел на тротуар. Я слышал его возню, он нагибался, рассматривал и вдруг крикнул:

– Здесь были воры! Дверь сломана!

И он выпустил град ругательств.

Так как Бирк замолчал, я обратился к нему с вопросом.

– Потом вы вернулись к себе?

– Нет, – протянул он, полузакрывая глаза, – я ночевал в гостинице. Впрочем, это не имеет значения. Я мог бы, конечно, вернуться к себе, но чувствовал потребность успокоиться.

– А потом? – спросил журналист с тонкой улыбкой. – Потом с вами ничего не было?

– Ничего, – задумчиво сказал Бирк. Он был, видимо, утомлен и сидел, подпирая рукой голову. Больше ему не задавали вопросов, но в общем молчании веяло неясное ожидание. Наконец, хозяин сказал:

– Ваша история, действительно, чрезвычайно интересна. В ней много стремительной напряженности, экспрессии и... и...

– Игоря, – сказала женщина, просившая о нестрашном.

P.S. Записав этот рассказ, я пришел к убеждению, что дама ошиблась, предположив в истории Бирка элемент горя. Этот человек был всем нам известен, как очень богатый землевладелец, путешественник и гурман. Правда, его никто ни разу не уличал во лжи. Но как поручиться, что ему не пришло в голову желание искусной и, по существу, невинной мистификации? Также странно, что он говорил о себе, как о человеке, лишенном воображения; по - моему, то место в его рассказе, где он грезит перед запертой дверью, доказывает противное. Не менее подозрительны его слова в самом начале: "Я готов развернуть перед вами душу, и если вы поверите ей, – самый факт необычайного, который, по - видимому, более всего вас интересует, потеряет в ваших глазах всякое обаяние. Впрочем, я не берусь утверждать что - нибудь определенное без доказательств в руках". В его пользу говорит только одно: он ни разу не улыбнулся.

Путь

I

Замечательно, что при всей своей откровенности Эли Стар ни разу не проболтался мне о своем странном открытии; это-то, конечно, и погубило его. Признайся он мне в самом начале, я приложил бы все усилия, чтобы исправить дело. Но он был скрытен; может быть, он думал, что ему не поверят.

Все объяснилось в тот день, когда взволнованный Генникер, не снимая шляпы, появился в моем кабинете, нервно размахивая хлыстом, готовый, кажется, ударить меня, если я помешаю ему выражать свои ощущения. Он сел (нет – он с силой плюхнулся в кресло), и мы несколько секунд бодали друг друга взглядами.

– Кестер, – сказал он наконец, – думаете ли вы, что Эли порядочный человек?

Я встал, снова сел и вытаращил на него глаза.

– Вы выпили немного, Генникер, – сказал я. – Улыбнитесь сейчас же, тогда я поверю, что вы шутите.

– Вчера, – сказал он таким голосом, как будто читал по книге завещание одного из персонажей романа, – вчера Эли Стар пришел к нам. У него был подавленный, удрученный вид, он просидел с нами, как истукан, почти не разговаривая, до вечера.

После чая явился один из клиентов с просьбой перестроить фасад дома. Я уединился с ним, но сквозь неплотно притворенную дверь кабинета слышал, как моя сестра Синтия предложила Эли прогуляться в саду. Приблизительно через полчаса после этого, когда клиент удалился, Синтия с заплаканным лицом подошла ко мне. На ее голове был шерстяной платок, она только что вернулась из сада.

– Ну, что? – немного встревоженный спросил я. – Вы поссорились?

– Нет, – сказала она, подходя к окну, так что мне были видны только ее вздрагивающие плечи, – но между нами все кончено. Я не буду его женой.

Пораженный, я встал; первой моей мыслью было отыскать Эли. Синтия угадала мое движение. – Он ушел, – сказала она, – ушел так поспешно, что я даже не разобрала, в чем дело. Он говорил, кажется, что должен уехать. – Она рассмеялась злым смехом; действительно, Кестер, что может быть оскорбительнее для женщины?

Я засыпал ее вопросами, но мне не удалось ничего добиться. Эли ушел, отказался от своего слова, не объясняя причины. Попробуй защитить его, Кестер.

Я внимательно посмотрел на Генникера, его трясло от негодования, кончик хлыста бешено извивался на полу. Для меня это было еще большей неожиданностью.

– Может быть, он скажет тебе в чем дело, – продолжал Генникер. – До сих пор его прямые глаза служили мне отдыхом.

Я взял шляпу и трость.

– Посиди здесь, Генникер. Я прохожу недолго. Кстати, когда ты видел его последний раз? Раньше вчерашнего?

– В прошлое воскресенье, за городом. Он шел от парка к молочной ферме.

– Да, – подхватил я, – постой, вы встретились.

– Да.

– Ты поклонился?

– Да.

– И у него был такой вид, как будто он не замечает твоего существования.

– Да, – сказал изумленный Генникер. – Но тебя ведь с ним не было?

– Это не трудно угадать, милый; в то же самое воскресенье я встретился с ним лицом к лицу; но он смотрел сквозь меня и прошел меня. Он стал рассеян. Я ухожу, Генникер, к нему; я умею расспрашивать.

II

В серой полутьме комнаты я рассмотрел Эли. Он лежал на диване ничком, без сюртука и штиблет. Шторы были опущены, последний румянец заката слабо окрашивал их плотные складки.

– Это ты, Кестер? – спросил Стар. – Прости, здесь темно. Нажми кнопку.

В электрическом свете тонкое юношеское лицо Эли показалось мне детски-суровым – он смотрел на меня в упор, сдвинув брови, упираясь руками в диван, словно собирался встать, но раздумал. Я подошел ближе.

– Эли! – громко произнес я, стремясь бодростью голоса стряхнуть гнетущее настроение. – Я видел Генникера. Он взбешен. Поставь себя на его место. Он вправе требовать объяснения. Наверное, и меня это также немного интересует, ведь ты мне друг. Что случилось?

– Ничего, – процедил он сквозь зубы, в то время как глаза его силились улыбнуться. – Я попрошу прощения и напишу Синтии письмо, из которого для всех будет ясно, что я, например, негодяй. Тогда меня оставят в покое.

– Конечно, – сказал я мирным тоном, – ты или подделал вексель, или убил тетку. Это ведь так на тебя похоже. Элион Стар, я тебя спрашиваю – отбросим шутки в сторону, – почему ты обидел эту прекрасную девушку?

Эли беспомощно развел руками и стал смотреть вниз. Кажется, он сильно страдал. Я не торопил его; мы молчали.

– Расскажешь, – подозрительно сказал он, испытуще взглянув на меня. – Я не хочу этого, потому что мне нельзя верить, Кестер, – конечно, я отбрасываю прежнюю жизнь в сторону, но я не в силах поступить иначе. Если я расскажу тебе в чем дело, то погублю все. Вы – то есть ты и Генникер – отправите меня с доктором и будете уверять Синтию, что все обстоит прекрасно.

– Эли, я даю слово.

Не знаю почему, – эти мои вялые, неуверенные слова ободрили его. Может быть, он и сам искал случая поделиться с кем-нибудь тем странным и величественным миром, который стал близок его душе.

Он как будто повеселел. «В самом деле», – говорили его глаза. Но он все еще колебался; казалось, желание быть в роли вынужденного рассказчика превышало его собственную потребность в откровенности. Я продолжал уговаривать его, понукать, он сдавался. Излишне приводить здесь те скомканные полуотрывочные фразы, которые обыкновенно предшествуют рассказу всякого потрясенного человека. Эли высыпал их достаточно, пока коснулся сущности дела, и вот что он рассказал мне:

«Две недели назад утром я проснулся в тоскливом настроении духа и тела. К этому обычному для меня в последнее время состоянию примешивалось непонятное, тревожное ожидание. Вместе с тем я испытывал ощущение глубокого, торжественного простора, который, так сказать, проникал в меня неизвестно откуда; я был в четырех стенах.

Я вышел на улицу, погруженный в молчаливое созерцание солнечных улиц и движущейся толпы. У первого перекрестка меня поразил маленький цветущий холм, пересекавший дорогу как раз в середине каменного тротуара. С глубоким удивлением (потому что это центральная часть города) рассматривал я степную ромашку, маргаритки и зеленую невысокую траву. Тогда господин, шедший впереди меня по тому же самому тротуару, прошел сквозь холм, да, он погрузился в него по пояс и удалился, как будто это была не земля, а легкий ночной туман.

Я оглянулся, Кестер; город принимал странный вид: дома, улицы, вывески, трубы – все было как бы сделано из кисеи, в прозрачности которой лежали странные пейзажи, мешаясь своими очертаниями с угловатостью городских линий; совершенно новая, невиданная мною местность лежала на том же месте, где город. Случалось ли тебе испытывать мгновенный дефект зрения, когда все окружающее двоится в глазах? Это может дать тебе некоторое представление о моих впечатлениях, с той разницей, что для меня предметы стали как бы прозрачными, и я видел одновременно сливающимися, пронизывающими друг друга – два мира, из которых один был наш город, а другой представлял цветущую, холмистую степь, с далекими на горизонте голубыми горами.

Я был бы идиотом, если бы захотел дать тебе уразуметь степень потрясения, уничтожившего меня до полного паралича мысли; пестрая вереница красок сверкала перед моими глазами, небо стало почти темным от густой синевы, в то время как яркий поток света обнимал землю. Ошеломленный, я поспешил назад. Я пришел домой по каменному настилу мостовой и восхитительно густой траве изумрудного блеска. Поднимаясь по лестнице, я видел внизу, в комнате привратника, продолжение все той же, имевшей полную реальность картины – дикие кусты, ручей, пересекавший улицы.

С наступлением вечера двойственность стала тускнеть; еще некоторое время я различал линию таинственного горизонта, но и она угасла, как солнце на западе, когда мрак ночи охватил город.

На следующий день я проснулся, продолжая разглядывать второй мир земли с чувством непостижимого сладкого ужаса. Не было более оснований сомневаться; тот же странный, великолепный пейзаж сверкал сквозь очертания города; я мог изучать его, не поднимаясь с постели. Широкая, туманная от голубой пыли, дорога вилась поперек степи, уходя к горам, теряясь в их величавой громаде, полной лиловых теней. Неизвестные, полуголые люди двигались непрерывной толпой по этой дороге; то был настоящий живой поток; скрипели обозы, караваны верблюдов, нагруженных неизвестной кладью, двигались, мотая головами, к таинственному амфитеатру гор; смуглые дети, женщины нездешней красоты, воины в странном вооружении, с золотыми украшениями в ушах и на груди стремились неудержимо, перегоняя друг друга. Это походило на огромное переселение. Сверкающая цветная лента толпы, звуки музыкальных инструментов, скрип колес, крик верблюдов и мулов, смешанный разговор на непонятном наречии – все это действовало на меня так же, как солнечный свет на прозревшего слепца.

Толпы эти проходили сквозь город, дома, и странно было видеть, Кестер, как чистенько одетые горожане, трамваи, экипажи скрещиваются с этим потоком, сливаются и расходятся, не оставляя друг на друге следов малейшего прикосновения. Тогда я заметил, что лица смуглых людей, мужчин и женщин – ясны, как весенний поток.

Снова с наступлением темноты я перестал видеть виденное и проходил всю ночь, не раздеваясь, по комнатам. Куда идут эти люди? – спрашивал я себя. Движение не прекращалось вплоть до сегодняшнего дня. Кестер, я вижу изо дня в день эту стремительную массу людей, проходящих через великую степь. Несомненно, их привлекает страна, лежащая за горами. Я пойду с ними. Я твердо решил это, я завидую глубокой уверенности их лиц. Там, куда направляются эти люди, непременно должны быть чудесные, немыслимые для нас вещи. Я буду идти, придерживаясь направления степной дороги».

Он смолк. Лицо его было необыкновенно в этот момент, я действительно верил тогда, что Эли видит что-то непостижимое для обыкновенного человека. Он не мистифицировал. Глубокое волнение, с которым он закончил свой рассказ, производило потрясающее впечатление. Вместе с тем я чувствовал потребность немедленно идти к Генникеру и обсудить качества одной хорошей лечебницы.

Я ушел, оставив Эли в глубокой задумчивости. Мне нечего было сказать ему, расспросы же могли вызвать только новый приступ экзальтации. Генникера я не застал, он ушел, соскучившись ждать. Но на другой же день родственникам Эли пришлось поместить газетную публикацию:

«Разыскивается молодой человек, Элион Стар, среднего роста, блондин, с хорошими манерами, маленькие руки и ноги, тихий голос; вышел из дома с небольшим ручным саквояжем в 11 ч. утра. Указавшему местопребывание Стара будет выдано хорошее вознаграждение».

В солидной, купеческой гостиной сидели пожилые люди, коммерсанты, две барышни, их мамаша и я. Хозяин дома, выйдя из кабинета, сказал мне:

– Кестер, помните нашумевшую десять лет назад историю с загадочным исчезновением юноши Элиона Стар? Он был ваш друг.

– Да, помню, – сказал я.

– Он умер. Родственники его получили на днях полицейское официальное уведомление об этом из Рио-Жанейро. При нем нашли документы, указывающие его имя и звание.

Я встал.

– Да... бедняга, – продолжал хозяин, – он умер в отрепьях, с наружностью закоренелого бродяги, если судить по фотографической карточке, снятой полицейским врачом. Умер он в какой-то харчевне. Отец Эли за большие деньги выписал сюда этого врача, чтобы расспросить самому, как выглядел его сын.

– Он лежал совершенно спокойно, – сказал отцу Эли врач, – казалось, что он спит. В лице его было непонятно одно – улыбка. Мертвый, он улыбался.

Я наклонил голову, отдавая этим последнюю дань моему молодому другу. «Он улыбался». Неужели он нашел перед смертью страну, лежащую за горами?

Мертвые за живых

I

Бегство

Комон, иначе именуемый – Гимнаст, – начал игру с правительством. Почтенная игра эта угрожала так плотно, что утром, заслышав на коридоре ласковый перезвон шпор, Комон, не медля секунды, перестал завтракать. Он встал, выпрямился, все еще с набитым, жующим по инерции ртом; затем, решительно выплюнув непрожеванный сыр, поднял револьвер и подошел к двери.

– Откройте, – многозначительно воскликнул некто из коридора.

– Сколько вас? – спросил Комон. – Я спрашиваю потому, что, если вас очень много, вы не поместитесь все в одной комнате.

– Комон, именуемый Гимнаст. Откройте.

– Я потерял ключ.

– Ломайте, ребята, дверь.

– Я посмотрю на вас в дырочку, – сказал Гимнаст.

Он выстрелил несколько раз сквозь доски, соображая в то же время, куда бежать. Шум и грохот за дверью показал ему, что там шарахнулись. Он подбежал к окну, заглянул в шестиэтажное, узкое пространство улицы, перегнувшись в сторону таким могучим усилием, что тело несколько мгновений держалось за подоконник только носками, поймал водосточную трубу. Через минуту он спрыгнул на мостовую без шапки и с револьвером в зубах, напоминая кошку, уносящую воробья.

Осмотревшись, Гимнаст побежал с быстротой ящерицы. Вид бегущего человека не сразу разбудил инстинкты погони в уличной толпе, сновавшей вокруг. Прохожие остановились; некоторые из них, с видом лунатика, медленно пошли за бегущим, вопросительно смотря друг на друга, затем, вдруг сорвавшись, как будто им дали сзади пинка, бессмысленно помчались, крича: «Держи его, лови. Не пускай».

Комон был ловок и неутомим в беге. Согнувшись, чем уменьшал сопротивление воздуха, бросался он с одной стороны улицы на другую, вился вокруг карет, столбов, омнибусов, газетных киосков, распластывался, когда чувствовал на себе хватающую руку, и преследователь летел через него кувырком. Если бы ему пришлось бежать в пустом месте, Комон давно бы опередил всех, но как немыслимо пловцу опередить воду, так Гимнаст не мог оставить за собой город; за каждым углом, в каждом переулке и повороте, срывались за ним, хрипло крича, новые охотники; уличные собаки, бессознательно копируя людей, хватали Комона за пятки с грозным и воинственным лаем.

Четыре раза, спасаясь от поимки, Гимнаст оборачивался, швырял пули, и каждый раз происходило некоторое смертельное замешательство. Наконец, выбежав на площадь, Комон увидел, что к нему мчатся со всех сторон, и улизнуть трудно. Тогда, повинуясь инстинкту, матери всех человеческих дел, беглец ринулся в Исторический музей, опрокинув швейцара, взвился по роскошной лестнице в третий этаж и остановился, соображая, что делать; он употребил на это секунду.

II

Непочтение к праотцам

Музей только что открыл свои двери, и публики еще было немного. Комон бросился, не обращая внимания на изумленных посетителей, через множество зал, в самую длинную, кривую и сумеречную, напоминающую лес от множества загромождавших ее витрин, подставок, щитов с оружием, целого войска мумий и ширм, похожих на театральные кулисы; по ширмам этим, живописно блестя на темном бархате, висели кольчуги, латы, шлемы, набедренники, топоры, луки, стрелы, арбалеты[11], мечи, палаши, кинжалы и сабли. Древние золотые венцы греческих героев покоились на столбах; лес копий, знамен и бунчуков таился в углах. Каждая вещь здесь взывала к бою, вооружению, сопротивлению, ударам и натиску.

Первое, что сделал Комон, – это баррикаду у захлопнутой за собой двери. Он навалил на нее трех оглушительно зазвеневших стальных рыцарей времен Меровингов[12], на рыцарей бросил полдюжины фараонов Верхнего Нила, вместе с их раскрашенными ящиками; поверх всего опрокинул, сломав, несколько витрин с монетами, которые раскатились по полу совершенно так, как раскатывались, если их просыпали при Гамилькаре Барке. На это Комон употребил две минуты.

С тою же быстротой, следствием большой нервности и физической силы, Гимнаст, отбросив пустой револьвер, одел тяжелую мягкую кольчугу, шлем, опустил забрало и немного замешкался; при виде исключительного разнообразия оружия глаза его разбежались. С арбалетами он не умел обращаться, луки были без тетивы, кинжалы и сабли не внушали почтения. Комон был во власти своих кольчуги и шлема, он как бы припоминал в себе далекое прошлое человечества. Ему хотелось дорого и недурно продать жизнь. Гимнаст выбрал меч, огромный, сверкающий и тяжелый, каким, вероятно, не раз крошила железная саксонская рука звонких латников. Меч был внушителен. Гимнаст взмахнул им над головой, затем, для пробы, обрушил страшный удар на одну из мумий; дерево, треснув, распалось, и запеленутый фараон кубарем вылетел из него, распространяя запах старомодных духов, которыми был пропитан весьма старательно.

Догадливость не изменила Комону при виде столь древнего явления; проворно затолкав фараона в угол, Гимнаст, с мечом в руках, втиснулся в египетскую могилу, прикрыв себя другой половиной ящика. Дверь, тем временем, поддаваясь усилиям солдат и сторожей, глухо звенела латами валявшихся на полу рыцарей. Комон стоял в душной ароматической тьме ящика и прислушивался. Скоро ворвалась, судя по шуму, целая толпа людей, с криками разбежались они по длинным проходам зала, и Гимнаст слышал их, полные бешенства, возгласы:

– Все сломано.

– Ай, и деньги тут, на полу.

Кто-то шепнул, задыхаясь:

– Я возьму парочку, а?

Другой шепот:

– Тащи, чего зевать. Тсс...

– Негодяй. Сумасшедший. Стреляй его.

– Где он? Р-р-р-р...

---

[11] Арбалет - самострел, усовершенствованный лук с механическим устройством натягивания тетивы.

[12] Меровинги - первая королевская династия во Франкском государстве, правившая в V-VIII веках.

– Лови. Дави. Хватай.

– О-р. Э-э. А-а.

Неосторожное движение Гимнаста выдало его. Он случайно толкнул коленом крышку, она упала прежде, чем он успел придержать ее, и в общем смятении глазам врагов предстал воин средневековья, с занесенным мечом. Он двинул им на первого солдата (незащищенного, разумеется, кольчугой) и отрубил ему, наискось, от плеча к бедру, верхнюю часть организма.

<h1 style="text-align:center">III</h1>

<h2 style="text-align:center">Комон, т. е. Баярд</h2>

Злополучная участь испорченного солдата на мгновение ужаснула остальных, а затем грянули выстрелы. Револьверные пули, однако, не пробили хорошо сработанную кольчугу; тем не менее удары их были сквозь сетку весьма сильны и болезненны. Гимнаст бросился на врагов. Он рубил без жалости и пощады, навстречу ему подымались хрупкие клинки сабель, но что могли они сделать против двадцатипятифунтовой стали в сильных руках. Комон, воистину, уподобился Баярду. Две головы отсек он, упавших на раздробленное стекло витрин, и стекло стало красным. Один поплатился рукой, а несколько – даже рукой вместе с плечом; у этих быстро закатились глаза. И скоро стало пусто вокруг Комона, но сам он, раненный пулей в мякоть ноги, видел, что не продержится перед новым натиском.

– Бежали робкие грузины, – вскричал Гимнаст и бросился к выходу, расчищая себе путь своим Дюрандалем. Любопытные, столпившиеся у подъезда, разбежались при виде страшного, со слепым железным лицом, человека – так быстро, что потом сами удивлялись своей подвижности.

Комон схватил первого попавшегося извозчика, бледного от ужаса, столкнул его, швырнул меч в голову толстому лавочнику и так крикнул на лошадь, что она помчалась, как беговая. И Комон благополучно удрал. Это бывает. Простое вдохновение часто выручает человека лучше всяких расчетов.

Ничего не может быть действительнее описанного мною происшествия.

Всадник без головы

I

Немножко истории

Все знают великого полководца Ганса Пихгольца. Я узнал о нем лишь на одиннадцатом году. Его подвиги вскружили мне голову. Ганс Пихгольц воевал тридцать лет со всеми государствами от Апеннин до страшного, каторжного Урала и всех победил. И за это ему поставили на площади Трубадуров памятник из настоящего каррарского[13] мрамора с небольшими прожилками. Великий, не превзойденный никем Ганс сидит верхом на коне, держа в одной руке меч, в другой – копье, а за спиной у него висит мушкетон. Мальборук – мальчишка перед Гансом Пихгольцем.

Таково было общее мнение. Таково было и мое мнение, когда я, двенадцати лет от роду, выстругал деревянный меч и отправился на городской выгон покорять дерзкий чертополох. Ослы страшно ревели, так как это их любимое кушанье. Я выкосил чертополох от каменоломни до старого крепостного вала и очень устал.

На тринадцатом году меня, Валентина Муттеркинда, отдали в цех поваров. Я делал сосиски и шнабель-клепс[14] и колбасу с горошком, и все это было очень вкусно, но скучно. Я делал также соус из лимонов с капорцами и соус из растертых налимьих печенок. Наконец, я изобрел свой собственный соус "Муттеркинд", и все очень гордились в цехе, называя меня будущим Гуттенбергом[15], а фатер дал гульден и старую трубку.

А Ганс Пихгольц, стоя на площади, посмеивался и величался.

Я ненавидел его, завидовал ему, и он не давал мне спать. Я хотел сам быть таким же великим полководцем, но к этому не было никакого уважительного повода. Фатерланд дремал под колпаком домашнего очага, пуская вместо военных кличей клубы табачного дыма. Все надежды свои я возлагал на римского папу, но папа в то время был вялый и неспособный и под подушкой держал Лютера[16].

---

[13] Каррарский мрамор - сорт белого мрамора, названного по местности в Италии, где его добывают.

[14] Шнабель-клепс - блюдо из рубленого мяса, биточки. Капорцы (каперсы) - колючий полукустарник на Кавказе и в Средней Азии, маринованные почки которого употребляются как пряная приправа.

[15] Гутенберг, Иоганн (род. между 1394-1399, ум. в 1468) – изобретатель европейского книгопечатания.

[16] Лютер, Мартин (1483-1546) - глава Реформации в Германии XVI века, основатель немецкого протестантизма (лютеранства).

Тайно я написал ему донос о ереси на юге Ломбардии, угрожая пасторами, с целью вызвать религиозную драку, но тихий папа к тому времени помер, а новый оказался самым скверным католиком и, смею думать, был очень испуган, прочтя письмо, так как ничего не ответил.

Содрогаясь о славе, я в один прекрасный день швырнул в угол нож, которым резал гусей, и отправился к начальнику стражи. Проходя мимо полицейской патрульной Ганса Пихгольца, я, подняв высоко голову, сказал:

– Тридцать лет, говоришь, воевал? Я буду воевать сто тридцать лет и три года.

II

Любовь

Меня приняли, дали мне лошадь, латы, каску, набедренники, палаш и ботфорты. Мы дежурили от шести до двенадцати, объезжая город и наказывая мошенников. Когда я ехал, звенело все: набедренники, латы, палаш и каска, а шпоры жужжали, как майский жук. У меня огрубел голос, выросли усы, и я очень гордился своей службой, думая, что теперь не отличить меня от Пихгольца: он на коне - и я на коне; он в ботфортах - и я в ботфортах. Проезжая мимо Пихгольца, я лениво крутил усы.

Природа позвала меня к своему делу, и я влюбился. Поэтическая дочь трактирщика жила за городскими воротами, ее звали Амалия, ей было семнадцать лет. Воздушная фигурка ее была вполне женственна, а я рядом с ней казался могучим дубом. У нее были очень строгие, нравственные родители, поэтому мы воровали свои невинные поцелуи в ближайших рощах. Разврат к тому времени достиг в городе неслыханных пределов, но Амалия ни разу еще не села на колени ни к кому из гостей своего трактира, хотя ее усердно щипали: бургомистр, герр Франц – фон – Кухен, герр Карл – фон – Шванциг, Эзельсон и наши солдаты. Это была малютка, весьма чистоплотная и невинная.

В воскресенье я назначил свидание дорогой Амалии около Цукервальда, большой рощи. Было десять часов, все спали, и ни один огонь не светился на улицах города Тусенбурга.

Отличаясь всегда красивой посадкой, я представлял чудную картину при свете полной луны, сияющей над городской ратушей. Черные в белом свете тени толпились на мостовой, когда я подъехал к воротам и приказал отпереть их именем городской стражи. Но лунный свет, как и пиво, действовали на меня отменно хорошо и полезно, и я был пьян во всех смыслах; от пива, луны и любви, так как выпил на пивное изрядно. Подбоченясь, проехал я в Роттердамские ворота и пустился по пустынной дороге.

Приближаясь к назначенному месту свидания, я ощутил сильное сердцебиение; лев любви сидел в моем сердце и царапал его когтями от нетерпения. У разветвления дороги я задержал лошадь и крикнул: "Амалия!" Роща безмолвствовала. Я повернул коня по ветру и снова крикнул: "Амалия, ягодка!" Эхо подхватило мои слова и грустно умолкло. Я подождал ровно столько, сколько нужно, для того чтобы шалунья, если она здесь, кончила свои шутки, и нежно воззвал: "Амалия!"

В ответ мне захохотал филин глухим, как в трубку пущенным, хохотом и полетел, шарахаясь среди ветвей, к темным трущобам. До сих пор уверен я, что это был дьявол, враг бога и человека.

Я натянул удила, конь заржал, поднялся на дыбы и, фыркая от тяжелой моей руки, осел на задние ноги. – "Нет, ты не обманула, Амалия, чистая голубка, – прошептал я в порыве грустного умиления, – но родители подкараулили тебя у дверей и молча схватили за руки. Ты вернулась, обливаясь слезами, – продолжал я, – но мы завтра увидимся".

Успокоив, таким образом, взволнованную свою кровь и отстранив требования природы, я, Валентин Муттеркинд, собирался уже вернуться в казарму, как вдруг слабый, еле заметный свет в глубине рощи приковал мое внимание к необъяснимости своего появления.

III

Беседа

Знаменитый полководец Пихгольц сказал однажды, в пылу битвы: "Терпение, терпение и терпение". Ненавидя его, но соглашаясь с гениальным умом, я слез, обмотал копыта лошади мягкой травой и двинулся, ведя ее в поводу, на озаренный уголок мрака. Насколько от меня зависело, – сучья и кустарники не трещали. Так я продвинулся вперед сажен на пятьдесят, пока не был остановлен поистине курьезнейшим зрелищем. Аккуратный в силу рождения, я расскажу по порядку.

Прямо на земле, в шагах десяти от меня, горели, зажженные на все свечи, два серебряных канделябра, очень хорошей, тонкой и художественной работы. Перед ними, куря огромную трубку, сидел старик в шляпе с пером, желтом камзоле и сапогах из красной кожи. Сзади его и по сторонам лежало множество различных вещей; тут были рапиры с золотыми насечками, мандолины, арфы, кубки, серебряные кувшины, ковры, скатанные в трубку, атласные и бархатные подушки, большие, неизвестно набитые чем узлы и множество дорогих костюмов, сваленных в кучу. Старик имел вид почтенный и грустный; он тяжело вздыхал, осматривался по сторонам и кашлял. – "Черт побери запоздавшую телегу, хрипло пробормотал он, – этот балбес испортит мне больше крови, чем ее есть в этих старых жилах", – и он хлопнул себя по шее.

Пылая жаром нестерпимого любопытства, я вскочил на захрапевшую лошадь и, подскакав к старику, вскричал: "Почтенный отец, что заставляет ваши седины ночевать под открытым небом?" Человек этот, однако, на мой добродушный вопрос принял меня, вероятно, за вора или разбойника, так как неожиданно схватил пистолет, позеленел и согнулся. "Не бойтесь, – горько рассмеявшись, сказал я, - я призван богом и начальством защищать мирных людей". Он, прищурившись, долго смотрел на меня и опустил пистолет. Мое открытое, честное и мужественное лицо рассеяло его опасения.

– Да это Муттеркинд, сын Муттеркинда? – вскричал он, поднимая один канделябр для лучшего рассмотрения.

– Откуда вы меня знаете? – спросил я, удивленный, но и польщенный.

– Все знают, – загадочно произнес старик. – Не спрашивай, молодой человек, о том, что тебе самому хорошо известно. Величие души трудно спрятать, все знают о твоих великих мечтах и грандиозных замыслах.

Я покраснел и, хотя продолжал удивляться проницательности этого человека, однако втайне был с ним согласен.

– Вот, – сказал он, показывая на разбросанные кругом вещи, и зарыдал. Не зная, чем помочь его горю, я смирно сидел в седле. Скоро перестав плакать, и даже быстрее, чем это возможно при судорожных рыданиях, старик продолжал: – Вот что произошло со мной, Адольфом-фон-Готлибмухеном. Я жил в загородном доме Карлуши Клейнферминфеля, что в полуверсте отсюда. Клейнферминфель и я поспорили о Гансе Пихгольце. "Великий полководец Пихгольц", – сказал Карлуша и ударил кулаком по столу. – "Дряннейшенький полководишка", – скромно возразил я, но не ударил кулаком по столу, а тихо смеялся, и смех мой дошел до сердца Клейнферминфеля. – "Как, – вне себя вскричал он, – вы смеете?! Пихгольц очень великий полководец", – и он снова ударил кулаком по столу так, что я рассердился. "Наидрянне-дрянне-дрянне-дрянне-дряннейшенький полководчичишка", – закричал я и ударил кулаком по Клейнферминфелю. Мы покатились на пол. Тогда я встал, выплюнул два зуба и пошел в город, где остался до ночи, чтобы насолить Клейнферминфелю. Ты давно из города, юноша?

– Едва ли будет полтора часа, – поспешно ответил я, желая выслушать конец дела, поведение в коем Готлибмухена было весьма справедливо.

– Я час тому назад, – сказал Готлибмухен, смотря на меня во все глаза, – сорвал голову Пихгольцу.

– Так, так-так-так-так-так-так-так!

– Да. На площади никого не было. Я взлез на каменного коня, сел

34

верхом сзади Ганса Пихгольца и отбил ему голову тремя ударами молотка и бросил эту жалкую добычу в мусорный ящик.

Не удержавшись, я радостно захохотал, представляя себе зазнавшегося Ганса без головы...

– Голубчик, – сказал я. – Голубчик!..

– А?

– Он ведь, Ганс...

– Угу.

– Не совсем...

– А?

– Не совсем... великий... и...

– Он просто ничтожество, – сказал Готлибмухен. – Так ведь и есть. Стой, – думал я, – запоешь ты, Клейнферминфель, когда узнаешь, что Гансу отбили голову. Я вернулся и увидел, что вещи мои выброшены во двор; этот негодяй, почитатель Ганса Пихгольца...

– Как! – вскричал я, хватаясь за эфес. – Он смел...

– Ты видишь. Я взял телегу и, навалив, как попало, все свое имущество, приехал сюда, под кров неба, делить горькую участь бродяг. Но ты не беспокойся, храбрый и добрый юноша, – прибавил он, заметив, что я очень взволнован, – я переночую на этих подушках, завернувшись в ковры, а перед сном почитаю библию. Добрый крестьянин приедет за мной утром и отвезет меня в город.

– Нет, – возразил я, – я отправлюсь за телегой и перевезу вас сейчас.

– Хорошо, – сказал он, подумав, – но с условием, что ты возьмешь от меня пять золотых монет.

Он вынул их так охотно, что я не стал спорить, хотя и очень удивился его щедрости. Отныне Пихгольц бессилен был давить меня своей славой – у него не было головы. Я рвался в город, чтобы взглянуть, гордо поднять свою голову.

– Жду тебя, сын мой, – кротко сказал старик и прибавил: – седины старости и кудри юности – надежда отечества.

Стиснув в порыве гордости зубы, я взвился соколом и понесся галопом в город.

IV

Венец несчастья

Я объехал четыре раза статую Ганса Пихгольца. Голова у него тут как тут. Возможно, что это лишь призрак несуществующей головы. Я слез с коня, влез на Пихгольца, облизал и обнюхал голову. Твердая, каменная голова. Ничего нельзя возразить. Я вспотел. Мне показалось, что Ганс повернул голову и захохотал каменным смехом. Если я поеду уличать во лжи Готлибмухена, он скажет, что я дурак, а я, вот именно, не дурак. Я решил оставить его в лесу с его канделябрами и коврами. Испуганный, усталый и злой, не удовлетворив к тому же требований природы, я вернулся в казармы и лег спать. Всю ночь скакал надо мной Ганс Пихгольц, держа в руках оскалившую зубы голову.

Утром позвал нас начальник стражи и громко топал ногами и велел скорее собираться в загородный дом Клейнферминфеля и сказал, что его ограбили. Он прибавил еще, что в Клейнферминфеле глубоко сидят четыре пули и что, если их вытащить, ничего от этого не изменится.

Я был женой Лота[17] (Готлибмухен! Молчу!). Вечером, когда я пошел удовлетворять требования природы и сговориться насчет свидания, я увидел небесную голубку Амалию на коленях у герр фон-Кухена, и она обнимала его и герр фон-Шванцига, а Шванциг щипал ее.

– Ах-х!

История Таурена

I

Западня

Я был схвачен, посажен неизвестными мне людьми в карету и увезен. Некоторое время - спазмы, удушья и сильнейшее сердцебиение, явившиеся результатом внезапного испуга, - заставили меня думать, что наступил последний момент. Я ждал смерти. Волнение прошло, и я отдышался, но не мог произнести ни одного слова. Мой рот был натуго затянут платком, а руки скручены сзади тонким, но крепким ремнем. Со мной, в карете, сидело двое. Они смотрели по сторонам, как жандармы, не любящие встречаться взглядом с глазами пленника. Один - справа - был рослый черноволосый парень, с неуловимо фатальным обликом черт, присущим людям, готовым на все. Сосредоточенно-мстительное выражение его лица было почти болезненным. Второй, уступая первому в росте и сложении, обладал прелестными голубыми глазами, напоминающими глаза женщины.

---

[17] Я был женой Лота - то есть застыл, оцепенел: по библейской легенде жена Лота нарушила запрет бога и обернулась, покидая Содом, за что была превращена в соляной столб.

Он был безусловно красив, и по контрасту с изящным лицом это же самое фатально-роковое в его лице производило отталкивающее впечатление. Из того, что мне не завязали глаз, я понял, как мало боятся меня эти два человека, решившие, очевидно, заранее, что мне в другой раз увидеть их не придется. Иначе говоря, их намерения относительно меня были вне спора. Меня хотели убить.

Я знал, и знал очень хорошо, что в фактах жизни моей и даже в помыслах нет никакого повода для насилия над моей личностью. Чтобы окончательно убедить себя в этом, я проследил мысленно свою жизнь от пеленок до похищения. Она была безгрешна и незначительна. Следовательно, похищение явилось результатом какой-то непонятной, но несомненной ошибки.

Не зная все-таки, что произойдет дальше, я переживал сильный страх. Мы выехали на окраину городка и свернули к морю, где в узком полосе прибрежного тумана обрисовывались хмурые, без окон, постройки; вероятно - склады или сараи. Колеса скрипели по мокрому от утреннего дождя песку, и, наконец, карета остановилась против старых деревянных ворот. Меня высадили, втолкнули в калитку и провели через заваленный ржавыми якорями двор в небольшой, кирпичный подвал.

Теперь, когда мне, по-видимому, предстояло уже нечто определенное смерть, плен или свобода, – я приободрился и рассмотрел с большим вниманием окружающее. За грязным столом деревянным сидело пять молодцов, приблизительно в тридцатилетнем возрасте, в обычных городских, сильно потертых костюмах. Лица их я припоминал потом, в данный же момент мне бросилось в глаза то, что все они смотрели на меня с чувством удовлетворения и нетерпения. На столе горела свеча, слабо озаряя призрачным рыжим светом полутемные углы подвала, полного сора, сломанных лопат и пустых ящиков, а дневной свет, скатываясь со двора по ступенькам, едва достигал стола. Вероятно, это было случайным местом для заседания, смысл и цель которого пока были темны.

Я стоял, поматывая головой с завязанным ртом, с видом лошади, одолеваемой мухами. Мне развязали руки. В тот же миг я сорвал затекшими пальцами туго стягивавший лицо платок и перевел дух. Нервно дергающийся, с крикливым лицом, человек, сидевший на председательском месте, т.е. в центре, сказал:

– От того, насколько вы будете чистосердечны и откровенны, зависит ваша жизнь.

II

Допрос

Раньше чем кто-либо успел вставить еще слово – я разразился протестами. Я указывал на недопустимость - со всех точек зрения – подобного бесцеремонного, ужасающего обращения с каким бы то ни было человеком. Я упомянул, что мой адрес известен и во всякую минуту можно придти ко мне со всеми делами, даже такими, которые требуют похищения. Я объяснял, что служу в почтамте и неповинен в сообщничестве с подонками общества. Я сказал даже, что буду жаловаться прокурору. В заключение, дав понять этим людям всю силу потрясения, перенесенного мной, я развел руками и, горестно усмехаясь, сел на пустой ящик.

Человек с крикливым лицом сказал пронзительным, как у молодого петуха, голосом:

– Дело идет о вашей жизни. Не думаю, чтобы вы выпутались. Все же откровенность может помочь вам, если окажется, что этого вы заслуживаете.

– Бандит! – взревел я, сжимая руки. – Что случилось?! Каким планам вашим я помешал?!

Другой товарищ его, вялый, как чахоточная улитка, задумчиво погрыз ногти, уперся руками в стол и, кашляя, начал:

– Знали вы Таурена Байю?

Я знал Байю. Неопределенное предчувствие света, готового, наконец, разрушить этот кошмар, заставило меня тряхнуть памятью. Но я не мог ничего припомнить.

– Байя? – переспросил я. – Знаю. Три месяца бутылочного знакомства.

– Может быть... может быть... Дайте нам объяснение.

– Охотно.

Вялый человек пристально осмотрел меня, вытащил из кармана клочок бумаги и протянул мне. Надев очки, я прочел семь слов, выведенных ужасным почерком, как попало. Местами перо прорвало бумагу. На ней было написано: "Телячья головка тортю. Пик – Мик знает все".

Я мог бы засмеяться теперь же, но удержался. То, что мне показалось смешным теперь, относилось именно к телячьей головке, связи же ее с моим похищением я еще не видел. Я ждал.

– Вы уличены, – сказал председатель. – Смотрите, как он побледнел! Предатель!

– Расскажите вы, – спокойно возразил я. – Расскажите все, имеющее касательства к этой дрянной бумажке. Я вижу, что ослеп. Я недогадлив. Дайте мне нить.

Председатель, усмехаясь над предполагаемым притворством моим, сказал мне, что они анархисты, что член их сообщества, Таурен Байя, уличенный в сношениях с полицией и успевший уже выдать шесть человек, убит третьего дня товарищами. На вопрос о причинах гнусного своего поведения, он ответил кривой улыбкой. В него выпустили две пули. Байя упал, вскричав: – "Бумагу!" Умирающий, еле водя рукой, с усмешкой на влажном от предсмертного пота лице, успел написать многозначительную фразу, которую прочел я.

Председатель не кончил еще повествования, как я, не в силах будучи одолеть безумный смех, закрыл руками лицо и стоял так, трясясь и плача от хохота. В зловещем, темном тумане этого дела истина показала мне бесстрастное свое лицо, глубокое и спокойное, как вода озера, баюкающего трупы и водяные лилии; но озеро ни сквернее, ни чище, и так же смотрят в него небо и человек.

III

Показание

То, что я сообщил анархистам, было принято ими, вероятно, за шутку, так как, окончив рассказ, я увидел направленные на себя дула револьверов; но не будем предупреждать событий.

– Видите ли, – сказал я, – месяца три назад я познакомился с господином Байей в кабачке "Нелюдимов", где так хорошо дремлется после обеда у солнечного окна среди мух. Большинство знакомств завязывается случайно, наше не составляло исключения. Байя пришел со своим хлебом и сыром. Взяв полбутылки вина, он принялся насыщаться с завидным аппетитом молодости. Я смотрел на него в упор, заинтересованный его жизнерадостным, краснощеким лицом; он обернулся, а я раскланялся.

В тот день со мной не было друзей, обычных спутников моих по местам таинственным и приятным, и я, как общительный человек, хотел подцепить парня. Я понравился Байе своим видом скромного учителя, своим тихим голосом и оригинальными замечаниями. Горячо обсуждая общественные и политические вопросы, мы, взяв еще бутылку вина, немного охмелели, и тут, хлопнув меня по плечу, Байя сказал:

– Проклятые буржуа!

– Вот именно, – подтвердил я, – они все мерзавцы.

– Я анархист, – сказал он, бросая в рот крошки сыра, – а вы?

– Пикмист[18].

– Крайний?

– Немного.

Тут он потребовал объяснений. Я сказал ему несколько темных фраз, пересыпав их цитатами из Анакреона[19] и Джона Стюарта

---

[18] Пикмист - то есть последователь Пик-Мика, словообразование А.С.Грина.

Милля[20]. Сделав вид, что понял, он посмотрел в пустой стакан и вздохнул.

Я был голоден; вкусный пар кушаний, заказанных мною, взвился над столом.

– Господин Байя, – сказал я, – позвольте вас угостить.

Его лицо выразило высокомерие и презрение.

– Я ел, – сказал он, отворачиваясь от соблазна. – Герои Спарты ели кровяную похлебку. Роскошь развращает тело и дух.

– Все – таки, – возразил я, – вы, может быть, шутите. Это довольно вкусно.

– Нет, я скромен в привычках. Класс населения, к которому принадлежу я, питается хлебом, сыром и вареным картофелем. Я был бы изменником.

Положив ложку и вытерев губы, я сосредоточенно, с оттенком сурового сарказма в голосе и настоящим одушевлением развил Байе миросозерцание опыта и греха, доказывая, что человеку ничто человеческое не чуждо. Самые отчаянные софизмы[21] я так принарядил и украсил, что Байя улыбнулся не раз. Чудеса в нашей власти. Байя съел телячью головку тортю. Блюдо это требует, в целях насыщения, некоторой настойчивости. Мы взяли еще по порции.

– Хорошая, – сказал Байя, – я раньше не пробовал.

Вечерело. Около третьей бутылки я задремал, а когда очнулся, Байя исчез. Бросая ретроспективный взгляд в туманную глубину истории, мы видим международные осложнения, родителями коих были глупые короли и не менее глупые королевы, считавшие нужным громить соседа каждый раз, как только сосед по рассеянности в письме напишет "...и прочая..." – два, а не три раза. Примером ничтожных причин и больших последствий явился Байя. Четыре раза встретил я его в ресторане "Подходи веселее", и каждый раз требовал он тельячью головку. Это стало его коронным кушаньем, раем, манией. В пятый раз он сообщил мне, лениво требуя Шамбертэна[22], что хочет повеселиться. Я ободрил его, как только умел. Пятая наша встреча ознаменовалась коротеньким диалогом (за неимением тельячей головки последовал соус из раковых шеек и Клоде-Вужо). Байя сказал: "Маленький ручеек впадает в маленькую реку, маленькая река – в большую реку, а большая река – в море. Я думаю, что впаду в море". "Аллегория!" – заметил я, подмигнув Байе. "Это много говорит моему сердцу, – сказал он, – выпьем стаканчик". В шестой раз он влез на фонарный столб закурить сигару и крикнул: "Смерть буржую!" Я утешил его. Через неделю мы столкнулись у

---

[19] Анакреон (570-478 до н.э.) - древнегреческий поэт-лирик, автор любовных и застольных песен
[20] Милль, Джон Стюарт (1806-1873) - английский буржуазный философ, экономист.
[21] Софизм - умышленно ложно построенное умозаключение, формально кажущееся правильным.
[22] Шамбертэн, Клоде Вужо - марки шампанских вин.

граций, и Байя, обливаясь слезами, сказал, что продал ящик револьверов. Затем он впал в мрачно – игривое настроение разрушителя. "Быть может, через неделю мне снесут голову, – сказал Байя, – немножко солнца, вина и женщин хочется всякому молодому человеку. За мной следят". И больше я не видал его.

Таков был рассказ мой судьям, слушавшим напряженно и гневно. "Ясно, заключил я, – что для такой жизни, какую повел несчастный Таурен Байя, нужны были деньги. Он взял их у ваших врагов. Отсюда предательство. Мрачный юмор записки ясен: простреленный сразу двумя пулями, он не мог уже ни на что больше надеяться и отомстил вам мистификацией. Горьким смехом над собой самим полны эти строки, выведенные предсмертной дрожью руки. Я сказал правду".

– Буржуа! Вы умрете! – вскричал молчавший до того анархист. – Не может видевший нас в лицо выйти живым отсюда.

Пять револьверов окружили меня. С неистовством, мыслимым лишь в грозной опасности, я отпрыгнул назад, толкнул к судьям растерявшегося своего конвоира и вылетел по ступенькам вверх. Выстрелы и свист пуль показались мне страшным сном. Я был уже у ворот, в двадцати шагах расстояния от преследователей. Снова раздались выстрелы, но как трудно попасть в бегущего! Я мчался берегом, у самой воды, к далекой деревне.

Я был теперь вне опасности. Некоторое время за мною еще гнались, но мне ли, взявшему приз в беге на олимпийских играх, бояться любителей? Моей скорости могли бы позавидовать автомобиль и верблюд. Через минуту я пошел шагом, переводя дыхание и оборачиваясь; на светлом песке неправильным треугольником, замедляя шаг, трусили мои враги.

Еще немного – и они остановились, повернули, ушли. Я не сердит – я жив, – а если бы умер, мне тоже не было бы времени рассердиться. Грустно опустив голову, я шел скорым шагом к деревне, проголодавшийся, мечтая о молоке, свежей рыбе и размышляя о Таурене. От телятины погибла идея.

Загадка предвиденной смерти

I

Чудовищная впечатлительность Эбергайля поднялась в последний день его жизни на такую высоту, с какой смотрит разум, стоящий на границе безумия. Утром он пробудился с явственным ощущением топора, касающегося его шеи. Мысль о топоре и отделении посредством его головы от туловища стала за последнее время постоянным спутником Эбергайля; он тщательно исследовал роковой момент, стараясь привыкнуть к нему и понять то, что в самый последний миг отойдет вместе с ним, как ощущение и мысль, – в тьму. Его представление о действии топора было ярко до осязательности, хотя длилось, обнимая процесс отсечения головы, ровно то ничтожное количество времени, в течение которого шестифунтовое лезвие, пущенное сильными руками со скоростью двух сажен в секунду, проходит вертикальное расстояние в три вершка толщину шеи.

Подобной молниеносности точного представления, включающего холод в ногах, мучительную остановку сердца, спазму дыхательных путей, мгновение тишины, судорожный, страшный глоток в момент удара, ощущение взрыва мозга, паралич отделенных от головы, но чувствуемых еще некоторое время конечностей, – и забвение – подобного, созданного силой воображения, точного знания казни Эбергайль достиг не сразу. Постепенно, ощупью, как человек, отыскивающий в темной комнате нужный ему предмет, Эбергайль нащупывал и спрашивал мыслью все свое тело, все части и органы его и даже процессы органов, он подходил к каждому из них с терпением учителя глухонемых, подвергал их действию внутреннего света, который уже горел в нем с момента объявления приговора. Итак, он получал сначала бессвязные, противоречивые ответы, потому что воображение его не сразу достигло того напряжения, при котором возможно стать любой из частей собственного своего организма, но, упражняясь далее, он мог ясно вообразить себя в себе, чем угодно: шейным позвонком, гортанью, артерией, щитовидной железой, кожей и мускулами. Тогда он приучился подвергать себя – в каждом из этих воображаемых состояний мысленному удару топора, и делал так до тех пор, пока из тысяч представлений не начинало, как бы эхом физического воздействия, властно завладевать его сознанием и уверенностью одно, правдивость которого он улавливал в страхе, овладевавшем им после каждого из этих немых голосов тела, обреченного смерти.

Накануне казни, встав рано, Эбергайль, как уже сказано, ясно почувствовал медленно входящий в его шею топор. Он вынул его руками, сзади, из-под затылка, со всей болью представления об этом, и, поборов, таким образом, физическую галлюцинацию, лежал несколько минут обессиленный, думая все-таки о топоре и шее. Когда он думал об этом, ему было менее страшно и беспокойно, чем в минуты бессилия овладеть упорно повторяемым представлением. Прикованный к хорошо понятому, обдуманному и близкому ужасу, благодаря точному знанию того, что представляет собой вся пыль времени сотой части секунды в момент удара, – Эбергайль, несомненно, владел ужасом, зная, в чем он. Ужас не мог быть более самого себя. Но, если подобно тиканью карманных часов, исчезающему на время для утомленного слуха, исчезала отчетливая подробность и ясность ужаса, – Эбергайль падал духом. Страх,

42

тяжкий, как удар молнии, делал его животным. Он верил тогда в непостижимость и неожиданность ужаса, что было для него нестерпимо; он хотел знать.

Под вечер Эбергайля посетил ученый Коломб, человек пытливый и жестокий до равнодушия к самым ужасным мукам сознания. Последние часы людей, уверенных в близкой смерти, особенно интересовали его. Он увидел на фоне решетчатого окна человека в холщовом колпаке и таком же халате; незабываемое, – хотя, по внешности, обыкновенное, – лицо этого человека выражало сосредоточенность. Солнце заходило, охладевшие лучи его бросали на пол, к порогу камеры, резкую тень арестанта, тень, которую ему суждено было увидеть только еще раз – завтра утром, и то, – в случае ясной погоды.

"Его мозг в огне", – подумал Коломб.

Эбергайль действительно смотрел внутрь себя. Глаза его остановились на Коломбе и вспыхнули: он увидел еще одну шею, в которую без труда сунул топор.

– Во имя науки ответьте мне на некоторые вопросы, – кротко сказал Коломб, – это, может быть, развлечет вас.

– Развлечет, – сказал Эбергайль.

– Как вы совершили преступление?

– Два выстрела.

– Нет, – пояснил Коломб, – мне хочется знать иное. Совпало ли ваше представление о преступлении с действительностью?

– Да. Я очень долго обдумывал это. Я был уверен, что он, выходя от моей жены и увидев меня с револьвером, сделает шаг назад, раскрыв рот. Затем он должен был закрыться рукой снизу вверх. В следующий момент я выстрелю ниже его локтя два раза, зная, что скажу: "а – га!", и он попятится, затем упадет сам, нарочно притворяясь убитым, чтобы избегнуть новых выстрелов, но, падая, умрет через пять секунд. Все произошло именно так; некоторое актерство в его падении я заметил потому, что он закрыл левой рукой глаза и упал, повернувшись ко мне спиной вверх. Я прострелил ему сердце. Он не мог умереть стоя и падать, делая такой ненужный жест, как закрытие глаз. Следовательно, он был жив, падая; и знал, что делает.

– О чем думали вы эти дни?

– О шее и топоре.

– А сегодня? – записывая, сказал Коломб. – Сегодня вы думали, мой друг, конечно, о количестве времени, остающемся вам, не так ли?

– Нет. О топоре и шее.

– А сейчас?

– О топоре и шее.

– Можете ли вы говорить со мной о моменте оглашения приговора?

– Нет, – злорадно сказал Эбергайль, – я, к счастью, не могу более думать и разговаривать ни о чем, кроме шеи и топора.

II

На рассвете спавший Эбергайль вскочил, дико крича, умоляя о пощаде, угрожая и плача. Его разбудил долгий звон ключа. Он тотчас, пока еще не открылась дверь, выхватил из окрашенного сном сознания самое дорогое, что у него было теперь: точное переживание удара по шее – и замер, окаменев. Вошел начальник тюрьмы, без солдат, и тотчас же притворил дверь.

– Успокойтесь, – сказал он. – Вы должны знать это, иначе бывали случаи смерти от разрыва сердца на эшафоте. Я изменяю долгу, но, жалея вас, пришел предостеречь от ненужных волнений. Вы казнены не будете, Эбергайль.

– Я или Эбергайль? – спросил тот, хитро прищуриваясь.

– Вы, Эбергайль.

– Я, Эбергайль. Очень хорошо. Дайте пить.

Он поднес кружку к губам и расхохотался в воду, так что расплескал все.

– Церемония экзекуции, – сказал начальник тюрьмы, – будет выполнена вся, но топор не опустится.

– Не?!. – спросил Эбергайль.

– Нет.

– Опустится или не опустится?

– Не опустится.

Он хотел прибавить еще несколько слов о необходимости предсмертной "игры", но Эбергайль вдруг упал на колени и поцеловал его сапог, и поцелуй этот был тяжел от счастья, как удар молотом.

Начальник тюрьмы вышел, крепко обтер глаза кистью руки и невольно посмотрел на сапог. Лак блестел ярче, чем обыкновенно. Начальник прикоснулся к нему, и пальцы его стали красными – от крови губ Эбергайля, губ, не пожалевших себя.

Эбергайль кружился по камере, как пьяный, тыкаясь в стены. Он был полон мгновением, хотел думать о нем, но не мог, потому что внезапная слепота мысли – результат потрясения – сделала его счастливым животным. Бешеный восторг, подобно разливу, расправлял в его душе свой безбрежный круг, и Эбергайль тонул в нем. Наконец он ослабел той тихой радостной слабостью, какая известна детям, долго игравшим на воздухе, – до огней в доме и сумеречных звезд неба. И мысль вернулась к нему.

– Да! Ах! – сказал Эбергайль. – Славная, милая каторга! Я буду на каторге, буду жить! Как хорошо работать до изнурения! Хорошо также волочить ядро, чувствовать себя, свою ногу, живую! Замечательное ядро. Рай, а не каторга!

Снова загремел ключ, и Эбергайль встал с сияющими глазами. Он знал, что лезвие не опустится. С чувством внутреннего торжества притворился он, как мог, потрясенным, но покорным судьбе, исповедался, выслушал напутствие священника и сел в телегу. Шествие, сверкая обнаженными саблями, тронулось среди густой, азартной толпы к месту казни. Эбергайль слышал, как кричали: "Убийца!" и радостно повторял: "Убийца". Он ласково подмигнул кричавшим ругательства и погрузился в созерцание высоко поднятого, но не опущенного топора.

III

Взойдя на помост со связанными за спиной руками, Эбергайль важно и снисходительно осмотрел сцену тяжелой игры. Плаха в виде невысокого столба, окованного железными обручами, выглядела совсем не безобидно, и это, хотя не смутило Эбергайля, но поразило его совпадением с его собственным, точным представлением о ней, – в вопросе о шее и топоре. Возле плахи, на небольшой скамье, в раскрытом красном футляре блестел топор, и Эбергайль сразу узнал его. Это был тот самый топор полумесяцем, с круглой дубовой ручкой, который вчера утром невидимо рассек ему шею.

Эбергайль невольно снова соединил в уме три вещи: поверхность плахи, свою шею и острие, входящее в дерево сквозь шею; он убедился благодаря этому, что точное знание сложного в своем ужасе истязания осталось при нем. Тотчас же, с присущей ему живостью и неописуемой силой воображения создал он новое знание – знание отсутствия удара, и стал слушать чтение приговора, внимательно рассматривая палача в сюртуке, черных перчатках, цилиндре и черном галстуке.

Лицо палача, заурядное своей грубостью, ничем не выделившей бы его в простонародной толпе, влекло к себе взгляд Эбергайля; в лице этом, благодаря власти безнаказанно, при огромном стечении народа, днем, отрубить человеческую голову, была змеиная сила очарования.

За пустым пространством вкруг эшафота смотрела на Эбергайля тихо дышащая толпа.

Палач подошел к Эбергайлю, взял его за плечи, пригнул к плахе и громко сказал:

– Господин Эбергайль, положите вашу голову вот сюда, лицом вниз, сами же станьте на колени и не шевелитесь, потому что иначе я могу нанести неправильный, плоский удар.

Эбергайль стал так, как сказал палач, и, свесив подбородок за край плахи, невольно улыбнулся. Внизу, под его глазами, был шероховатый, свежий настил с небольшой щелью меж досок. Он слышал запах дерева и зелени.

Голос сзади сказал:

– Палач, совершайте казнь.

Не видя, Эбергайль знал уже, что в следующее мгновение топор поднят. Он ждал, когда ему прикажут встать. Но все молчали, и он продолжал стоять в своей неудобной позе минуту, другую, третью, ясно чувствуя течение времени. Молчание и неподвижность вокруг продолжались.

"Тогда ударит, – мертвея, подумал Эбергайль. – Меня обманули".

Страшная тоска остановила его хлопающее по ребрам сердце, и точное знание удара неудержимо озарило его. Он судорожно глотнул воздух, чувствуя, как, после пробежавшего по всему телу огненного вихря, шея его стремительно вытянулась и голова свесилась до помоста; затем умер.

Человек в перчатках, приподняв топор, услышал:

– Остановитесь, палач. Казнь отменяется.

Палач опустил топор к ногам. Через мгновение после этого голова Эбергайля, продолжавшего неподвижно стоять у плахи, отделилась от туловища и громко стукнула о помост под хлынувшей на нее из обрубка шеи, фыркающей, как насос, кровью.

* * *

– Палач ударил, – сказал Консейль.

Коломб внимательно пробежал еще раз газетную заметку о странной казни и взял фельетониста за пуговицу жилета.

– Палач не ударил. – Он поднял руку вверх, изображая движение топора. Топор остановился в воздухе вот так, и, после известных слов прокурора, описал дугу мимо головы преступника к ногам палача. Это продолжалось секунду.

– В таком случае...

– Голова упала сама.

– Оставьте мою пуговицу, – сердито сказал Консейль. – Теперь, действительно, будут спорить, сама или не сама упала голова Эбергайля. Но если вы оторвете пуговицу, я не стану утверждать, что она свалилась самостоятельно.

– Если бы пуговица думала об этом так упорно, как голова Эбергайля...

– Да, но вы академик.

– Оставим это, – сказал Коломб. – Очевидность часто говорит то, что хотят от нее слышать. Эбергайль – великий стигматик[23].

– Прекрасно! – проговорил, выходя из кофейни, через некоторое время, Консейль. – Я осрамлю вас завтра, Коломб, в газете, как восхитительного ученого! А, впрочем, – прибавил он, – не все ли равно – сама упала голова или ее отсекли? И что хуже – рубить или заставить человека самому себе оторвать голову? Во всяком случае, палач сел между двух стульев, и ему придется хорошо подумать об этом.

---

[23] Стигматик - здесь - самовнушитель, человек, способный самовнушением вызвать появление на теле стигм - язв, следов ударов и т.п.

Лунный свет

I

Пенкаль стоял на пороге кузницы, с тяжелой полосой в левой руке и, заметив приближающегося Брайда, приветливо улыбнулся.

Был солнечный день; кузница, построенная недавно Пенкалем из золотистых сосновых бревен, сияла чистотой снаружи, но зато внутри, как всегда, благодаря рассеянному характеру владельца представляла пыльный железный хаос. Брайд брякнул принесенным ведерком, пожал руку Пенкаля и сел у входа, широко расставив колени. Его шляпа, сдвинутая на затылок, открывала умный лоб; маленькие внимательные глаза с любопытством рассматривали Пенкаля.

– Вы можете его починить, Пенкаль? – сказал наконец Брайд, оборачивая ведро дном кверху. – Оно продырявилось в двух местах, следовало бы положить заплатки, но, может быть, вы знаете и другой способ?

– Хорошо, – ответил Пенкаль. Взяв ведро из рук Брайда, он мягко швырнул его в кучу ломаного железа, потом поплевал на руку, готовясь раздуть тлеющее горно. Брайд вошел в кузницу.

– Поздно вы принимаетесь за работу, – сказал он, пытливо осматривая все углы закопченного помещения. – А у нас вчера была ваша жена, Пенкаль.

Кузнец шумно опустил мех, и воздух загудел в горне ровными вздохами, осыпав кузнеца дождем искр. Брайд переждал минуту, рассчитывая, что Пенкаль откликнется "на жену" и тем подвинет разговор к вопросу, интересующему поселок. Но Пенкаль пристально смотрел на огонь.

– Она побыла немного и ушла, – смущенно продолжал Брайд. – Вид у нее был нельзя сказать, что хороший.

– Ну? – сказал Пенкаль. – Ведь она ходит к вам каждый день.

Брайд принял решение.

– Она жаловалась на вас, что вы... кажется, у нее были заплаканы глаза... Что такое семейная история? Та, где нет дела третьему? Этого я не одобряю. Конечно, если мне что – нибудь говорят – я слушаю, но придавать значение... это не мое дело. Разумеется, говорю я себе, у них были причины. Какие? Мне этого знать не нужно. Пусть живут люди, как им живется. Не так ли, Пенкаль?

– Верно, – сказал кузнец.

Брайд разочарованно поймал муху и грустно бросил ее в горно. Скрытность Пенкаля казалась ему излишней и неприличной осторожностью. Что скрыто за этим покусыванием усов? Но, может быть, все пустяки?

Наступило молчание. Пенкаль бил молотком железо, изредка

останавливаясь, чтобы поправить падающие на лоб прямые черные волосы. Когда полоса остыла, кузнец сунул ее в печь и спросил:

– А видели вы длинного кляузника Ритля? Сегодня ночью он катался на лодке, и я просто думаю, что его занесло течением дальше, чем следовало.

Брайд высморкался безо всякой нужды.

– Ну да, – принужденно сказал он, избегая взгляда Пенкаля. – Вот еще Ритль... Он проехал действительно подальше... вслед за вами... и легко могло показаться... Впрочем, это был всегда любопытный человек.

– Не думаете ли вы, что он дурак? – мягко спросил Пенкаль.

– Дурак? Пожалуй... – Лицо Брайда томительно напряглось, в то же время он подумал, что от Пенкаля вряд ли что выудишь.

– Он дурак, – сердито проговорил Пенкаль, – не мешало бы ему придерживаться вашего мнения: пусть люди живут, как им живется, а? Не правда ли?

– Да, да, – неохотно сказал Брайд. – Но я зайду к вечеру за ведерком. Мне ведь не к спеху. Да, нужно еще починить изгородь.

Он встал, помялся немного и ушел, оглянувшись на низкую дверь кузницы. Она была вся освещена буйным огнем; в красноватом блеске двигалась сутулая фигура Пенкаля.

Кузнец стремительно двигал мех, стараясь физическим усилием побороть тяжелое раздражение. Да, еще немного – и все будут подозревать его неизвестно в чем.

Он улыбнулся; врожденной чертой его характера было ленивое отвращение ко всякого рода объяснениям и выяснениям. Не их дело.

Пенкаль кончил работу, закрыл дверь, умылся и медленно пошел домой, к куче неуклюжих зданий поселка. Навстречу, грустно улыбаясь осунувшимся, легкомысленным и красивым лицом, шла его жена; Пенкаль прибавил шагу.

– Здравствуй, коза, – сказал он, целуя ее в голову. – Я еще не был дома после этих двух суток, пойдем скорее, у меня разыгралась охота пообедать сидя против тебя. Клавдия! Подними рожицу!

Замявшись, женщина нерешительно обдергивала бахрому цветного платка, прикрывавшего ее молодые плечи, и вдруг заплакала, не изменяя позы. Пенкаль сдвинул брови.

– Это все чаще, Клавдия, – сказал он, заглядывая ей в глаза. – Ты подумай, есть ли хоть маленькая причина портить глазки? Потом... ты еще ходишь жаловаться на меня; это совсем скверно. Что я тебе сделал?

Женщина вытерла глаза, но они вновь оказались мокрыми.

– Ты сам виноват, Пенкаль, – проговорила она, мешая ноты упрека с горькими всхлипываниями, – почти месяц... каждый день... каждую ночь... Никто не знает, куда ты уходишь. Надо мной посмеиваются. "Пенкаль, говорят, – о, он молодец мужчина!"... Что ты на это скажешь? Ты ведь ничего не говоришь мне. Раньше делали насчет тебя догадки... теперь говорят шепотом, а когда я вхожу, – молчат и странно смотрят на меня. Может быть, ты делаешь фальшивые деньги, милый... так скажи мне... Я не выдам, но... О, мне так тяжело...

Она умолкла; в ее беспомощно раскрытом рту и прямом взгляде сказывался наивный испуг. Пенкаль обнял жену за талию.

– Я гуляю, Клавдия, я хожу на охоту, – серьезно сказал он. – Ну, вот видишь, я говорю правду, а ты смотришь все – таки недоверчиво. Да, Клавдия, только и всего. Надо было мне сказать тебе это раньше. В самом деле, когда охотник приходит постоянно с пустыми руками... Но пойдем. Я попытаюсь успокоить тебя.

Он взял ее за руку, как маленькую девочку, и стал спускаться с пригорка, продолжая говорить. Через сто шагов женщина успокоилась. Еще ближе к дому лицо ее выглядело просохшим и успокоенным, но в душе она, вероятно, немного подсмеивалась: вот чудак!

II

Береговой песок, залитый лунным светом, переходил в таинственное свечение сонной воды, а еще дальше – в торжественную, полную немых силуэтов муть противоположного берега.

Был полный разлив. Вода покрыла островки, мысы, огромные высыхающие к концу лета отмели, медлительная сила реки сгладила полуобнаженный остов русла - спокойный момент торжества, делавший лесную красавицу похожей на гигантскую объевшуюся змею.

Пенкаль остановился у кипарисов, сильно подмытых течением, зашлепал сапогами в холодной воде и быстро освободил лодку, привязанную к обнаженным корням деревьев. Пахло сырым, полным весенним воздухом. Опустив весла, Пенкаль различил легкие человеческие шаги и выпрямился.

Он повернулся. Низкий обрыв, изборожденный трещинами, мешал рассмотреть что-либо, но неизвестный предупредил Пенкаля и вышел из тени деревьев. Шагах в пяти от Пенкаля он остановился, заложил руки за спину и наклонил голову. Это был Ритль, торговец; в лунном свете хорошо обрисовывалось его длинное, с выпяченным животом туловище. Подстерегающий взгляд торговца назойливо обнял кузнеца, дрогнул и ушел в землю.

– Никак, вы собрались ехать? – подобострастно, но цепко спросил Ритль. – А я почему-то думал, что вы спите. Вышел я, знаете ли, пройтись, приставал ко мне утром сегодня этот бродяга Крокис, все настаивал, чтобы я сделал скидку, и страшно меня расстроил. Другим он говорил: "Ритль упрям, но я возьму у него брезенты". Каково? Брезенты действительно принадлежат ему. Пойдет дождь, и товар подмокнет. Дернул меня черт положиться на его совесть! Впрочем, вы заняты, а то я хотел ведь попросить у вас совета, Пенкаль. Вы, что же, испробовать новую винтовку? На взморье, говорят, появились лоси. Эх, в молодости и я был охотником!

Пенкаль опустил цепь и, не отвечая, хотел вскочить в лодку. Ритль подошел ближе.

– Какой вы, однако, скрытный, – произнес он, – ну, бог с вами. Честное слово, Пенкаль, если бы вы знали, как все заинтересованы вашим поведением!

Пенкаль усмехнулся. В первую минуту ему захотелось обругать Ритля, но, удержавшись от резких слов, он сообразил выгоду своего положения; можно внешне, страшным и удивительным для других образом исказить правду. Тогда, если и будут говорить о таинственных отлучках Пенкаля, то лишь в одном смысле.

– Ритль, – сухо сказал Пенкаль, – я всегда думал, что вы порядочный человек.

– Я?! – вскрикнул Ритль. – Не знаю, как понять это... но если...

– Вот, слушайте. Чего проще было бы мне сказать вам: Ритль, вы шпионили. Поддавшись бабьим пересудам и толкам бездельников, сующих нос в чужие дела, вы сегодня следили за мной и видели, как я подошел к лодке.

– Никогда в жизни! – пылко вскричал Ритль.

– Шутник вы! Зачем мне и вам все эти брезенты? Подошли бы вы просто и сказали: "Пенкаль! Я чертовски любопытен, это большой недостаток, но что с этим поделаешь? Куда это вы ездите ночью и зачем? Со мной прямо делаются корчи, когда я подумаю, что вы имеете право что – то скрывать и не расскажете никому".

Ритль нерешительно раскрыл рот.

– Ну, что же... – путаясь, начал он. – В сущности... да ведь и не я один... как хотите...

– Да?! – сказал Пенкаль. – Если вы поклянетесь, что ни одна живая душа... поняли? Тогда я расскажу вам все, без утайки. Хотите?

Глаза торговца блеснули и приблизились к кузнецу.

– О! Пенкаль! – заорал он в восторге. – Я всегда стоял за вас горой! Провались я, если вы не лучший человек на свете! Разве я сомневался в вас, хотя бы одну секунду? Нет, право, вы очаровали меня!

– Поклянитесь, – сказал серьезно Пенкаль, вполне уверенный, что через полчаса клятва будет нарушена.

– Клянусь громами и моими доходами! – воскликнул Ритль. – Вы можете быть покойны. Я всегда вас считал особенным человеком, Пенкаль, и ваше доверие... да что там!

– Хорошо, – сказал Пенкаль. – Сядем.

Он сел, Ритль опустился рядом с ним на большой камень. Тени их резко чернели на воде. Пенкаль поглаживал колено правой рукой, как будто любуясь им; это движение было характерно для него в минуты сосредоточенности.

– Из глупости, – начал Пенкаль. – Из пустяка. Из обрезка крысиного хвоста сочиняются всевозможные истории. Так обстоит дело и со мной. Вот вы выслушаете меня и придете домой в полной уверенности, что совсем нечего было выдумывать о Пенкале легенды и расстраивать его глупую, еще доверчивую жену россказнями о том, что Пенкаль фабрикует в лесу фальшивые монеты или что он завел в городе трех любовниц... Не вы, так ваша жена. Нет? Тем лучше, тогда перейдем к делу.

Здесь нужно было загадочно улыбнуться, и Пенкаль сделал это, смотря прямо в глаза Ритля рассеянным взглядом кошки, усевшейся перед собакой на недосягаемой вершине забора. Торговец выжидательно хихикнул; бледное лицо кузнеца и тишина лунной реки производили на него необъяснимо жуткое впечатление.

– Две недели назад, – продолжал Пенкаль, заботливо разглаживая колено, – я возвращался из города на этой вот лодке, но не рассчитал время и тронулся в путь, когда уже начинало темнеть. Дул сильный противный ветер, да и попал я в сильную полосу течения. Вы знаете, я не охотник выбиваться из сил, когда это не представляет необходимости, поэтому, завернув к Лягушачьему мысу, вытащил лодку на песок, развел огонь и устроил себе ночлег из свежих сосновых веток. Было совсем темно. Вы знаете, Ритль, что если долго смотреть в огонь, а потом сразу отвести глаза, то мрак кажется еще гуще. Представьте же мое удивление, когда, вдоволь насытившись видом раскаленных углей, я повернул голову и почувствовал, что светает. "Не может быть, чтобы наступило утро", – сказал я себе и вскочил на ноги. Но действительно было совсем светло. Я не могу подобрать название этому свету, Ритль, он был как дневной или яркий лунный, но без теней. Все было освещено им: спящая, молчаливая земля, лес, река, тихие облака вдали, – это было непривычно и странно. Я подошел к воде. Оставим описание того, что чувствовал я в это время; три слова, пожалуй, годятся сюда: страх, радость и удивление. Вода стала прозрачной, как воздух над деревенской изгородью, я видел дно, чистые слои песка, бревна, полузанесенные черноватым илом, куски досок; над ними, медленно шевеля плавниками, стояли рыбы, большие и маленькие, сеть водорослей зеленела под ними, внизу, совершенно так же, как луговые кустарники под опускающимися к ним птицами.

Я отвернулся, подумав, что умираю и что это последний трепет воображения, потом увидел лес и вздохнул, а может быть, ахнул. Я никогда не видел леса таким прекрасным, как в эту ночь. Проникнутый тем же золотистым, неярким светом, он виден был вглубь на целые мили, – и это весной, в самом буйном цветении; стволы, чешуйки древесной корм, хвойные иглы, листья, цветы, даже маленькие – не больше булавки – самые нежные и тонкие побеги, все это буквально соперничало друг с другом в необычайной отчетливости.

Пенкаль посмотрел на Ритля. Торговец несколько отодвинулся и сидел теперь на расстоянии четырех шагов.

– Поразительно, – пробормотал Ритль.

– Я лег на спину, – продолжал Пенкаль, – потому что был сражен и напуган. Костер слабо трещал вблизи меня. Я думал о том, кто зажег эту гигантскую лампу без теней, осветив спящую землю так, как мы освещаем комнату среди ночи. Мои соображения были бессильны. В этот момент он подошел ко мне.

– Он? – глухо спросил Ритль, мигая расширенными глазами.

– Да, он и маленькая полуголая женщина. Она крепко жалась к нему. Вид у нее был слегка дикий в этом странном капотике из кленовых листьев, но не лишенный кокетства, впрочем, вряд ли она сознавала, чего ей не хватает в костюме. Я имею некоторые причины подозревать это. Он же был одет и довольно курьезно: представьте себе человека, первый раз надевшего полный городской костюм, – естественно, что он не умеет себя держать. Так было и с ним: тугие воротнички, должно быть, страшно утомляли его, потому что он беспрестанно вертел головой, а также вытаскивал манжеты из рукавов и по временам среди разговора пристально рассматривал свои запонки. Был он совсем маленького роста и показался мне застенчивым добряком. Женщина крепко держала его за руку, прижимаясь к плечу; изредка, когда он говорил что-нибудь, по ее мнению, неподходящее или лишнее, слегка щипала его, отчего он смущенно умолкал и грустно обращался к запонкам.

Я сел, они приблизились и остановились...

– Ого! – сказал Ритль, побледнев и ежась на своем камне. – Как вы могли выдержать?

– Слушайте дальше, – спокойно перебил Пенкаль.

– Вы спали, – сказал он, приседая как-то странно, словно его сунули под гидравлический пресс, – а я не знал. Нас разбудили, мы тоже спали, но вот она испугалась... – Он посмотрел на женщину. – Сегодня утром, видите ли, прошел этот... ну, вот, хлопает по воде, коробочкой, постоянно горит. Да, так она не выносит этого железного крика, хотя многие утверждают, что он поет недурно, и только дым...

– Пароход, – сказал я.

Он прищурился и посмотрел на меня пристально.

– Да, вы так говорите, – согласился он, – все равно. И она дрожит целый день. Я кормил ее, сударь, уверяю вас, она кушала сегодня и расстроилась совсем не потому, что она голодна... но она не может... Как только этот па... или что-то такое, так и история.

Женщина тихонько ущипнула его за ухо, и он сконфузился.

– Знаете! – воскликнул он с жаром, вдоволь повертев свои запонки. – Мы ушли бы отсюда, но... нам совершенно не с кем посоветоваться. Все, как и мы, ничего не знают. Говорят, правда, что вверх по реке есть тихие области, где нет этих... вообще беспокойства, – а я не знаю наверное.

В свою очередь, я пристально посмотрел на него. Глаза его очень переменчивого цвета напоминали лесные озерки в разное время дня; они то тускнели, то разгорались и переливались всеми цветами радуги.

– Там города, – продолжал он, показывая рукой к морю и ежась, как от сильного холода. – Они строятся из железа и камня. Я не люблю этих... ну, как их? До... до...

– Домов, – подсказал я.

– Вот именно. – Он, казалось, чрезвычайно обрадовался, что я так быстро помогаю ему. – Да, домов... но как, вверх по реке, есть эти штуки?

– Семь городов, – сказал я. – И много строится новых.

Он был сильно озадачен и долго сидел задумавшись. Потом засмеялся, тронув меня за плечо, с довольной улыбкой мальчика, поймавшего воробья.

– Вот что, – произнес он, – камень и железо – правда?

– Конечно.

– Ну, так они их не достанут. Здесь нет камня и железа до самых гор. Они останутся в дураках.

Я улыбнулся.

– А эти, – сказал я, – коробочкой?

– Па-рра-ходы? – с усилием произнес он и опечалился. – Вы думаете?

– Без сомнения.

Пока он переваривал этот новый удар, женщина внимательно водила пальцем по коже моего сапога, отдергивая свою нежную руку каждый раз, когда я шевелил ногой.

– Тогда мы уйдем, – полувопросительно сказал он. – Нет никакого расчета оставаться здесь. И все уйдут. Леса опустеют. Я слышал, что не будет лесов и даже травы? Куда-нибудь да уйдем.

Мне стало жалко их, Ритль, этих маленьких лесных душ; но чем я мог им помочь?.. Я горевал вместе с ними. Так сидели мы втроем, молча, среди живой тишины, в кротком, печальном оцепенении.

– Я слышал еще, – виновато сказал он, – что будто дело произойдет так: везде будет железо и камень, и парра – ходы, и ничего больше. А потом они снова захотят жить с нами в близком соседстве; устанут, говорят, они от этого... элек...

– Электричества.

– Да, да. Ну, так мы пока можем побыть и в изгнании. Как вы думаете насчет этого?

В этот момент я услышал тихий и ровный плач; он напоминал шелест падающих сосновых шишек.

– Ну, – сказал он, – так усни. Чего же плакать?

Женщина продолжала рыдать на его плече. Из ее маленьких, светлых глаз катились быстрые слезы.

– Я хочу спать, – твердила она, – а надо опять идти... идти...

Он повернулся к ней, и оба растаяли, затрепетали прозрачными силуэтами на освещенном песке, затем исчезли. Я встал, Ритль; было темно, костер шипел мокрыми от росы сучьями.

После этого я встречал их каждую ночь. Они приходили и исчезали, но между жалобами от них можно было узнать многое о их жизни. Я это делаю беру лодку и еду. Вчера мы обсуждали, например, скверные черты в характере волка. Вы видите...

Пенкаль повернулся. Камень был пуст; вдали замирали быстрые шаги Ритля.

"Я напугал его, – подумал молодой человек, – теперь он считает меня бесноватым или – что все равно – приятелем самого черта. Но я, кажется, сам позабыл о его присутствии. Это ведь лунный свет..."

Он не договорил и посмотрел вверх, где чистая луна сочиняла ему сказку о его собственной замкнутой и беспредельной душе. Затем, обойдя лужи, Пенкаль сел в лодку, толкнул веслом заскрипевший песок и растворился в прозрачной мгле.

III

– Где же его искать?

– В аду.

– Без шуток, говори, куда держать?

– Держи пока прямо. А потом – на свет.

После мгновенного замешательства, вызванного коротеньким диалогом, весла заработали так быстро, что рулевой качнулся назад. Несколько минут прошло в совершенном молчании, затем тот, кто рекомендовал отправиться в ад, глухо проговорил:

– Темно. Подлей масла в фонарь, Син; он гаснет.

– Я предлагаю вернуться, – заявил Паск.

– Вернись, – ответил с недобрым оттенком в голосе мрачный человек. – По воде ты дойдешь до берега, а там сядешь в лодку.

Остальные захохотали. Смех их показал шутнику, что слова его немного смешны, и он засмеялся после всех сам, совершенно несвоевременно, потому что в этот момент Энди ушиб себе ногу веслом и застонал с кроткой яростью ангела, проворонившего пару приличных душ.

– Луна скрылась, – сказал Паск, – и очень кстати. Кружись до утра, Льюз.

– Нет, – сказал мрачный человек, названный Льюзом, – дело должно быть сделано. Я хочу посмотреть дьявольские игрушки Пенкаля... или запою песенку под названием: "Ритль, береги ребра!", а то...

Он стих и погрозил кулаком зюйд-весту. Четыре силуэта мужчин, обведенные каймой борта в тусклом свете дымного фонаря, плыли над водой, усиленно загребая веслами. Паск спросил:

– Возможны ли такие шутки?

– То есть мы – дураки, – скорбно поправил Льюз. – Не мешало бы воротиться и расспросить Ритля, а? – Льюз дернул рулем. – Я мог бы рассказать вам, – проговорил он, – как один человек... какой – все равно, зашел на кукурузное поле.

Прошло пять минут, пока Син осведомился, чего ради этот несчастный подвергся такой странной участи.

– Он утонул, – задумчиво пояснил Льюз, – и утонул потому, что это было не кукурузное поле, а озеро. Поняли?

Кто-то вздохнул. Энди повернул голову.

– Огонь влево, – сказал он, переставая грести.

Нетерпеливое, отчасти жуткое ожидание достигло крайнего напряжения. Льюз направлял лодку. Слева под лесом, у большой песчаной косы трепетал красный огонь костра. Маленький, одинокий, он тихо манил парней; может быть, там сидел Пенкаль.

Без команды, словно по уговору, Син, Энди и Паск бережно загребли веслами, словно не вынимая их из воды, отчего лодка бесшумно, как окрыленная, скользнула к земле и остановилась, толкнувшись о подводные кряжи.

– Ну, выходи, – смущенно проговорил Льюз.

Все двинулись кучкой, молча, подавленные тишиной и предчувствием разочарования. Пенкаль сидел на корточках у огня; в котелке, повешенном над угольями, что-то шипело и булькало; смеющиеся глаза вопросительно остановились на Льюзе.

– Вот погреемся! – неестественно сказал Син, избегая глядеть на кузнеца.

Льюз мрачно улыбнулся, присев боком к огню; Паск остановился в отдалении; Энди для чего-то снял шапку и подбросил ее вверх.

– Так вы прогуливаетесь, – сухо сказал Пенкаль.

– Мы? – спросил Энди. – Да... мы... ехали и... увидели этот огонь... но... Льюз потерял спички... и вот... понимаете... курить захотелось... Верно я говорю, Льюз? Ну... мы и того... Здравствуйте!

Котелок покачнулся. Серая пена заструилась в огонь, чадя и всхлюпывая на угольях. Пенкаль бросился снимать варево, поддел котелок палкой и бережно поставил на землю.

– Это суп, – сказал он. – Хотите?

Четыре человека недоверчиво переглянулись и протянули Пенкалю руки.

– Прощайте! – сказал Энди. – Мы должны ехать: нам нужно... Льюз, закури трубку.

Льюз сделал это, подпалив усы, так как дрожали руки, и затем все удалились, переговариваясь вполголоса о таинственных, недоступных для глаз их, лесных жителях.

Когда их фигуры, раскачиваясь, ушли во мрак, – из – за туч выглянула луна и затопила тревожным блеском далекую линию противоположного берега.

Зурбаганский стрелок

I

Биография

Я знаю, что такое отчаяние. Наследственность подготовила мне для него почву, люди разрыхлили и удобрили ее, а жизнь бросила смертельные семена, из коих годам к тридцати созрело черное душевное состояние, называемое отчаянием.

Мой дед, лишившись рассудка на восьмидесятом году жизни, поджег свои собственные дома и умер в пламени, спасая забытую в спальне трубку, единственную вещь, к которой он относился разумно. Мой отец сильно пил, последние его дни омрачились галлюцинациями и ужасными мозговыми болями. Мать, когда мне было семнадцать лет, ушла в монастырь; как говорили, ее религиозный экстаз сопровождался удивительными явлениями: ранами на руках и ногах. Я был единственным ребенком в семье; воспитание мое отличалось крайностями: меня или окружали самыми заботливыми попечениями, исполняя малейшие прихоти, или забывали о моем существовании настолько, что я должен был напоминать о себе во всех, требующих постороннего внимания, случаях. В общих, отрывочных сведениях трудно дать представление о жизни моей с матерью и отцом, скажу лишь, что страсть к чтению и играм, изображающим роковые события, как, например, смертельная опасность, болезнь, смерть, убийство, разрушение всякого рода и т. п., играм, требующим весьма небольшого числа одинаково настроенных соучастников, – рано и болезненно обострила мою впечатлительность, наметив характер замкнутый, сосредоточенный и недоверчивый. Мой отец был корабельный механик; я видел его не часто и не подолгу – он плавал зимой и летом. Кроме весьма хорошего заработка, отец имел небольшие, но существенные по тому времени деньги; мать же, которую я очень любил, редко выходила из спальни, где проводила вечера и дни за чтением Священного Писания, изнурительными молитвами и раздумьем. Отец иногда бессвязно и нежно говорил со мною, что бывало с ним в моменты сильного опьянения; как помню, он рассказывал о своих плаваниях, случаях корабельной жизни и, неизменно стуча в конце беседы по столу кулаком, прибавлял: «Валу, все они свиньи, запомни это».

Я не получил никакого стройного и существенного образования; оно, волею судеб, ограничилось начальной школой и пятью тысячами книг библиотеки моего товарища Андрея Фильса, сына инспектора речной полиции. Фильс был крупноголовый, спокойный и сильный мальчик, я же, как многие говорили мне, лицом и смехом напоминал

56

девочку, хотя в силе не уступал Фильсу. Сдружились мы и познакомились после драки из-за узорных обрезков жести, в изобилии валявшихся вокруг слесарных портовых мастерских. В играх Фильс предпочитал тюремное заключение, плен или смерть от укуса змеи; последнее он изображал вдохновенно и не совсем плохо. Часто мы пропадали сутками в соседнем лесу, поклоняясь огню, шепча странные для детей, у пылающего костра, молитвы, сочиненные мною с Фильсом; одну из них благодаря ее лаконичности я запомнил до сего дня; вот она:

«Огонь, источник жизни! От холодной воды, пустого воздуха и твердой земли мы прибегаем к тебе с горячей просьбой сохранить нас от всяких болезней и бед».

Между тем местность, в которой я жил с матерью и отцом, была очень жизнерадостного, веселого вида и не располагала к настроению мрачности. Наш дом стоял у реки, в трех верстах от взморья и гавани; небольшой фруктовый сад зеленел вокруг окон, благоухая в периоде цветения душистыми запахами; просторная, окрыленная парусами река несла чистую лиловатую воду, – россыпи аметистов; за садом начинались овраги, поросшие буками, ольхой, жасмином и кленом; старые, розовые от шиповника, изгороди пестрели прихотливым рисунком вдоль каменистых дорог с золотой под ярким солнцем пылью, и в пыли этой ершисто топорщились воробьи, подскакивая к невидимой пище.

Когда мне исполнилось шестнадцать лет, отец сказал: «Валу, завтра ты пойдешь со мною на „Святой Георгий“; тебе найдется какое-нибудь там дело». Я не особенно огорчился этим. Мне давно хотелось уехать из Зурбагана и прочно стать собственными ногами в густоте жизни; однако я не мог положа руку на сердце сказать, что профессия моряка мне приятна: в ней много зависимости и фатальности. Я был настолько горд, что не показал этого, – я думал, что, если отец тяготится мною, лучше всего уходить в первую дверь.

Мое прощание с матерью было тяжело тем, что она, сдерживаясь, заплакала в тот момент, когда отец закрывал дверь, и мне было поздно утешить ее. Она, прощаясь, сказала: «Валу, делай себе зло сколько угодно, но никогда, без причины, другим; сторонись людей». Мы прибыли на катере к пароходу, и отец представил меня грузному человеку; этот человек, полузакрыв глаза, снисходительно смотрел на меня. «Примите его кочегаром, господин Пракс, он будет работать», – сказал отец. Пракс, бывший старшим механиком, сказал: «Хорошо», – и этим все кончилось... Отец, натянуто улыбаясь, отошел со мной к борту и стал рассказывать, как он сам, начав простым угольщиком, возвысился до механика, и советовал мне сделать то же. «Скучно жить без дела, Валу», – прибавил он, и это прозвучало у него искренне. Затем, пообещав прислать мне все необходимое – белье, одежду и деньги, – он сдержанно поцеловал меня в голову и уехал.

Так началась самостоятельная моя жизнь. «Святой Георгий» после шестимесячного грузового плавания попал в Китай, где, скопив небольшую сумму денег, я рассчитался. Меланхолическое настроение мое за это время несколько ослабело, я окреп внутренне и физически, стал разговорчивее и живее. Я рассчитался потому, что хотел попробовать счастья на материке, где, как я хорошо знал и слышал, для умного человека гораздо больше простора, чем на ограниченном пространстве затерянного в океане машинного отделения.

С врожденным недоверием к людям, с полумечтательным, полупрактическим складом ума, с небольшим, но хорошо всосанным житейским опытом и большим любопытством к судьбе приступил я к работе в богатой чайной фирме, начав с развески. Совершенствуясь и постигая эту отрасль промышленности, я скоро понял секрет всяческого успеха: необходимо сосредоточить на том, что делаешь, наибольшее внимание наибольшего количества заинтересованных прямо и косвенно людей. Благодаря этому, весьма элементарному, правилу я через пять лет стал младшим доверенным своего хозяина и, как это часто бывает, женился на его дочери, девушке с тяжелым характером, своевольной и вспыльчивой. Нас сблизило то, что оба мы были людьми замкнутыми и высокомерными; более нежное чувство оказалось крайне непрочно. Мы развелись, и после смерти отца жены поделили имущество.

Здоровый, свободный и богатый, я прожил несколько следующих лет так, что для меня не осталось ничего неизведанного в могуществе денег. Я часто размышлял над своей судьбой. С внешней стороны, по удачливости и быстро наступившему благополучию, судьба эта покрыла меня блеском, а из многочисленных столкновений с людьми я вынес прочное убеждение в том, что у меня нет с ними ничего общего. Я взвесил их прихоти, желания, стремления, страсти – и не нашел у себя ничего похожего на вечные эти пружины, и передо мной самым недвусмысленным образом встал дикий на первый взгляд короткий вопрос: «Как и чем жить?» – потому что я не знал «как» и не видел «чем».

Да, постепенно я пришел к тому состоянию, когда знание людей, жизни и отсутствие цели, в связи с сухим, ушедшим на бесплодную работу прошлым, – приводят к утомлению и отчаянию. Напрасно искал я живой связи с жизнью – ее не было. Снисходительно я вспоминал свои удовольствия, наслаждения и увлечения; идеи, вовлекающие целые поколения в ожесточенную борьбу с миром, не имели для меня никакой цены: я знал, что реальное осуществление идеи есть ее гибельное противоречие, ее болезнь и карикатура; в отвлечении же она имела не более смысла, чем вечное, никогда не выполняемое, томительное и лукавое обещание. Звездное небо, смерть и роковое бессилие человека твердили мне о смертном отчаянии. С сомнением я обратился к науке, но и наука была – отчаяние. Я искал ответа в книгах людей, точно установивших причину, следствие, развитие и сущность явлений; они знали не больше, чем я, и в мысли их таилось отчаяние. Я слушал музыку, вдохновенные мелодии людей потрясенных и гениальных; слушал так, как слушают взволнованный голос признаний; твердил строфы поэтов, смотрел на гибкие, мраморные тела чудесных по выразительности и линиям изваяний, но в звуках, словах, красках и линиях видел только отчаяние; я открывал его везде, всюду, я был в те дни высохшей, мертвой рекой с ненужными берегами.

В 189... году я посетил Зурбаган, где не был пятнадцать лет. Я хотел окончить жизнь там, откуда начал ее, и в этом возвращении к первоисточнику прошлого, после многолетних попыток создать радость жизни, была острая печаль неверующего, которому перед смертью подносят к губам памятный в детстве крест.

II

Зурбаган

Остановиться у родителей я не мог – они давно умерли, а в доме поселилась старуха, родственница отца, которую я менее всего хотел беспокоить. Я взял лучший номер в лучшей гостинице Зурбагана. На следующий день я обошел город; он вырос, изменил несколько вид и характер улиц в сторону банального штампа цивилизации – электричества, ярких плакатов, больших домов, увеселительных мест и испорченного фабричными трубами воздуха, но в целом не утратил оригинальности. Множество тенистых садов, кольцеобразное расположение узких улиц, почти лишенных благодаря этому перспективы, в связи с неожиданными, крутыми, сходящими и нисходящими каменными лестницами, ведущими под темные арки или на брошенные через улицу мосты, – делали Зурбаган интимным. Я не говорю, конечно, о площадях и рынках. Гавань Зурбагана была тесна, восхитительно грязна, пыльна и пестра; в полукруге остроконечных, розовой черепицы, крыш, у каменной набережной теснилась плавучая, над раскаленными палубами, заросль мачт; здесь, как гигантские пузыри, хлопали, набирая ветер, огромные паруса; змеились вымпелы; сотни медных босых ног толклись вокруг аппетитных лавок с горячей похлебкой, лепешками, рагу, пирогами, фруктами, синими матросскими тельниками и всем, что нужно бедному моряку в часы веселья, голода и работы.

Я посетил Зурбаган в самый разгар войны. Причины ее, как и все остальное, мало интересовали меня. Очаг сражений, весьма далекий еще от гостиницы «Веселого странника», где я поселился, напоминал о себе лишь телеграммами газет и спорами в соседней кофейне, где каждый посетитель знал точно, что нужно делать каждому генералу, и яростно следил за действиями, восклицая: «Я это предвидел!» – или: «Совершенно правильная диверсия!» Между тем ходили слухи, что Брен отброшен к лесам Хассавера, и Зурбагану, если вторая армия не овладеет вовремя покинутыми позициями, грозит опасность вторжения.

Я вскользь думал обо всем этом, сидя у раскрытого окна с газетой в руках, текст которой, надо сознаться, более интересовал меня оригинальным размещением объявлений, чем датами атак и приступов. Эти объявления были тщательно подогнаны под упоминание в тексте о каком-либо предмете; например, сообщение об автомобильной катастрофе после слов «лопнули шины» прерывалось рекламным рисунком и приглашением купить шины в магазине X.

В дверь постучали. Я встал и сказал: «войдите», после чего, ожидая появления слуги, увидел высокого, с белым цветком в петлице, крупного, широкоплечего человека. Он, слегка нагнув голову, всматривался в меня с очень деловым, спокойным выражением худого лица. Я тоже пристально смотрел на него, пока оба не улыбнулись.

– Фильс! Валуэр! – разом произнесли мы, и этим наше удивление кончилось. Время сильно изменило товарища детских игр, виски его поседели, а глаза, с навсегда застывшим выражением скупого смеха, обнажали над зрачком узкую полоску белка. Мы помолчали, как бы привыкая путем взаимного осмотра к тому, что от последней встречи до этой прошло много лет.

– Я прочитал твою фамилию на доске гостиницы, – сказал Фильс. Мы сели.

– Как дышишь, Валу?

– Как попало, – сказал я. – А ты?

– Так же. – Он понюхал цветок и сморщился. – Отвратительный запах, сладкий, как муха в патоке. Слушай, Валу, давай спокойно, по очереди рассказывать о себе. Это, не в пример экспансивным возгласам, сократит нам время. Начинай ты.

Я стал рассказывать, а Фильс тихо покачивал головой и, когда я остановился, заметил:

– Я ждал этого; помнишь, Валу, еще мальчиками мы делились предчувствиями, уверенные, что наша судьба лежит в сторону зигзага, а не прямой линии. Вот что произошло со мной. Я был счастлив так, как могут быть счастливы только ангелы на небесах, и потерял все. В моем несчастии была какая-то свирепая стремительность. После смерти жены один за другим умирали дети, и я с огромной высоты упал вниз, искалеченный навсегда.

Он посмотрел на цветок, вынул его из петлицы и бросил в окно.

– Подарок девицы, – объяснил он. – Я вовсе ее не просил об этом, но старые привычки способны еще заставить меня из вежливости связать кочергу узлом.

Мы помолчали. Я думал о судьбе Фильса и наших пламенных молитвах огню об избавлении нас от всяких бед и несчастий, ясно представляя себе двух босоногих, серьезных мальчиков в тихом лесу, пытающихся, предчувствуя будущее, уйти от холода жизни к жарким вихрям костра. Но огонь потух, зажигать его снова не было ни сил, ни желания.

– Что же у тебя впереди? – спросил Фильс.

– Ничего, – сказал я, – и это без всякой жалобы.

60

Фильс кивнул головой, зевая так азартно, что прослезился. Расспрашивать далее друг друга было неинтересно и даже навязчиво; все, что еще могли мы сказать о себе, было бы повторением хорошо усвоенного мотива.

— Хочешь развлечься? — сказал Фильс. — Если хочешь, я покажу тебе забавные вещи.

— Где?

— Здесь, и не далее десяти минут ходьбы.

— Шуты? Клоуны? Акробаты?

— Совсем нет.

— Женщины?

— Если ты вспомнил про цветок, которым теперь уже наверное украсил себя первый поэтически настроенный трубочист, то это более выдает тебя, чем меня.

— Я сам женщина, — сказал я, — хотя бы потому, что нуждаюсь в них не более женщины. Какого сорта твои развлечения? Говори начистоту, Фильс!

— Так не годится, — кротко улыбнулся Фильс, и я в этой улыбке понял его характер более, чем в словах; он улыбнулся с выражением совершенной покорности. Я никогда не видел более выразительной и жуткой улыбки. — Не годится. Всякое приличное развлечение требует тайны и неожиданности. Что скажешь ты, если приготовления к зрелищу будут происходить на твоих глазах? Итак, сделайся неосведомленным зрителем. Я могу лишь, для усиления твоего любопытства, а косвенно — для некоторых наводящих размышлений, поведать тебе следующее: странные вещи происходят в стране. Исчезло материнское отношение к жизни; развились скрытность, подозрительность, замкнутость, холодный сарказм, одинокость во взглядах, симпатиях и мировоззрении, и в то же время усилилась, как следствие одиночества, — тоска. Герой времени — человек одинокий, бессильный и гордый этим, — совершенно так, как много лет назад гордились традициями, силой, кастовыми воззрениями и стройным порядком жизни. Все это напоминает внезапно наступившую дурную, дождливую погоду, когда каждый открывает свой зонтик. Происходят все более и более утонченные, сложные и зверские преступления, достойные преисподней. Изобретательность самоубийц, или, наоборот, неразборчивость их в средствах лишения себя жизни — два полюса одного настроения — указывают на решительность и обдуманность; число самоубийств огромно. Простонародье освирепело; насилия, ножевые драки, убийства, часто бессмысленные и дикие, как сон тигра, дают хроникерам недурной заработок. Усилилось суеверие: появились колдуны, знахари, ясновидящие и гипнотизеры; любовь, проанализированная теоретически, стала делом и спортом. Но есть люди без зонтика...

Пока он говорил, смерклось, на улице появились неподвижный свет фонарей, беглые тени, силуэты в окнах. Я слушал Фильса без удивления и тревоги, подобный зеркалу, равно холодному перед лицом гримасы и горя.

— Это понятно, — сказал я, — время от времени человека неудержимо тянет назад; он конфузится, но недолго; богатая коллекция столетий сидит в нем; так, собственник музея подчас пьет, не пытаясь даже объяснить себе — почему, — пьет кофе из черепа египетского сапожника.

— Зачем объяснения? — сказал Фильс. — Нам в нашей жизни они не нужны. Не так ли?

— Я согласен с тобой.

— Прими же мое приглашение. Я покажу тебе взамен старых зонтиков новый. Соблазнись, так как это заманчиво.

— Хорошо, — сказал я, — пойдем, и если еще есть на свете для меня зонтик, я, пожалуй, возьму его.

III

Для никого и ничего

Покинув освещенный подъезд гостиницы, я и Фильс, взявшись под руку, спустились на улицу Гладиатора и шли некоторое время вдоль канала, соединяющего рукава реки. Здесь было мало прохожих, и я, всегда чувствовавший неприязнь к толпе, находился в очень спокойном настроении. Вполголоса, так как оба не любили разговаривать громко, делились мы многими впечатлениями истекших пятнадцати лет. После жаркого дня холодный, сухой воздух ночи освежал голову, и все воспоминания были отчетливы. Через несколько минут Фильс заставил меня свернуть меж двух каменных заборов в небольшой переулок; у дальнего конца его мы остановились; передо мной была высокая, над каменными ступенями, дверь. Фильс поднялся и дернул ручку звонка. Очень скоро я услыхал поворот ключа, и из неяркого света лестницы к нам в темноту нагнулась, с темным от уличного мрака лицом, большая голова на тонкой, костлявой шее. Вполне женским голосом эта голова спросила, дымя зажатою в зубах трубкой:

— Почему вы опоздали, милейший, и кто это с вами?

— Он может, — сказал Фильс. — Ну-ка, пропустите меня.

Мы вошли и стали подыматься по лестнице, а за нами шел хозяин большой головы, одетый в пестрый халат. Невольно я оглянулся и увидел назойливо, с непередаваемой рассеянностью устремленные на меня блестящие голубые глаза. Он смотрел так, как смотрят на карандаши или огрызок яблока.

До сих пор все текло обычным порядком, и я не видел ничего достопримечательного. По обыкновенной лестнице прошел я за Андреем Фильсом в маленький коридор; в самом конце его освещенными щелями рисовалось римское I закрытой двери, за нею слышались разговор, смех и свист. От Фильса мистификации я не ожидал и потому приготовился серьезно отнестись ко всему, что мне придется увидеть. Человек с большой головой, замыкая шествие, что-то сказал; думая, что это относится ко мне, я спросил:

– Что именно?

– А? – вяло отозвался он.

– Я говорю, что не расслышал, что вы сказали.

– А! – Он зашипел трубкой. – Я сказал «тру-ту-ту» и «брилли-брилли», – и, так как я, опешив, молчал, – добавил: – Моцион языка.

Мне некогда было принять это в шутку или всерьез, потому что Фильс уже тянул меня за рукав, распахнув дверь. Я вошел и увидел следующее.

В большой, с плотно занавешенными окнами комнате стоял посредине ее маленький стол. Пол был покрыт старым ковром, у стен, на плетеных стульях, сидели четыре человека; еще двое ходили из угла в угол с руками, заложенными за спину; один из сидевших, держа на коленях цитру[24], играл водевильную арию; сосед его, вытянув ноги и заложив руки в карманы, подсвистывал весьма искусным, мелодическим свистом. Третий играл сам с собой в орлянку, подбрасывая и ловя рукой серебряную монету. Двое, расхаживающие из угла в угол, – громко, тоном спора говорили друг с другом. Шестой из этой компании, склонившись на подоконник, спал или старался уснуть. Когда мы вошли, Фильс сказал:

– Друзья, вот этот человек, который пришел со мной, – наш гость. Его зовут Валуэр. – Затем, обращаясь ко мне, продолжал: – Валу, представляю тебе ради забавы и поучения очень скромных и хороших людей, вполне достойных, благовоспитанных и приличных.

Нельзя сказать, чтобы я что-нибудь понял из всего этого. Раскланиваясь и пожимая руки, я с недоумением посмотрел на Фильса. Он подмигнул мне, как бы говоря: «Ничего, все будет ясно». Затем, не зная, что делать дальше, я отошел в угол, а Фильс сел за стол, послал мне воздушный поцелуй и стал серьезен.

Прежде чем рассказывать дальше, я должен изобразить наружность каждого члена собрания. Их имена были: Фильс, Эсмен, Суарт, Гельвий, Бартон, Мюргит, Стабер и Карминер. Фильса вы знаете. Эсмен, с толстой нижней губой, небольшим, но округлым брюшком и кривыми ногами, напоминал гордого лавочника. Суарт, человек приблизительно сорока лет, был слеп и мужественно красив; темные очки на его безукоризненно правильном лице производили маскарадное впечатление. Высокий, сутуловатый Гельвий имел тонкие, бескровные губы, длинные, медного цвета, волосы, серые глаза и высоко поставленные, монгольские брови. Бартон, с короткой, бычьей шеей, сильным дыханием, усталым, багровым лицом, пухлыми от пьянства глазами, грузный, неряшливо одетый, был

---

[24] Цитра - музыкальный инструмент, состоящий из треугольного ящика с 36-42 металлическими струнами.

совершенной противоположностью женственному, пепельному блондину Мюргиту, похожему на переодетую девушку. Певучая улыбка Мюргита дышала утонченным, ласковым вниманием. Стабер, вполне актер по наружности, избегал в костюме обычных для этого сословия ярких галстуков и очень модных покроев. Наконец, Карминер, тот самый, что открыл дверь на улицу, был низкого роста; большой, умный и чистый лоб его давил маленькие голубые глаза и всю остальную миниатюрную часть лица, оканчивающуюся младенческим подбородком.

Но самым замечательным и общим для наружности всех этих людей были глаза. Их выражение не менялось: открытый, прямой и ровный взгляд их поражал неестественной живостью, затаенной иронией и (вероятно, бессознательным) холодным высокомерием. Я долго ломал голову, пытаясь вспомнить, где и когда я видел людей с такими глазами; наконец вспомнил: то были каторжники на пыльной дороге между Вардом и Зурбаганом. Вырванные из жизни, в цепях, глухо звеневших при каждом шаге, шли они, вне мира, к бессмысленному труду.

Фильс тоном учителя произнес:

— Валуэр, в коротких словах я объясню тебе, кто с тобой в этой комнате. Я и все остальные, каждый по личным, одному ему известным причинам, образовали «Союз для никого и ничего», лишенный в отличие от других союзов и обществ так называемой «разумной цели». Первоначально нас было семнадцать человек, но те, кого не хватает здесь по числу, удалились вследствие неудачных опытов и более не придут. Мы производим опыты. Цель этих опытов — испытать, сколько дней может прожить человек, пускаясь в различные рискованные предприятия. Я думаю, что дальше идти некуда. Мы проповедуем безграничное издевательство над собой, смертью и жизнью. Банальный самоубийца перед нами то же, что маляр перед Лувром. Отвага, решительность, самообладание, храбрость — все это для нас пустые и лишние понятия, об этом говорить так же странно, как о шестом пальце безрукого; ничего этого у нас нет, есть только спокойствие; мы работаем аккуратно и хладнокровно.

Единодушные аплодисменты залпом грянули в комнате. Фильс корректно раскланялся, а я хорошо понял сказанное им, но для выражения этого понимания нет сильных и стройных слов; я словно заглянул в белую, дымчатую пустоту без дна и эха.

— Прилично взвешено, — сказал толстый Бартон.

— Слог и стиль, — подхватил Эсмен.

— Венчать его крапивой и розгами, — отозвался Гельвий.

— Перехожу к моей выдумке, — сказал Фильс. — На заводе Северного Акционерного Общества есть паровой молот весом в шестьсот пудов, делающий в секунду с четвертью два удара. Я предлагаю, установив эту скорость движения, прыгать через наковальню с завязанными глазами.

– Пыль и брызги! – расхохотался Стабер. – Недурна выдумка, Фильс, но кто же нас пустит к молоту? Нам просто дадут по шее.

– Деньги пустят, – сказал Фильс. – Зачем нам деньги?

– Мы это обсудим, – решил Карминер. – Давайте отчет.

– Да, отчет, давайте отчет! – заговорили вокруг стола, усаживаясь на стульях.

– Три месяца хожу, а каждый раз интересно, – сказал, облизываясь, Эсмен.

Фильс вынул из ящика стола лист бумаги. С карандашом за ухом, деловито поджатыми губами и бесстрастным взглядом он напоминал аукционного маклера.

– Говорите, – сказал Фильс. – Ну, вы первый, что ли, Карминер.

– Я, – заговорил ворчащим голосом Карминер, – играл с бешеной собакой около бойни.

– Что вышло из этого?

– Укусила она меня.

– Прививку будете делать?

– Нет.

– Хорошо. Но лучше вам недели через три застрелиться.

– Я утоплюсь.

– Дело ваше. Свидетели кто?

– Два мясника, – Леер и Саваро, Приморская улица, номер шестнадцать.

Болезненный, неудержимый смех готов был вырваться из моей груди при этом лаконическом диалоге, но я быстро подавил его. Лица членов собрания остались невозмутимо серьезны, даже торжественны.

– Мюргит, – сказал Фильс, – вы как?

– Почти ничего, – простодушно ответил юноша, краснея. – Я только обошел перила речной башни.

– Свидетели?

– Стабер и полицейский Гунк.

– Эсмен, вы?

– Я, – сказал Эсмен, – увлекся мелким спортом. Я останавливал спиной трамвай и автомобили. Ни один не переехал меня.

– Это и видно, – заметил Фильс, улыбаясь мне. – Свидетели?

– Трое мальчишек-газетчиков номера восемьдесят семь, сто четыре и двадцать шесть.

– Стабер!

– Была дуэль. Я стрелял вверх, а враг мимо в двадцати шагах.

– Свидетели?

– Капитан Хонс, полковник Риго и врач Зичи.

– Бартон!

– Вчера, – загудел Бартон, – я выплыл через пороги у Двухколенного поворота при низкой воде и прибыл к Новому мосту уже без весел. Свидетели: хроника газеты «Курьер».

– Почтенно, – сказал Фильс. – Ну а вы, господин Суарт?

Слепой поднял голову, направляя стекла очков мимо лица Фильса.

– Я, – тихо заговорил он, – выпил из трех стаканов один: два были с чистым вином, а третий с не совсем чистым.

– Свидетели?

– Мой брат.

– Теперь Гельвий.

– Я ничего не делал, – сказал Гельвий, – я спал. И видел во сне, что ем хлеб, вымазанный змеиным ядом.

– Свидетелей не было, – кратко заметил Фильс. – А я, господа, повторил несколько раз вот что, – Фильс показал револьвер. – Он на шесть гнезд. Я вкладывал один патрон, поворачивал барабан несколько раз и спускал курок, держа дуло у виска. Именно это я хочу сделать сейчас.

– Если не будет выстрела – только чикнет, – заметил Эсмен.

– Да, чикнет, – спокойно возразил Фильс, – но ведь это интересно мне.

– Разумеется, – подтвердил Гельвий. – Ну, покажите! Как ни был я равнодушен к своей и чужой жизни, все же последующая сцена произвела на меня весьма неприятное впечатление. Фильс, под внимательными взглядами членов оригинального союза, сунул в блестящий барабан револьвера один патрон, перевернул барабан быстрым движением руки и взял дуло в рот. Не желая быть смешным, я воздержался от всякого вмешательства, хотя несколько волновался. Глаза всех были устремлены на движения пальцев правой руки Фильса; он сдвинул брови, как бы сосредоточиваясь на чем-то важном и известном только ему, затем кивнул головой и нажал спуск.

Правда, был лишь один шанс против пяти, что безумец размозжит себе череп, но я почему-то приготовился именно к этому, и напряжение мое, встретившее, вместо ожидаемого – по чувству нервного сопротивления, выстрела – металлический спуск курка, – осталось неразрешенным. Неожиданно меня потянуло сделать то же, что сделал Фильс, отчасти из солидарности; но в большей степени толкнул меня к этому острый зуд риска, родственный неудержимому стремлению некоторых людей переходить трамвайные рельсы почти вплотную к пробегающему вагону. Пока члены союза критиковали выходку Фильса, находя ее, в общем, мало эффектной, хотя серьезной, я, выбросив из своего револьвера пять патронов и перекрутив барабан, сказал:

– Фильс, мы всегда ведь играли вместе, посмотри, что будет со мной.

– А?! – сказал Фильс печально. – Тебя тоже знобит? Хорошо; прощай или до свидания.

Я закрыл глаза и, невольно холодея, нажал спуск. Курок щелкнул возле уха отвратительным звуком; я опустил руку, поморщившись. В забаве был скверный цинизм.

Никто не повторил за мной этого опыта, и разговор после некоторого молчания стал общим. Через полчаса Карминер прочел нам коротенькую диссертацию о «Законах Мертвого Духа», а Бартон затеял с Гельвием спор о гашише[25]; Гельвий сказал: «Гашиш плюс я – другой человек. Я желаю быть я». Бартон возразил: «Я же не хочу этого, я надоел себе». Устав, я условился с Фильсом относительно следующего нашего свидания.

– Что же, – сказал на пороге Фильс, – как зонтик?

– Зонтик, – заметил я, – странноват, – да. Но лучше смолчим. Я ухожу без сожаления; вкусы различны.

– Так, – сказал он, прощаясь, – к этому не привыкнешь сразу. – И я вышел на улицу.

IV

Астарот

Вернувшись к себе, я понял, что не усну. Перед моими глазами, сменяясь одно другим, всплывали из темноты, беззвучно говоря что-то, лица членов союза; в выражении глаз их, смотревших на меня, не было ни участия, ни доброжелательства, ни усмешки, ни вражды, ни печали; полное равнодушие скуки отражали эти глаза и совершенное безучастие. Странные на первый взгляд поступки имели для них, в силу болезненного отношения к жизни, значение обыкновенного жеста. Мюргит, прогуливающийся по парапету башни; Бартон, ломающий весла в смертоносных порогах; Фильс с револьвером у виска – все это, по-видимому, бессознательно, поддерживало угасающее любопытство к жизни; охладев к ней, они могли принимать ее, как врага, только в постоянных угрозах. Люди эти притягивали и отталкивали меня, что можно сравнить с толпой бродячих цыган на бойкой городской улице: смуглые чуждые лица, непонятный язык, вызывающие движения, серьги в ушах, черные волосы и живописные лохмотья останавливают внимание самых прозаических, традиционно семейных, людей, и внимание это не лишено симпатии; но кто пойдет с ними в табор? Индивидуальность противится выражению самых заветных ее порывов в форме, для нее несвойственной, и та же цыганщина, задевшая сердце скромного человека, найдет выход в песне или разгуле.

Глубоко задумавшись, просидел я, не зажигая огня, до рассвета, когда, посмотрев в окно, увидел перед воротами гостиницы серую верховую лошадь под высоким седлом и слугу, державшего ее в поводу. Через минуту из ворот вышел человек.

Я не могу отказать себе в удовольствии описать этого человека подробно. Человечество иногда выдвигает фигуры и лица, достойные глубокого зрительного анализа, без чего заинтересованный

---

25 Гашиш - наркотик, изготавливаемый из семян индийской конопли.

наблюдатель не всегда уяснит главное в поразившей его внешности; подобная внешность, лишенная оригинальности дурного тона, очень красноречиво и убедительно заставляет думать, что содержательность зрительных впечатлений не уступает книге; искусство смотреть для очень многих еще тот самый всемирный, но не изученный язык, о котором ревностно твердят нам эсперантисты.

Незнакомцу на взгляд было сорок пять – пятьдесят лет. Плечи его, хотя в остальном он не был ширококостным, угловатые и широкие, позволяли рукам висеть свободно, не прикасаясь к туловищу. Под черными волосами, составляющими как бы продолжение черной шапки, прятались уши; глаза сходились у переносья, линии костлявого носа и лба составляли одну прямую. Глаза резко освещали лицо... От висков до третьей пуговицы жилета струилась бараньим мехом черная борода. В лице вошедшего, именно, – все струилось; другим выражением я не точно определил бы то общее, что есть в физиономии каждого человека; упомянув уже об отвесной линии лба и носа, я перейду к остальным чертам: опущенные углы бровей, глаз и рта, с твердой линией губ; падающие в бороду усы; волосы, выбивающиеся из-под шапки и дающие, благодаря густоте, подлинную иллюзию тяжести, – все струилось отвесно, подобно скованному льдом водопаду. Незнакомец был одет в черную суконную блузу, серый, поверх блузы, жилет с синими стеклянными пуговицами, кожаные брюки и сапоги на толстых подошвах; единственной роскошью были серебряные шпоры с глухо звеневшими колесцами.

Рассматривая этого человека, я невольно позавидовал ему. Мне предстоял день убийственного безделья; он же, вероятно, собирался делать хорошо известное, нужное для него дело и был поглощен этим. Смутное решение зародилось во мне, скорее – представление о движении, в котором, как всегда, я находил некоторое рассеяние. Я думал, что мои нервы требуют настоящего утомления. Продолжая обдумывать это, я позвонил и спросил заспанного слугу о неизвестном всаднике.

– Это охотник, – сказал слуга, презрительно посмотрев в окно, – дикий и необразованный человек; он, когда останавливается у нас, то спит в конюшне вместе со своей лошадью.

– Очень хорошо, – сказал я. – Мне хочется поговорить с ним.

Слуга ушел. Прошло немного времени, и я, услыхав шаги, открыл дверь. Охотник, сняв шапку, остановился на пороге, осматривая меня и мое помещение. Он не сказал ни слова, но, кончив беглый осмотр, встретился со мной взглядом и протянул руку.

– Астарот, – сказал он, и в его лице появилось выражение нетерпеливого ожидания.

– Что вы скажете насчет хорошей охоты?

– Доброе дело.

– Устройте мне это.

– Где?

– Где! – но вы должны лучше меня знать «где».

68

— Я хочу сказать — близко или далеко от города? Чем дальше, тем лучше; если же вы любите стрелять уток, то это можно сделать в первом болоте.

— Я рассчитываю провести с вами три или четыре ночи, за что недурно вам заплачу.

— Что ж! — сказал Астарот после минутного размышления. — Выбирайте сами. По эту сторону гор я разыскал водопой; там найдутся козули, кабаны и козы. По ту сторону много медведей. Еще дальше, вокруг Чистых Озер, я находил бобров и лосей. Если вы легко устаете, лучше не забираться далеко, — дороги мало удобны.

— Возьмем хотя бы медведей.

— Как хотите.

— Сегодня?

— Да.

— Где? Потому что у меня еще нет ни лошади, ни ружья.

Астарот удивленно посмотрел на меня: ему, привыкшему иметь ружье и лошадь всегда, показался, наверное, странным человек, не позаботившийся своевременно обо всем нужном в пустыне.

— Тогда, — холодно сказал он, — я буду ждать вас у реки, в харчевне, на углу Набережной и Полевой улицы, но не долее двух часов дня.

На этом мы и покончили. Астарот уехал, а я, оставшись один, дал комиссионеру несколько поручений, и в полдень у меня было все нужное для похода. Испытав лошадь, я нашел ее выносливой, послушной узде и быстрой; это был четырехлетний гнедой жеребец с белой гривой и нервными, прекрасными глазами; когда его поставили в стойло, он лизнул меня языком по уху, а я сунул руку в мягкую гриву. Поговорив таким образом, мы расстались и выехали в четверть второго. Я не взял с собой ничего, кроме зарядов, штуцера, мешка с провизией и теплого одеяла. Проехав несколько улиц, я мысленно оглянулся, сдержав лошадь. «Не повернуть ли назад?» — твердила усталая мысль... Еще не выполнив случайной затеи, я готов был поддаться скуке и удовлетвориться лишь мыслью, что при желании мне ничего не стоит продолжать путь; остальное дополнялось воображением. В состоянии этом была своеобразная прелесть сознанного и мучительного равнодушия; однако, уступая логике положения, власти вещей и нетерпеливому шагу лошади, я, махнув рукой, подобрал поводья и выехал к реке рысью, разыскивая Астарота.

V

Горный проход Вига

Когда я зашел в указанную Астаротом харчевню, он благосклонно посмотрел на меня, сидя за огромным столом с кружкой вина. Против него, обернувшись при моем появлении, помещался невзрачный человек с застенчивым и скромным лицом, одетый почти так же, как Астарот, с той разницей, что вместо шапки с головы его свешивались концы туго обвязанного платка. Я подошел и сел к ним за стол.

– Ну, вот, – сказал товарищу Астарот, – видишь, он здесь! – Потом, указывая на застенчивого человека, объяснил мне: – Он, сударь, поедет с нами; его имя – Биг, это – один из отважнейших людей, но он скромен и молчалив.

– Уж ты... скажешь, – краснея, пробормотал Биг унылым голосом. – Вот, честное слово, не люблю я...

Шутливое выражение лица Астарота исчезло, и он, торопливо прикончив кружку, поднялся.

– Биг, нам до заката не успеть в горы, – сказал он. – Выйдем – и марш.

Через кухню мы прошли на маленький двор, где у коновязей фыркали и взмахивали хвостами нетерпеливые лошади. Маленькая кобыла Бига исподлобья, как человек, смотрела на своего хозяина. Поговорив о моей лошади и сдержанно похвалив ее, оба охотника простым движением рук очутились в седле, что, несколько медленнее, сделал и я; затем, выехав на солнечную улицу, мы, миновав мост, погрузились в береговые, с высокой травой, луга, направляясь к синему венцу гор, похожему издали на низкие облака.

Держась рядом с Астаротом, я наблюдал спутников. Они были погружены в свои мысли и неохотно отзывались на мои случайные замечания.

Черные глаза Астарота, прячась от солнца, съежились и ушли внутрь, а Биг, рассеянно смотря по сторонам, иногда улыбался и подмигивал мне, как бы желая сказать: «Так-то. Едем». Проехав луг, мы направились далее берегом небольшой речки, причем несколько раз пересекали ее вброд; вода, шумя у ног лошадей, обдавала нас брызгами. Трава заметно редела, переходя в унылую, душную степную равнину, поросшую высохшим кустарником; все чаще попадались серые каменистые бугры, овраги и трещины; от них пахло сыростью и землей; одинокие деревья имели сторожевой вид; холмы, растягиваясь подножиями в сотни сажен, вынуждали нас при подъеме сдерживать лошадей. Из-под копыт, вспыхивая дымком, летела сухая, бурая пыль, а горы, проясняясь, становились пестрыми от хорошо различаемых теперь неровных пятен лесов, но казались почти так же далекими, как от Зурбагана.

Следя за собой, я видел, что отдыхаю в седле душою и телом, как отдыхают от мучительной зубной боли, бегая по комнате. Вещей, о которых я мог бы последовательно и с интересом думать, у меня не было, но голую пустоту воображения и чувств успешно заполняли разные дорожные пустяки. Стремена Астарота, стертые от езды, заставляли меня машинально соображать, сколько времени они ему служат; смотря на голову лошади, я думал, что мысли животных должны напоминать вечно ускользающий из клещей памяти сон.

Камни напоминали мне о древности мира, а яркое, как море под солнцем, небо я сравнивал с глухонемым близнецом земли, навеки осужденным без операции смотреть в лицо не понимающему его брату.

Так ехали мы час, и два, и три, и, наконец, унылая местность, достойная в сумрачный день служить вестибюлем ада, кончилась. Мы двигались в заросли, полной валежника, ям, пенистых горных ключей и стволов, вырванных шквалом. Эти препятствия, живописные, но и надоедливые, заставляли коней идти шагом, и я не без удовольствия убедился в выносливости своей лошади.

– Лет восемь назад, – сказал мне Астарот, – нам не миновать бы потратить сутки на переход через горы. Самое удобное для этого место – шесть тысяч футов, где начинаются ледники. Но мы сделаем переход удачнее. Давно уже я и Биг прошли хребет этот, можно сказать, навылет; мы теперь приближаемся к трещине, выходящей по ту сторону настоящим коридором; она попалась нам, конечно, случайно, но это не помешало мне окрестить ее именем Бига, потому что он первый сунулся в дыру. Я, понятно, ехал за ним, и мы, к нашему удивлению, благополучно перебрались, миновав утомительные высоты.

– Ты же сказал, что не мешало бы исследовать щель, – возразил Биг.

– Прекрасно, не будем спорить.

Он нагнулся, присматриваясь к скалистым хрящам, обросшим кустарниками, и у одного из них повернул вправо. Я увидел нечто вроде узкой долины, стиснутой известковыми выступами; здесь росла густая и сырая трава, но далее картина неожиданно изменялась: лес расступился, трава исчезла, и в темной волне холмов обнаружилось резкое углубление с зубцом голубого неба вверху, – это и был проход Бига, как назвал его Астарот. Здесь все остановились, и Биг стал советоваться с товарищем о месте привала. Поговорив, согласились они, что москиты не дадут спать в кустарнике и измучат лошадей; поэтому решено было пустить животных к ручью, а самим устроить привал в ущелье, а затем увести поевших лошадей к себе.

Астарот – впереди, за ним – Биг и я – сзади – углубились в расселину, оставив лошадей без привязи пастись у ручья; я был спокоен за свою лошадь, зная, что она не уйдет от других, прибегающих, как настоящие лошади бродяг, на первый зов или свист. Дно трещины, усеянное известковыми глыбами, слоями осыпавшегося сверху дерна, корнями и мокрое от выступившей кой-где подпочвенной воды, – было весьма неровно. В крутых, тесных изгибах стен, высоко над головой поросших почти скрывающим свет и небо кустарником, образовался воздушный ток, напоминающий мягкий ветер лесов; сырость, застоявшаяся тишина и вечные сумерки придавали этому месту характер мрачный и дикий, вполне отвечающий моему настроению. Но, – что служило для меня развлечением, – я начинал чувствовать голод; когда, пройдя сажен сто, спутники мои остановились на сухом месте – груде земли – и

71

стали, не теряя времени, собирать дерево для костра, я принялся им помогать со всем возможным усердием. Огонь, робко блеснув, разгорелся, наполняя ущелье низко оседающим дымом и красной игрой теней; в этом фантастическом освещении наши лица казались вымазанными алой краской и углем. Наш ужин был скромен, хотя съеден по-волчьи. Дневной свет, вяло, но внятно позволявший различать внутренность горной расселины, угас; несколько звезд смотрело сверху на густой мрак, окружавший костер. Астарот, как мне показалось, все время прислушивался, но, заметив, что я вопросительно смотрю на него, принимал свой обыкновенный вид, начиная говорить громче, чем нужно. Он рассказывал о холоде и вьюгах на высоте гор, рыхлых оползнях ледников, прошлогодней экспедиции в поисках медных залежей и недавней охоте, где видел знаменитую волчиху о семи головах, про которую сложилось предание, что она носит в теле двадцать одну пулю и проживет до тех пор, пока не получит свинца прямо в сердце. У этого зверя, по словам охотника, не хватало сущих пустяков: первой, второй, третьей, четвертой, пятой и шестой голов, а седьмая была налицо.

– Поэтому она и жива, – заметил Биг, – все стреляли по остальным, кроме седьмой.

– Да, – кратко сказал Астарот и прислушался к тишине и на этот раз так заметно, что Биг тревожно посмотрел на него. – Ты слышишь что-нибудь, Биг?

Биг закрыл глаза, наклонил голову, затем поднял ее; с минуту они рассматривали один другого, проверяя непонятное для меня – в себе.

Астарот, покачав головой, вытянул шею по направлению к дальнему концу ущелья, хмыкнул и приложил ухо к земле.

– Биг, – прошептал он, – вы подождите здесь, я схожу и скоро вернусь.

– Что случилось? – спросил я.

– Вероятно – обман слуха, – уклончиво, беря ружье, сказал Астарот, – но лучше мне прогуляться.

– Я не думаю, – заметил, привстав, Биг, – это почти невероятно.

Астарот пожал плечами:

– Вот мы увидим, – и он, шурша землей, исчез во тьме.

Биг стал рассеян. Как бы случайно вытаскивал он из костра одну головню за другой и тушил их, засовывая в золу. Не считая уместным праздное любопытство, я молчал. От пламенного костра осталась кучка огненнозорких углей, скупо озарявших землю, складной ножик и бляхи седла, на котором я сидел, прислушиваясь к заунывному шелесту невидимой, над головами, листвы. Зная опытность людей, сопровождавших меня, я мог быть уверен, что без причины они не обнаружили бы беспокойства, и беспокойство это, в силу его законности, передалось мне. Казалось, что очень слабо, похоже на звон в ушах, различаю я далекие и странные звуки, но стоило ослабить внимание, как эти смутные звуковые призраки переходили в потрескивание углей или шелест осыпающейся земли. Устав думать о загадках ущелья, я махнул рукой. Биг пристально посмотрел на меня.

– Вы не слышите? – тихо спросил он.

– Нет. А вы?

– Как будто бы – да!.. – Биг перебил себя: – Но это возвращается Астарот.

Осторожные, медленные шаги, в силу своеобразной акустики прохода, звучали со всех сторон, как будто к нам двигалась толпа. Я испытал неприятное, нервное ощущение, но, когда Астарот вырос у моего плеча во весь рост, эхо шагов умолкло.

– Костер, пожалуй, не помешает, – сказал он, присев на корточки и раздувая брошенную им поверх углей охапку древесного лома; он кивнул головой Бигу далеко не успокоительно, а тот почесал лоб. – Нельзя идти дальше, – заговорил Астарот; он сказал еще несколько слов, но тут, вспыхнув, заполоскали огненными языками дрова, и я с изумлением увидел новое, совсем переродившееся лицо Астарота. Он был ярко бледен, весел без улыбки и оживлен; веселье, поразившее самую глубину его зрачков, не было простым смехом глаз; в нем светилось столько безумной остроты, значительности и мысли, что я в первый момент отнес это на счет изменчивых колебаний пламени; однако не могло быть сомнений, что охотник испытывает нечто в сильнейшей степени. Он посмотрел на меня взглядом человека, рассматривающего горизонт поверх головы собеседника, и тотчас же отвернулся к Бигу.

– Я прошел, – начал он свой рассказ, – так далеко, что уткнулся руками в поворот и пополз. Через минуту я слышал шум, какой бывает, когда о крышу дробится проливной дождь. Шум переходил в голоса. Я не мог ничего расслышать, но там, должно быть, говорило или шепталось вполголоса много людей. Тогда я прополз дальше, пока не увидел своих рук. Это был свет. На камне сидел часовой, судя по форме – из волонтеров Фильбанка; он не видел меня и совал прикладом в горевший перед ним костер сучья, которых у стены я заметил большой запас. С меня было довольно, я отступил в тень и вернулся.

– Хорошо, – медленно сказал Биг, – подумаем обо всем этом. – Он закурил трубку. – Надо отдать справедливость Фильбанку: он знает, что делает. Утром Фильбанк будет хозяином в Зурбагане.

– Утром? – спросил я, но тотчас же, сообразив, понял, что вопрос мой наивен.

Астарот не дал мне времени поправиться.

– Утром светло, – сказал он. – Ночью следует опасаться засады – если не в проходе, то при выходе из него; так поступают звери и люди. Мрак не всегда выгоден, и Фильбанк доволен, я думаю, уже тем, что спрятался до рассвета. Утром он обрушится на Зурбаган и перебьет гарнизон.

– Нам надо вернуться, – сказал Биг. – Эта дорога закрыта. Сам дьявол указал Фильбанку проход. Кого это, интересно бы знать, разбил он по ту сторону гор, прежде чем явился сюда?

Астарот пристально, как бы взвешивая и что-то рассчитывая, смотрел на Бига; оба они не обращали на меня никакого внимания.

Но я и не претендовал на это; мне нравилось безответственное положение зрителя; давая же советы или пытаясь – вообще – проявить свое влияние, я этим принимал на себя известные обязательства, относительно которых, не зная пока, куда они могут клониться, решил быть в стороне.

– Мне пришла в голову одна мысль! – Астарот с живостью подошел ко мне. – Сударь, клянусь вам, что это дело чистое и возможное. Не думайте, что я сумасшедший; выслушайте. Можно остановить Фильбанка. В полуверсте отсюда проход образует угол; стены круты и высоки; более чем пять человек не встанут там рядом. Невелика хитрость убить медведя, и это мы всегда успеем, но если вы не очень боитесь потерять жизнь – Фильбанк отступит. До рассвета, играя в четыре руки, мы поставим между собой и им земляной вал.

– Филь... – начал Биг, – их тысячи, Астарот, но мне такая затея нравится. – Он мечтательно улыбнулся: – Знаете, сударь, ружье и глаз Астарота? Вы должны тогда посмотреть на его работу.

Я понял, что это не шутка, и вздрогнул. Спокойствие Бига поразило меня. Он рассматривал замысел с точки зрения техники и работы, – чудовищную опасность затеи, разумеется, приходилось подразумевать. Предложение, интересное своей колоссальной дерзостью, заставило работать воображение с такой силой, что я встрепенулся.

– Хорошо, – сказал я, – мне нет причин отказываться, я с вами.

– Еще раз!

– Да!

– Еще раз!

– Да!

– О! – сказал Астарот, оставляя меня в покое. – Если так, Биг, то не будем терять времени! Скачи и дай знать в Зурбагане, но торопись; середина ночи, путь не близок и труден, патронов немного, оставь свой запас. Есть?

– Есть!

Биг, взвалив на плечо седло и ружье, с головней в руке бросился по направлению к выходу. Это было первым шагом, началом действия, после чего некогда было уже ни говорить, ни закреплять впечатления, и ожидание неизвестного вытеснило из моей головы все остальное.

– Спешите, – сказал Астарот, – возьмем по головне – и за дело!

VI

Фильбанк

Я видел, что имею дело с людьми решительными и отважными в такой степени, о которой мы, не будучи ими, едва ли можем составить себе ясное представление. Но это-то и увлекало меня. Я вспомнил Фильса и его друзей, проделывающих бесцельно головоломные вещи. Здесь, в деле, затеянном Астаротом, требовалось не одно лишь присутствие духа, а напряжение всего существа человека, исключительная сосредоточенность мысли и осмотрительность. Следуя в потемках за Астаротом, я чувствовал, что проникаюсь глубоким интересом к дальнейшему; обыкновенная стычка, вероятно, не показалась бы мне столь привлекательной.

Идти было трудно и беспокойно. Спотыкаясь о камни, ямы, возвышения, трещины и холмы осыпей, мы шли так скоро, как позволяли условия, и остановились, когда Астарот сказал:

– Мы у поворота. Дальше идти не стоит: здесь наивыгоднейшее для нас место.

Головни, догорев, угасли; по звуку шагов я чувствовал, не видя охотника, что он кружится неподалеку, ощупывая руками стены. Как оказалось потом, он не был вполне уверен, что поворот здесь. Я явственно слышал его и свое дыхание, чего в обычное время не замечаешь, и дыхание это звучало убедительно, как рожок, играющий наступление. Астарот, нащупав меня, сказал, что надо зажечь костер. Долго, ползая на коленях, собирали мы ощупью хворост, гнилье, пни и все, что дождевые потоки годами обрушивали в проход; наконец покончив с этим, я чиркнул спичкой и поджег наваленную у стены груду.

Тогда, выбрав наиболее возвышенное у поворота место (чтобы облегчить труд), мы стали ворочать камни, вкатывая их на возвышение руками и кольями. Поворот уходил влево зубчатым гротом; расстояние между почти совершенно отвесными, с выступами и трещинами, стенами, в том месте, где мы начали кладку, равнялось шести шагам. Тягостное ощущение усиливалось непроницаемым мраком, границы которого далее весьма скудного предела бессилен был раздвинуть огонь.

Охотник укладывал и носил камни не отдыхая, и я не отставал от него, заражаясь быстротой его движений. Первый ряд, шириною в шесть или семь футов, мы положили легко, второй был возведен уже медленнее; промежутки мы заполняли землей, разрыхляя ее топором Астарота и палками; чем далее, тем труднее становилась наша работа, и я не мог подымать приблизительно на высоту груди некоторых камней; тогда мы взваливали их вместе, упираясь плечами. Усталости я не чувствовал, напротив – особое нетерпение торопливости подгоняло меня, и в этом было своеобразное упоение. Я двигался в страстном хороводе усилий, ускоряя темп их почти до головокружения; с наслаждением замечал я удобные камни и, взвалив их, шатаясь, в следующий ряд баррикады, спешил за новыми. Иногда, для того, чтобы подбросить в огонь дров, мы прекращали работу, – но уже, невольно оглядываясь, разыскивали глазами новый материал; в одну из таких минут охотник сказал:

– Довольно! Заграждение на высоте нашего роста. Устроим еще амбразуры и прекратим.

Это было действительно последнее, что нам оставалось сделать. Амбразуры мы соорудили из самых больших камней, а внизу, у подножия заграждения, устроили несколько грубых ступеней. Когда все было кончено и поперек ущелья вырос настоящий тупик, – я сел, чувствуя слабость: устало колотилось сердце, с трудом разгибались руки. Меня клонило ко сну. Я сделал попытку встряхнуться, но ослабел еще более и, в состоянии полного изнурения, уронил голову на руки.

– Отдохните, я спать не буду, – сказал Астарот, и я, позабыв все, уснул. – Пора, – сказал, нагибаясь ко мне, Астарот. Я сознавал, что это говорит он, но тотчас уснул опять, и приснилось мне, что охотник спит, а я расталкиваю его, говоря: «Вставайте!» – Вставайте! – повторил Астарот, и я нервно вскочил.

Костер потух. Было еще темно, но вверху ясно обозначались на свежем небе силуэты обрыва. Внизу, присмотревшись, можно было различить, хотя с трудом, хаотическое дно прохода; ущелье напоминало разрыв гигантским плугом. Я тотчас припомнил все. Астарот, стоя у заграждения, раскладывал патроны, чтобы иметь их под рукой; у него был очень деловой вид.

Я подошел к нему, взяв ружье, но, видя, что он положил свое, – сделал то же.

– Через полчаса, а может быть, и меньше, – сказал охотник, – мы увидим врага. Встреча будет не из приятных, но шумная и – по-своему – оживленная.

Только теперь я обратил внимание на высоту баррикады, и высота эта показалась мне чрезмерной.

– Мы перестарались, Астарот, – заметил я, – можно было устроить тупик пониже.

– Нет!

– Почему?

– Вы недогадливы. Когда люди начнут падать от выстрелов, нужно, чтобы им было как можно более места в высоту. В противном случае они закроют собой цель.

– Астарот, – сказал я, – меня интересует нечто более важное. Почему вы, не солдат, даже не горожанин по привычкам и образу жизни, подвергаете себя немалому риску, выступая против Фильбанка?

– Да. Почему? – рассеянно ответил он. – Три часа тому назад я, пожалуй, не нашел бы, что вам ответить. Пока мы таскали камни, все выяснилось. Разве вы всегда знаете, почему делаете то или другое? Но я теперь знаю. Потому что это не совсем обыкновенное дело. Будет о чем вспомнить и рассказать. Я скоро начну седеть, а что было у меня в жизни? Полдюжины мелких стычек и безопасные охоты? Нет, мне хотелось бы превратить в войну всю жизнь, и чтобы я был всегда один против всех. Увы, это немыслимо. Всегда кто-нибудь скажет: «Вы поступили правильно, Астарот».

Он произнес это с оттенком спокойной грусти. И я понял, как безмерно жаден и горд этот полудикий человек, считающий несчастьем то, о чем мечтают и чего добиваются миллионы.

– Даже так?

– Именно так. Если бы я знал, что есть где-нибудь второй Астарот, полный двойник мой не только по наружности, но и по душе, я бы пришел к нему с предложением кинуть жребий – ему жить или мне? Мы подвергаемся теперь опасности; поэтому я желаю, чтобы вы узнали меня. Где-то, когда и где – не помню, имел один человек редкую книгу и был уверен, что ни у кого больше на всем земном шаре нет такой же второй книги. Но вот приходят к нему и говорят, что в соседнем городе, у богатого помещика, именно такой экземпляр лежит в хрустальной шкатулке. Тотчас же этот человек взял большую сумму денег и приехал к сопернику. Не говоря ему о своей книге, он купил за бешеную цену второй экземпляр и бросил его, на глазах бывшего владельца, в камин; огонь сделал свое дело. Итак, теперь вы поняли, почему я против Фильбанка? Потому, что Фильбанк не скажет: «Правильно, Астарот!»

С глубоким изумлением смотрел я на этого – воистину – загадочного человека. Он отвернулся, прислушиваясь, и положил мне на плечо руку.

– Фильбанк наступает, – сказал Астарот, – будем встречать гостей.

Небо прояснилось; раннее утро наполнило сумрачный проход унылым светом. Я слышал, закладывая патроны, глухой ропот шагов, позвякивание, шорохи, неопределенный протяжный шум и смутные голоса. Астарот не отрываясь смотрел через заграждение; настойчивый взгляд его как бы просил торопиться и не задерживать. Шум превратился в гул; отголоски, проникая эхом позади нас и по всему тревожно оживающему проходу, раздавались со всех сторон. Из-за поворота показались солдаты. Ничего не подозревая, они торопливо, держа ружья наперевес, высыпали на близкое от нас расстояние и с недоумением, а некоторые с испугом – остановились.

Астарот выстрелил, затем – я, целясь в ближайшего; тотчас же два человека, пятясь и вскрикивая, упали назад, и то, что произошло далее, было поистине потрясающе даже для меня, готового ко всему. Проход загудел и взвыл, слабые вначале раскаты гула, полного воплей, крика, звона и угрожающего смятения, отраженные глухим эхом, усилились до громоподобного взрыва. Тысячи людей, стиснутые за поворотом узкими отвесами стен, бились в необычайном волнении. Солдаты, в которых стреляли мы, скрылись; но не прошло и минуты, как новый рой их, стремительно кинувшись вперед, упал на колени, гремя выстрелами, и в тот же момент стоявший за солдатами офицер прислонился к стене, сраженный выстрелом Астарота.

Я был в состоянии никогда мною не испытанного головокружительного увлечения. Мои выстрелы, которые, сдерживаясь, я посылал весьма тщательно, не всегда достигали цели, но Астарот поступал толково. Я не помню в эти минуты ни одного с его стороны промаха. Он хлестал пулями, как бичом, и каждый выстрел его убивал, даже не ранил. Он был вне себя, но меток. Один за другим растягивались, взмахивая руками, солдаты, и в этой сосредоточенно-деловитой стрельбе было столько уверенности, что я невольно взглянул на рассыпанные у локтей Астарота патроны, считая их вместо солдат. В глубине поворота блестели, колыхаясь, штыки, но скоро их и лица солдат туманом окутал пороховой дым, и огонь выстрелов еще ярче заблестел в дыме, принимая красный оттенок. Пули, разбиваясь о камни звонкими, отрывистыми ударами или свистя над головой, напоминали о смерти, но в жестокой жуткости их я ловил звуки очарования и немого восторга перед лицом судьбы, подвергнутой столь гневному испытанию.

Прикрытый камнями, целясь в узкую меж ними, не шире трех пальцев, щель, я мог до времени считать себя в безопасности, но, опасаясь за ружье, могущее быть подбитым случайной пулей, выставлял дуло самым концом. Я целился и стрелял преимущественно в тех, чей прицел видел направленным на себя. Солдаты, постепенно отступая, стреляли теперь из-за угла поворота, подставляя охотнику для прицела лишь часть головы, – но он поражал их и в таком положении, и именно – в голову. Они падали на свои ружья, а на их месте появлялись другие; я же, сберегая патроны, ждал нового открытого выступления. Вдруг Астарот, прицелившись, опустил ружье: ни людей, ни выстрелов не виделось больше в повороте, и перестрелка умолкла. Трупы, один на другом, лежали более чем внушительно.

– Слушайте, вы! – вскричал охотник. – Слушайте! Скажите Фильбанку, что он не пройдет здесь. Я не один; нас двое, и мы устроим вам очень тесную покойницкую! Уходите!

Никто не ответил ему, но и я и он знали, что те, к кому были обращены эти слова, – слышат.

– Вас двое? – неожиданно сказал, появляясь в глубине поворота человек с белым платком в руке; он махнул им несколько раз и подошел ближе. Он был без ружья и всякого другого оружия; как бы вспухшие глаза его на мясистом бледном лице, лишенном растительности, тонкий, словно запечатанный, рот – были презрительны; он смотрел, прищурившись, и медленно улыбнулся. – Вас двое? Каждого из этих двоих я повешу за ноги; я возьму вас живьем. Я – Фильбанк.

– Разбойник, – сказал Астарот, – если бы не белый платок, я перевязал бы тебе голову красным.

– Бродяга, – ответил, темнея, Фильбанк. – Мундир, который ты видишь на мне, обязывает меня сдержать слово. Долой из этого курятника! Беги!

– Повелитель, – насмешливо возразил охотник, – почему вам хочется идти в эту сторону? Ступайте обратно, там вам не помешает никто. Пока вы идете вперед – сила на нашей стороне, но, разумеется, никакими усилиями не удалось бы нам задержать вас, если вы вздумаете отступить; самое большее, что мы схватим за шиворот двух.

– Хорошо, – сказал Фильбанк. – Помни! – И он скрылся.

– Это – атака, – сказал, хватая меня за руку, Астарот. – Но нам, может быть, не хватит зарядов. Биг не возвращается. Вы готовы?

– Вполне.

Высокий торопливый рожок заиграл в невидимом повороте и смолк. Тогда я увидел, что может сделать один человек, вполне владеющий искусством стрельбы. Толпа, выбежавшая на нас, расступилась, давая упасть мертвым; их было не меньше шести; шесть пуль вылетело из ружья Астарота скорее, чем я прицелился в одного. И так же, как и в первый раз, испуганные солдаты остановились, но охотник еще раз повторил ужасную операцию – и я увидел множество падающих, как пьяные, обезумевших людей; хватаясь друг за друга, вскрикивали они и умирали на наших глазах в то время, как уцелевшие растерянно смотрели на них. «Попробуйте окопаться!» – крикнул охотник. Некоторые повернулись и побежали. Здесь я убедился в преимуществе магазинных ружей перед однозарядными; у меня же и Астарота были именно магазинки – Шарпа и Консидье. Шарповские значительно легче, но Консидье для меня был удобнее по устройству прицела, благодаря которому менее опытный стрелок может быть и не вполне точен, зато быстрее ловит, с небольшою ошибкою, мушку.

Воспользовавшись замешательством наступающих, я решил истратить несколько патронов подряд, – для впечатления. Из них только один пропал даром. Не знаю, что подумал об этом охотник, но я не претендовал равняться с ним в точности. Вероятно, он не заметил этого. Губительная работа захватила его. Волонтеры стреляли залпами, стараясь держаться дальше и не толпой; некоторые, срываясь, подбегали почти вплотную и не возвращались назад, и я вспомнил слова охотника о высоте заграждения. Иногда, сбитые пулей, каменные брызги хлестали меня в лицо; я вытирал кровь и стрелял снова, торопясь предупредить каждого целившегося в меня.

– Двадцать пуль я могу уделить им, – сказал охотник, – двадцать первая для меня. Приберегите и себе, – прибавил он, помолчав, – а то ведь Фильбанк сказал правду.

Слова его не испугали и не взволновали меня. Я мало надеялся на благополучный исход и, сообразив, что могу выстрелить, без риска остаться живым, еще десять раз, всадил первую из десяти в голову толстого волонтера, только что высунувшегося ползком из-за угла поворота. Солдат дернулся и упал.

– О Биг, Биг! – вскричал Астарот, хватаясь за раненое ухо. – Скоро я не буду ни слышать, ни видеть, ни стрелять, но ты увидишь, Биг, что не зря оставил заряды! Ведь это трупы!

И он, уже не оберегая себя, вскочил на верхнюю ступень заграждения, показывая мне рукой груду, за которой, как за прикрытием, торчали вспыхивающие молниями штуцера. Спрыгнув, Астарот рассмеялся.

– Довольно! – сказал он. – Дело, как мы умели и могли, сделано. Не пора ли? Нет. Вы слышите? Это – Биг и солдаты!

Я оглянулся. Из-за бугров, маленькие на отдалении, торопливо выскакивали, подбегая к нам, вооруженные люди, и я от всего сердца мысленно поздравил их с продолжением удачного дела.

VII

Возвращение

Меня вытеснила толпа солдат, и я очутился у стены, шагах в десяти от заграждения, вместе с охотником. К нам подошел Биг.

– Правильно, Астарот! – сказал он, задыхаясь от изнурительного бега в проходе.

Лицо Астарота, блиставшее перед тем упоением торжества, разом погасло, осунулось, и тень ровной грусти мгновенно изменила выражение глаз, замкнуто, чуждо раскатам свалки смотревших на живую запруду, истребительную возню.

– Я сделал это для себя, – сказал Астарот, подумав, – и более мне делать здесь нечего. Уйдем, Биг. Не следует дожидаться конца.

– Да, – подтвердил Биг, – через полчаса здесь будут орудия.

– Тем лучше. Ты останешься?

– Нет, – это дело сделают без меня.

Усталые, изредка оглядываясь на трескучий дым, мы выбрались из прохода. Неподалеку валялись, играя, лошади. Оседлав их, мы тронулись к югу; затем Биг нагнал ехавшего впереди Астарота, и они, тихо разговаривая о происшествиях дня, шагом погрузились в заросль на склоне горы, а я, следуя за ними, спрашивал себя: точно ли произошло все, в чем был я свидетелем и участником? Я грустил о том, что так скоро кончились пленительный бой и тревога, и тьма ночи, и зловещее утро у заграждения; но ни за что, ни за какое ослепительное счастье не вернулся бы я к солдатам теперь, когда смысл моего участия в стычке делился на число всех прибывших людей. Я пережил страстное увлечение и был счастлив, но не желал просто драться, так же, как Астарот.

Прекрасный день заливал горы живым водопадом солнца, тающего в тесных изгибах чащи крупным дождем золотых пятен, озаренных листьев и отвесных лучей; цветы вздрагивали под копытами, обрызгивая росой траву, а спутанные корни тропинок вились по всем направлениям, уходя в цветущую жимолость, акацию и орешник. Тогда, пристально осматриваясь кругом, я заметил, что наблюдаю, в особом и новом отношении к ним, все явления, которые раньше были мне безразличны. Явления эти неперечислимы, как сокровища мира, и главные из них были: свет, движение, воздух, расстояние и цель движения. Я ехал, но хотел ехать; двигался, но во имя прибытия; смотрел, но смотреть было приятно.

Я освобождался от тяжести. Медленно, но безостановочно, как подымаемый домкратом вагон, отпускала меня скучная тяжесть, и я, боясь ее возвращения, с трепетом следил за собой, ожидая внезапного тоскливого вихря, приступа смертельной тоски. Но происходило то, чему я не подберу имени. Я слышал, что копыто стучит звонко и крепко, что ветви трещат упруго, что птица кричит чистым, задорным голосом. Я видел, что шерсть лошади потемнела от пота, что грива ее бела, как молодой снег, что камень дал о подкову желтую искру. Я чувствовал, как легко и прямо сижу, и знал силу своих рук, держащих лишь легкий повод; я был голоден и хотел спать. И все, что я слышал, видел, знал и чувствовал, – было так, как оно есть: непоколебимо, нужно и хорошо.

Это утро я называю началом подлинного, чудесного воскресения. Я подошел к жизни с самой грозной ее стороны: увлечения, пренебрегающего даже смертью, и она вернулась ко мне юная, как всегда. В те минуты я не думал об этом, мне было просто понятно, ясно и желательно все, что ранее встречал я немощной и горькой тоской. Но не мне судить себя в этот момент; я вышел из сумрака, и сумрак отошел прочь.

Невольно, глядя на ехавших впереди ловких и бесстрашных людей, припомнились мне звучавшие раньше безразлично строки Берганца, нищего поэта, умершего из гордости голодной смертью в мансарде, потому что он не хотел просить ни у кого помощи; и я мысленно повторил его строки:

У скалы, где камни мылит водопад, послав врагу
Выстрел, раненный навылет, я упал на берегу,
Подойди ко мне, убийца, если ты остался цел,
Палец мой лежит на спуске; точно выверен прицел.
И умолк лиса-убийца; воровских его шагов
Я не слышу в знойной чаще водопадных берегов.

Лживый час настал голодным: в тишине вечерней мглы
Над моим лицом холодным грозно плавают орлы,
Но клевать родную падаль не дано своим своих,
И погибшему не надо ль встать на хищный возглас их?
Я встаю... встаю! – но больно сесть в высокое седло.
Я сажусь, но мне невольно сердце болью обожгло,
Каждый, жизнь целуя в губы, должен должное платить,
И без жалоб, стиснув зубы, молча, твердо уходить.

Нет возлюбленной опасней, разоряющей дотла,
Но ее лица прекрасней клюв безумного орла.

Вспомнив это, я вспомнил и самого Берганца. Он любил смотреть из окна седьмого этажа, где жил, на розовые и синие крыши города и простаивал у окна часами, наблюдая, без изнурительной зависти, с куском хлеба в руке певучее уличное движение, полное ярких соблазнов.

В полдень я простился с охотниками. Они уговаривали меня остаться с ними ради охоты, но я был утомлен, взволнован и, поблагодарив их, остался один со своими новыми мыслями. Только к вечеру я попал в Зурбаган и бросился, не раздеваясь, в постель. Не каждому удается испытать то, что испытал я в проходе Бига, но это было, и это – судьба души.

Золотой пруд

Обращает драгоценности в угли.
Агриппа

I

Фуль выполз из шалаша на солнце. Лихорадка временно оставила его, но он отупел от слабости. Глаза Фуля слезились от солнца, бродяга чувствовал себя беспомощнее травяной блохи, упавшей на поверхность пруда. С бесцельной внимательностью следил он за насекомым. Блоха явно тонула, но не могла еще утонуть; вода была для крошечного ее тела слишком плотной средой. «С таким же успехом, – подумал Фуль, – мог бы человек попытаться утонуть в крутом студне».

Шалаш Фуля и его товарища по бегству из тюрьмы – Бильбоа – стоял на отвесном берегу маленького пруда, несомненно, искусственного происхождения. Пруд имел форму сильно растянутого ромба, на противоположном от шалаша берегу, в темных кустах, виднелись остатки стен, груды кирпичей и земли. Лес тесно подступил к самой воде, засорив воду у берегов валежником, листьями и лепестками цветов. Только середина пруда отражала золотой солнечный глаз, прозрачный и чистый; от небольшого пылающего кружка расходилась к берегам тень угрюмых, опрокинутых под водой деревьев. Водоросли темнили еще более прибрежную воду. Пруд был глубок, вода холодна и спокойна.

Утопающая блоха пробила наконец лапками воду и легла на нее брюхом.

«Бильбоа не охотник, – думал Фуль, – едва ли он принесет еду, но есть хочется ужасно, до тошноты. Ах, если бы у меня было немного сил!» Свесив голову над аршинным обрывом берега, Фуль вернулся к блохе. Она постепенно, барахтаясь, уползала от берега, и Фуль, чтобы не потерять ее из виду, напряг зрение. В том направлении, в каком смотрел он, водоросли были светлее и реже; в их чаще над дном мелькали, блестя, рыбы. Одна из них, неподвижно стоявшая у самых корней водорослей, заинтересовала Фуля неестественным изгибом спины, блестящей как медь; он вгляделся...

Сильные, зоркие глаза его, напряженно рассматривавшие перед тем маленькую точку блохи, освоились с игрой света и теней и легко различали уже в прозрачной, несмотря на трехсаженную глубину, воде край массивного золотого блюда, так похожего, было, на свернутую спину рыбы. Блюдо это лежало косо, нижняя половина его ушла в ил, а верхняя, приподымаясь, горела в одной точке ослепительным зерном блеска, напоминающего фиксацию зажигательного стекла. Фуль взялся рукой за сердце, и оно стукнуло как неожиданный выстрел, бросив к щекам кровь. С глубоким, переходящим в испуг изумлением смотрел Фуль на выступающую из подводных сумерек резьбу золотого блюда, пока не убедился, что точно видит драгоценный предмет. Он продолжал шарить глазами дальше и вскрикнул: везде, куда проникал взгляд, стояли или валялись на боку среди тонкой травы – кубки, тонкогорлые вазы, чаши и сосуды фантастической формы; золотые искры их, казалось, дышали и струились звездным потоком, меж ними сновали рыбы, переваливались черные раки, и улитки, подняв слепые рожки, ползали по их краям, осыпанным еле заметными в воде, выложенными прихотливым узором камнями.

Фуль разорвал воротник рубашки. Он встал, протягивая дрожащие руки к прозрачной могиле сокровища. От жары, слабости и потрясения у него закружилась голова; шатаясь, он стал раздеваться, отрывая пуговицы, не думая даже, выдержит ли его слабое тело глубокий нырок.

II

– Ты хочешь принять ванну? – сказал Бильбоа, проламываясь сквозь кусты. В одной руке он держал солдатское ружье, отнятое у конвоя в момент побега, другой тащил привязанную к палке небольшую дикую свинью. – Когда я был богат и свободен, я тоже принимал ванну каждый день перед завтраком. Вот свежие отбивные котлеты.

– Бильбоа! – сказал Фуль, – что скажешь ты, если мы сможем теперь купить миллион отбивных котлет? А?

Каторжник уронил ружье. Потемневшие глаза Фуля ударили его внезапной тревогой; Фуль, стискивая руки, метался перед ним, дыша хрипло, как умирающий.

– Смотри же, – властно сказал Фуль, – смотри! – Он силой посадил Бильбоа рядом с собою на краю берега. – Смотри, здесь несколько пудов золота. Сначала останови взгляд на этом черном листке, где сломан камыш. Возьми на глаз четверть влево, к плавающей траве. Потом два фута вперед и вниз, под углом 45 о . Там, где блестит. Это полупудовая тарелка для твоих котлет.

Он говорил, не отрывая глаз от воды. Вся жажда неожиданного и чудесного, вскормленная долгими годами страданий, ожила в встревоженной душе Бильбоа. Он нырнул глазами по направлению, указанному Фулем, но еще ничего не видел.

– Ты бредишь! – сказал он.

– От блюда, – продолжал Фуль, – во все стороны разбросана золотая посуда. Вот, например, три... нет – четыре золотых кружки... одна смята; затем – маленькие тарелки... кувшин, обвитый золотой змеей, ларец с фигуркой на ящике... О Бильбоа! Неужели не видишь?

Бильбоа ответил не сразу. Золото, разбросанное в беспорядке, понемногу выступало из тени; он различал формы и линии, чувствовал вес каждой из этих вещей, и руки его в воображении гнулись уже под счастливой тяжестью.

– А! – крикнул Бильбоа, вскакивая. – Здесь царский буфет! Я тотчас же полезу за всем этим!

– Мы богаты, – сказал Фуль.

– Мы переедем на материк.

– И продадим!

– Бильбоа! – торжественно сказал Фуль, – здесь более, чем богатство. Это выкуп от судьбы прошлому.

Бильбоа, сбросив одежду, разбежался и нырнул в пруд. Медное от загара и грязи тело его аркой блеснуло в воздухе, спокойная поверхность пруда, хлестнув брызгами, разбежалась волнистым кругом, и ноги пловца, сделав последний над водою толчок, скрылись.

III

Бильбоа пробыл на дне не больше минуты, но Фуль пережил ее как долгий, неопределенный промежуток времени, в течение которого можно разрыдаться от нетерпения. Нагнувшись, едва не падая в воду сам, Фуль гневно гопал ногами, пытаясь рассмотреть что-либо в слепой ряби потревоженного пруда. Он, беглый арестант Фуль, был в эти мгновения, как десять лет назад, – барином, требующим всего, чего лишил его суд и позор. Семья, дом в цветах, холеные лошади, комфорт, тонкое белье, книга и почтительный круг знакомых снова возвращались к нему таинственным путем клада. Он думал, что теперь ничего не стоит, переменив имя, вернуть прежнюю жизнь.

Снова всплеснул пруд, и мокроволосая голова Бильбоа подскочила из глубины в воздух. Крайнее изнеможение от задержки дыхания выражало его лицо. Шумно вздохнув, подплыл он к берегу, гребя одной рукой; в другой же, которую он держал внизу, неясно блестело. С тягостным, неопределенным предчувствием следил Фуль за этим неровным блеском; молчание плывущего Бильбоа терзало его.

– Ну?! – тихо спросил Фуль.

Бильбоа в изнеможении ухватился свободной рукой за обрыв берега.

– Мы оба сошли с ума, Фуль, – проговорил он. – Там ничего нет. Когда я нырнул, блеск метался перед моими глазами, и я некоторое время тщетно ловил его. Ты знаешь, у меня одышка. Но я поймал все-таки. Это твои кандалы, Фуль, которые ты пять дней назад разбил камнем и швырнул в воду. Вот они.

К ногам Фуля упали, звякнув, отполированные годами длинные цепи. Он медленно отошел от них.

Бильбоа молча одевался. Он намеренно делал это, стоя спиной к товарищу, чтобы не видеть его лица. Неосновательное возбуждение Бильбоа улеглось, и он, как человек практический по преимуществу, отдался уже привычным мыслям о том, сколько еще дней, для безопасности, следует просидеть в лесу и что делать с дикой свиньей: зажарить ли в золе ногу или, потратив полчаса, устроить блюдо изысканнее, например, котлеты.

Фуль, чувствуя сильную лихорадочную слабость, лег навзничь. Он думал, что, не будь на противоположном берегу пруда безвестных развалин, он, может быть, не увидел бы и золота в собственных кандалах. Но эти развалины так убедительно шептали о преступном богатстве, спрятанном от чужих глаз.

– Я рад хоть, что она потонула наконец, – сказал Фуль.

– Кто?

– Блоха. Но ей все же было легче, чем сейчас мне.

Новый цирк

I

Должность

Я выпросил три копейки, но, поскользнувшись, потерял их перед дверями пекарни, где намеревался купить горячего хлеба. Это меня взбесило. Как ни искал я проклятую монету — она и не думала показываться мне на глаза. Я промочил, ползая под дождем, колени, наконец встал, оглядываясь, но улица была почти пуста, и надежда на новую подачку таяла русским воском, что употребляется для гаданий.

Два месяца бродил я по этому грязному Петербургу, без места и крова, питаясь буквально милостыней. Сегодня мне с утра не везло. Добрый русский боярин, осчастлививший меня медной монетой, давно скрылся, спеша, конечно, в теплую «изба», где красивая «молодка» ждала его уже, без сомнения, с жирными «щи». Других бояр не было видно вокруг, и я горевал, пока не увидел человека столь странно одетого, что, не будь голоден, я убежал бы в первые попавшиеся ворота.

Представьте себе цилиндр, вышиною втрое более обыкновенных цилиндров; очки, которые с успехом могла бы надеть сова; короткую шубу-бочку, длинненькие и тонкие ножки, обутые в галоши Э 15, длинные космы волос, свиное рыло и вместо трости посох, в добрую сажень вышиной. Чучело картинно шагало по тротуару, не замечая меня. Весь трепеща, приблизился я к герою кунсткамеры, откуда он, вероятно, и сбежал. Самым молитвенным шепотом, способным растрогать очковую змею, я произнес:

— Ваше сиятельство. Разбитый отчаянием, я умираю с голода.

Привидение остановилось. В очках блеснул свет — прохожий направил на меня свои фосфорические зрачки. Невообразимо противным голосом этот человек произнес:

— Человека труд кормит, а не беструдие. Работай, а затем — ешь.

— Это палка о двух концах, — возразил я. — Немыслимо работать под кишечную музыку, так сказать.

— А, — сказал он, сморкаясь в шарф, которым была окутана его шея. — Сколько же тебе нужно фунтов в день пищи?

— Фунта четыре, я полагаю.

— Разной?

— Хорошо бы... да.

Урод полез в карман, извлек сигару и закурил, бросив мне спичку в лицо. Это было уже многообещающей фамильярностью, и я вздрогнул от радости.

86

– Как зовут?

– Альдо Путано.

– Профессия?

– Но, – торопливо возразил я, – что такое профессия? Я умею все делать. В прошлом году я служил у драгомана[26] в лакеях, а в этом рассчитываю быть чем угодно, вплоть до министра. Беструдие же и порицаю.

– Хорошо, – проскрипел он. – Я нанимаю тебя служить в цирке. Обязанности твои не превышают твоих умственных способностей. Потом узнаешь, в чем дело. Жалованье: кусок мыла, вакса, пачка спичек, фунт табаку, четверка калмыцкого чая, два фунта сахарного песку и сорок четвертаков в месяц, что составит десять рублей.

– Быть может, – робко возразил я, – вы назначите мне шестьдесят четвертаков, что составит совершенно точно – пятнадцать рублей.

– Будь проклят, – сказал он. – Идешь? Я зябну.

– Я следую за вами, ваше сиятельство.

II

Представление

Самое пылкое воображение не могло бы представить того, что удалось увидеть мне в этот вечер. Шагая за чудесным патроном, я через несколько минут приблизился к круглому деревянному зданию, освещенному изнутри; у подъезда извозчики и автомобили. На фронтоне сияла огромная, малеванная красной краской, полотняная вывеска:

Цирк пресыщенных

Небывало! Невероятно!
Раздача пощечин!
Истерика и др. аттракционы

Мы прошли в деревянную пристройку. При свете жестяной лампы сидело здесь несколько человек. Некоторые из них были одеты в шкуры зверей и потрясали палицами; другие, в отличных фраках и атласных жилетах, звенели тяжелыми кандалами на руках и ногах; третьи щеголяли дамскими туалетами и путались в тренах. Волосатые декольте их были ужасны.

– Он будет служить, – вскричал патрон, указывая на меня.

---

[26] Драгоман - официальный переводчик при дипломатических представительствах и консульствах на Востоке.

Рев, звон кандалов и жеманный писк приветствовали эти слова.

— Альдо, — сказал патрон, — ты выйдешь на арену со мной. Когда я дерну тебя за волосы, кричи: «Горе мне, горе».

— Да, маэстро.

— Громко кричи.

— Да, маэстро.

Он дал мне пинка, и я, услышав вслед: «Смотри представление», — выбежал через конюшню к барьеру. Блеск люстр ослепил меня. Цирк был полон, нарядная толпа зрителей ожидала звонка. Осмотревшись, я увидел, что лица публики бледны и воспаленны, синеватые тени окаймляют большинство тусклых глаз; иные же, румяные, как яблоко, лица были противны; на эстраде играл оркестр. Инструменты оркестра заинтересовали меня: тут были судки, подносы, самоварные трубы, живая ворона, которую дергали за ногу (чтобы кричала), роль барабана исполнял толстяк, бивший себя бутылкой по животу. Капельмейстер махал палкой, похожей на ту, которой протыкают сига. Гром музыки нестерпимо терзал уши. Наконец, оркестр смолк, и на арену выбежал мой патрон с ужасной своей кандально-декольтированной свитой; эти люди тащили за собой собаку, клячу-одра и сидевшего на одре верхом деревенского парня в лаптях.

— Вот, — сказал патрон, указывая на перепуганную собаку, — недрессированная собака.

Раздались аплодисменты.

— Собака эта, — продолжал патрон, — замечательна тем, что она не дрессирована. Это простая собака. Если ее отпустить, она сейчас же убежит вон.

— Бесподобно! — сказал пшют[27] из ближайшей ложи.

— В обыкновенных цирках, — патрон сел на песок, — все дрессированное. Мы гнушаемся этим. Вот, например, — крестьянин Фалалей Пробкин, неклоун. «Неклоун». Это его профессия. Вот — недрессированные — корова и лошадь.

Кое-где блеснули монокли и лорнеты. Публика внимательно рассматривала странных животных и неклоуна. Я чувствовал себя нехорошо. В это время, косо поглядев в мою сторону, патрон схватил меня за волосы и вытащил на середину арены.

— Теперь, — сказал он, — чтобы вы не скучали, я буду щекотать нервы. Слушайте вы, негодяи! — Тут его пальцы крепко впились мне в затылок, и я пронзительно заорал:

— Горе мне, горе!

— Да, — продолжал он, — пройдохи, плуты, лгуны, мошенники и подлецы. Облить бы вас всех керосином! Я, Пигуа де Шапоно, даю ряд великих советов. Советы — это второе отделение. Проповедь любви, жизни и смерти! Красивая и интересная жизнь может быть приобретена с помощью следующих предметов: электромотора, мясного порошка и вставных челюстей.

— Горе мне, горе!

---

[27] Пшют - фат, хлыщ.

– Что касается любви, то лучший рецепт следующий: встав рано, следует обтереться холодной водой, выпить стакан сливок с мадерой, съесть сотню петушьих гребешков, дюжину устриц, пикули, кайенский перец, запить все это стаканом гоголь-моголя, чашкой шоколада, абсентом и затем купить хорошую лодку. В эту лодку можно заманить женщину... трум-тум-тум.

– Горе мне! – возопил я, хватаясь за волосы, потому что пальцы Пигуа де Шапоно почти вырывали их.

– Относительно смерти, – ораторствовал Пигуа, – посоветую вам, для приобретения бессмертия, ворваться в какой-либо музей, отбить головы у Венер, облить пивом пару знаменитых картин, да еще пару изрезать в лохмотья, и – бессмертие состряпано.

Но дома (если вы попадете домой) нужно написать мемуары, где вы признаетесь, что вы повесили кошку и проглотили живого скворца.

– Горе мне! Больно!.. – застонал я.

Публика неистовствовала. Гром одобрения заглушил мой жалобный вопль. Опасаясь, что Пигуа подаст больше советов, чем у меня на голове волос, я вырвался, сшиб с патрона цилиндр и уже осматривался, в какую сторону удирать, как вдруг раздались крики: «Пожар! Спасайтесь! Горим!», – и началось невообразимое.

III. Конец нового цирка

Все смешалось. Люди прыгали друг через друга, дрались, падали; женщины, падая сотнями в обморок, загораживали проходы и висли обременительным грузом на руках проклинающих их в эту минуту отцов, мужей и любовников. Арена опустела. Все бросились к боковым проходам, и меня раза три сбили с ног, прежде чем я успел, шагая по головам и плечам, выскочить на наружную лестницу. Огня еще не было видно, но скоро он показался и осветил площадь мрачными отблесками. Проклиная Пигуа де Шапоно, от рук которого до сих пор щемило затылок, я отбежал в сторону от горящего здания и сел на тумбочку, рассматривая пожар.

Пулей вылетали из проходных дверей спасшиеся от огня зрители; остальные же, без сомнения, не успев обессмертить себя, скромно оканчивали жизнь внутри цирка. Мне это понравилось. В нашей бедной жизни так мало развлечений, что на пожар, обыкновенно, сбегаются целые кварталы, и, боже сохрани, чтобы я видел в толпе зрителей сочувствующее погорельцам лицо. Тупо, страшно, дико смотрит на пожар бессмысленная толпа, и я, как ее сын, мог ли смотреть иначе? Сначала я был действующим лицом, а теперь стал зрителем.

Цирк сгорел быстро, как соломенный. Сгорел. Мертвые срама не имут.

Система мнемоники[28] Атлея

I

Грустное событие имеет то преимущество перед остальными событиями жизни, что кладет на однообразное существование человека неуловимую тень прекрасного, о котором начинают вздыхать все, тронутые печалью.

Случилось, что когда мы начали забывать о юре молодой женщины, носившей странное имя Зелла, вся эта история с исчезновением ее мужа после долгих лет получила в наших глазах неотразимое обаяние – впечатление, покоившееся в основах на воспоминании о том летнем вечере, когда Пленер пел в дубовой роще свою лучшую песню о «Графе в изгнании». Начальные слова песни были таковы:

Земля не принимает моих следов,
Они слишком легки, небрежны и оскорбительны для нее,
Привыкшей к толстым сапогам поденщиков,
К осязательным следам жизни,
Ненужной для себя самой.

Когда он кончил, солнце садилось и ветер пошевелил листву, затканную сонным, очаровательным румянцем зари. После этого Пленер исчез. Может быть, это было для него так же неожиданно, как и для нас, потому что никто не успел заметить момент его исчезновения. В памяти всех, как сейчас, так и тогда, осталась его высокая, прямая фигура, с рукой, прикрывающей глаза. Он пел в этой позе, а затем его не стало. Через неделю, когда добровольные и полицейские розыски оказались безуспешными, Зелла перешла от острых припадков горя к тихому отчаянию.

Все, что ум человеческий может противопоставить роковому в виде вопросов и неуклюжих догадок, было сделано нами, пересмотрено, отвергнуто и забыто. Но от исчезновения человека осталось веяние таинственной прелести, жуткой и заманчивой глубины потрясения. Всех нас, бывших в тот вечер, связало нечто сильней нашей воли в рассеянную жизнью, но плотно связанную одним и тем же чувством группу людей тоски.

---

[28] Мнемоника – совокупность приемов, имеющих целью облегчить запоминание большего числа фактов, сведений и т.п.

II

В июне прошлого года, ровно через десять лет после исчезновения Пленера, утром, когда я занимался в саду опытами с прививкой растениям некоторых невинных болезней, способных изменить их окраску, – Дибах, мой брат, вошел через боковую калитку в сопровождении неизвестного пожилого человека, остановившегося на некотором расстоянии от клумбы. Я не сразу обратил внимание на возбужденное лицо брата; помню, что только его нервный смех заставил меня пристально посмотреть на обоих. Я вытер запачканные землей руки и поклонился.

– Атлей, – сказал брат, оборачиваясь в сторону неизвестного, – это Пленер.

Должно быть, кровь ударила мне в голову при этих словах, потому что, не более как на один момент, ясное небо затуманилось и задрожало перед моими глазами. Помню, что, когда я заговорил, голос мой звучал слабо и глухо. Я сказал:

– Вот шутник. Подумайте, Пленер, что он говорит!! Возможно ли это? Как ваше здоровье?

Думаю, что эта чепуха внушила ему все же некоторое представление о моем состоянии. Пленер неопределенно улыбнулся, но не сказал ничего; может быть, он считал свое положение в некотором роде щекотливым и странным.

Я рассмотрел его трижды, пока он стоял на этом красноватом песке, освещенный солнцем и зелеными отблесками акаций. Пленер изменился, как может измениться человек, перевернувший свою жизнь. В густых, темных волосах его пестрела седина, лицо утратило женственную нежность кожи; темное, осунувшееся, но с бодрыми складками вокруг глаз, оно напоминало портрет старинной живописи. В дорожном светлом костюме, могучий и статный, стоял он предо мной – все-таки он, Пленер.

Мы молчали. Удивляюсь, как я не забросал его обычными в таких случаях вопросами. Дибах сказал:

– Я ухожу, Атлей, Зелла смеется и плачет, нельзя оставлять ее одну. Сегодняшний день мы будем помнить всю жизнь.

Он направился к калитке, и я в первый раз в жизни увидел, как тучный, семейный человек может лететь вприпрыжку.

Тот миг чудесного напряжения, когда мы остались вдвоем, сели на скамейку и начали говорить, – кажется мне и теперь обвеянным зноем летнего утра; сказочные стада представлений бродили в моей голове, я мог только улыбаться и кивать головой. Пленер сказал:

– Не нужно вопросов, Атлей; они будут бесполезны в точном смысле этого слова. Я ничего не знаю, но все-таки попытаюсь рассказать вам начало истории.

Как вы помните, я пел в роще, неподалеку от железнодорожного моста, где происходил пикник. Собственно говоря, начало моих воспоминаний служит и концом их.

Мне кажется, что не было этих десяти лет, по крайней мере, в моей памяти не осталось от этого периода никаких следов. В следующий, доступный воспроизведению словами, момент я увидел себя пассажиром второго класса за двести миль отсюда; я возвращался домой.

Момент не был тревожен и поразителен, я удивился, и только. По временам мне казалось, что я уехал лишь вчера, по делу, о котором забыл.

Поезд мчался; томление духа сменилось глубокой рассеянностью и сонливостью; перед вечером я посмотрел в зеркало и обернулся, ища глазами другого пассажира, но я был один в купе. Неожиданность взволновала меня, я снова посмотрел в зеркало. Это был я, изменившийся, поседевший, тот самый, что сидит перед вами.

Пленер умолк и застенчиво улыбнулся. Взволнованный не меньше его, я мог только жестами выразить свое сочувствие и удивление.

– Встреча с Зеллой, – продолжал он, – неопровержимый факт долгого отсутствия, усвоенный, наконец, мною. Рассказать все это, значит снова пережить странную смесь радостного ужаса и тоски. Меня не хватит на это, я разрыдаюсь. Между прочим, вот уже три дня, как я здесь. Меня мучит новое ощущение – болезненное желание вспомнить все, пережитое за те таинственные десять лет; желание, доходящее до галлюцинации, до грандиозной игры воображения. Вы знаете, мне кажется, что если это удастся, жизнь моя будет озарена таким светом, перед которым радость спасения жизни – то же, что блеск металлической пластинки перед солнцем. Это – ясное, устойчивое, музыкальное ощущение забытого прекрасного.

Он снова умолк, и я не осмелился прервать его тягостное молчание. Искренность его тона делала для меня излишними всякие сомнения. Необычайность положения почти раздавила меня; сад, знакомые аллеи, клумбы – все, что имело до сих пор будничный оттенок, казалось в тот час торжественным и странным, как этот человек, вернувшийся из позабытого мира.

– Я делал попытки вспомнить, – продолжал он, – но все оказалось неудачным. Дубовая роща и поезд, поезд и роща – вот все, что я знаю.

Не знаю почему – в этот момент я решил произвести попытку, которая показалась бы в другое время забавной, но тогда она имела в моих глазах решающее значение. Я сказал:

– Пленер, можете вы представить дубовую рощу в том виде, как это было вечером?

– Да, – сказал он, закрывая глаза, – я ясно вижу ее. Низкие ветви: сквозь них блестит река. Я стоял у большого дерева, лицом к воде.

– Вот так, – заметил я, вставая. – Правая ваша рука прикрывала глаза. Я попросил бы вас встать в этом положении.

Он пристально следил за моими движениями, сомнительно склонив голову, и вдруг, как бы внутренне соглашаясь со мной, встал посредине площадки. Правая его рука нерешительно приподнялась и прикрыла верхнюю часть лица.

– Пленер, – сказал я, – сзади вас, на примятой траве, сидит Зелла.

Еще дальше – Дибах, я и другие. Ваша верховая лошадь бродит у ручья, слева. Так.

Он молча кивнул головой, не отнимая руки. Теперь он понимал мою мысль.

– Вы пели о «Графе в изгнании», – продолжал я. – Советую вам начать с первой строки. Ну, Пленер, милый!

Он запел, и голос его задрожал, как тогда, в роще:

> Земля не принимает моих следов,
> Они слишком легки...

Песня окрепла и зазвучала так полно, что я боялся пошевельнуться. Напряжение мое было слишком велико, я ждал чуда.

Отдельные моменты этой сцены сливаются в моем воспоминании в ощущение чужой, мучительной радости. Когда он дошел до слов:

> Вы вспомните мою тоску – и благословите ее...
> И дальше, до заключительных:
> Я ухожу от грустных улыбок –
> Для полноты торжества
> Над теми, кто дешево сожалеет –
> И трусливо царит...

Лицо его повернулось ко мне. Он смеялся долгим счастливым смехом, сотрясаясь от глухих слез, вызванных ярким и внезапным воспоминанием.

Приблизительно через месяц, в одну из красивых ночей, Пленер рассказал мне свою забытую и воскресшую жизнь. В ней не было ничего особенного. Жил он под другим именем. Любил, был любим, путешествовал, испытал много оригинальных приключений и впечатлений. Но он в тот день, когда пел у меня в саду, вспомнил только радостные моменты прошлого. Теневая сторона жизни осталась для него по-прежнему забытой и – навсегда.

Если это неудача, то пусть она будет благословенна. Избранных, способных воскресить радость пройденного пути и щедро, как миллионер, забыть долги жизни – совсем немного. Пусть будет больше одним таким человеком.

Наследство Пик-Мика

– Посмотрим, что написал этот человек! Этот чудак!
– Держу пари, что здесь больше всего приходо- расходных цифр!
– Или черновиков от писем!
– Или альбомных стихотворений!

Такие и им подобные возгласы раздались в моей комнате, когда мы, друзья умершего три дня назад Пик- Мика, собрались за ярко освещенным столом. Все сгорали от нетерпения. В завещании, очень лаконичном и не возбудившем никаких споров, было сказано ясно: "Записки мои я, нижеподписавшийся, оставляю всем моим добрым приятелям, для совместного прочтения вслух. Если то, что собрано и записано мной на протяжении пятнадцати лет жизни, им придется по вкусу, то каждый из них должен почтить меня бутылкой вина, выпитой за свой счет и в неизменном присутствии моей собаки, пуделя Мика".

Это место из завещания вспомнили все, когда толстая, прошнурованная тетрадь была вытащена мной из бокового кармана. На столе ярко горели старинные канделябры, часы весело болтали маятником и шесть заранее приготовленных бутылок вина светились темным золотом между кофейным прибором и ароматным паштетом.

Все закурили сигары, располагаясь как кому было удобнее. Читать должен был я. Прошла минута сосредоточенного молчания – время, необходимое для того, чтобы откашляться, провести рукой по волосам и придать лицу строгое выражение, не допускающее перебиваний и шуток.

Я развернул тетрадь и громко прочел заглавие первого происшествия, описанного нашим милым покойником. И в тот же момент легкая как туман, задумчивая фигура Пик- Мика в длинном, наглухо застегнутом сюртуке вышла и села за стол.

Ночная прогулка

День отвратителен, не стоит говорить о нем; поговорим лучше о ночи. Все, кто встает рано, любуясь восходом солнца, заслуживают снисхождения, не больше; глупцы, они меняют на сомнительное золото дня настоящий черный алмаз ночи. Отсутствие света пугает их; проснувшись в темноте, они зажигают свечу, как будто могут увидеть иное, чем днем. Иное, чем стены, знакомая обстановка, графин с водой и часы. Если им нужно выпить немного валериановых капель, – это еще извинительно. Но бояться, что не увидишь давно знакомое есть ли смысл в этом?

Всегда пропасть – мглистая, синяя, серебряная и черная – ночь.

Царство тревожных душ! Простор смятению! Невыплаканные слезы о красоте! Нагие сердца, сияющие отвратительным блеском, тусклые взоры убийц, причудливые и прелестные сны, силуэты, намеченные карандашом мрака; рай, брошенный в грязь разгула, огромный кусок земли, спящий от утомления; вы – бесценные россыпи, материал для улыбок, источник чистосердечного веселья, потому что, клянусь хорошо вычищенными ботинками, я смеялся как следует только один раз и ночью.

Нас было двое. Тот, о котором говорят он, спокойный, одетый изящнее придворного кавалера, хранил молчание. Я развлекал его. Новости, сплетни дня, забавные анекдоты падали с моих губ в его лакированную душу безостановочно. И тем не менее он был недоволен. Он хотел впечатлений пряных, эксцессов, смеха и удовольствия.

Пройдя мост, мы остановились против витрины ювелира. Электричество затопляло разноцветный град брильянтов, застывших, как лед, в бархатных и атласных футлярах. Он долго смотрел на них, мысленно оценивая каждую штуку и внутренне облизываясь. И тихо сказал:

– Конечно, это – продажная человеческая душа. Крупнее – дороже.

Я стал смеяться, уверяя, что ничего подобного. Брильянты ввозятся преимущественно из Африки, их обделывают в гранильнях и шлифовальнях, потом скупают. Но он продолжал как духовное лицо, печальным и строгим голосом:

– Да, да, можно провести полную параллель. Боже мой, если бы вы знали, как тонко я чувствую все окружающее меня. Но идем дальше, дальше от этой гробницы слез.

Я чувствовал, что начинаются колики, но благоразумно удержался от смеха. Это печальное человеческое животное тащило меня по тротуару от витрины к витрине, пока не остановилось перед решеткой гастрономического магазина. Консервы и прочая смесь дремали в сумраке. Он тихо пробормотал:

– Немножко усилия, немножко воображения, и это стекло покажет нам чудеса. Эти сельди и шпроты, – вернее, трупы их – не воскрешают ли они океан, свою родину, подводный мир, чудеса сказок? А эти вульгарные телячьи ножки – зелень лугов, фермы с красными крышами, загорелые лица крестьян, картины голландских живописцев, где хочется расцеловать коров, так они живы и энергичны.

Судорога перекосила мое лицо. Дрожа от скованного волей смеха, я выговорил:

– Не то! Не то!

– Да, – подтвердил он с видом человека, понимающего с первого слова мысли собеседника, – вы правы. Не то! Здесь что- то иное, быть может, думы о смерти. Я говорю не о гастрономической смерти, но на меня каждый остаток живого существа производит сложное впечатление.

Асфальт ясно отражал частые звуки шагов; шла девушка, одна из несчастных. Все нахальство, расточаемое на улицах, светилось в ее глазах, подрисованных тушью. Она была еще довольно свежа, стройна и поэтому имела естественное право заговаривать с незнакомыми.

– Мужчина, угости папироской! – сказала маленькая блудница.

Он внимательно посмотрел на ее лицо и вытащил портсигар.

– Конечно, – заговорил он, делаясь недоступным, – вы хотите не одну только папиросу. Вам хочется, чтобы я взял вас с собой в ресторан, заказал ужин, вино и заплатил вам десять рублей. Но это совершенно немыслимо, и вот почему.Во-первых, я боюсь заразиться, а во-вторых, мне недостаточно этого хочется. Что же касается папиросы -вот она, это финляндская папироса, десять копеек десяток. Видите, я говорю с вами вежливо, ничем не подчеркивая разницы нашего положения. Вы проститутка, живете скверной, уродливой жизнью и умрете в нищете, в больнице, или избитая насмерть, или сгнившая заживо. Я же человек общества, у меня есть умная, благородная, чистая жена и нервная интеллектуальная жизнь; кроме того, я человек обеспеченный. Жизнь без контрастов неинтересна, но все же ужасно, что есть проституция. Итак, вот папироса, дитя мое; смотрите – я сам зажигаю вам спичку. Я поступил хорошо.

Он взволнованно замолчал,боясь растрогаться.Девушка торопливо шла дальше, шаги ее падали в тишину уверенным, жестким звуком.

– Я вас презираю, – вдруг сказал он, выпуская клуб дыма. – Не знаю хорошенько за что, но мне кажется, что в вас есть что– то достойное презрения. В вас, вероятно, нет тех пропастей и глубин, которые есть во мне. Вы ограниченны, это подсказывает мне наблюдение. Вы мелки, не далее как вчера вы торговались с извозчиком. Вы – мелкая человеческая дрянь, а я человек.

– Ха - ха - ха! – разразился я так, что он подскочил на два фута. Хи- хи- хи- хи- хи! Хе- хе- хе- хе! Хо- хо- хо- хо!

– Хо- хо! – сказал мрак.

Я плакал от смеха. Я бил себя в грудь и призывал бота в свидетели моего веселья. Я говорил себе: сосчитаю до десяти и остановлюсь, но безумный хохот тряс мое тело, как ветер - иву.

Он сдержанно пожал плечами и рассердился.

– Послушайте, это неприлично. Смотрите, прохожие остановились и показывают на вас пальцами. Глаза их делаются круглыми, как орехи. Уйдемте!

– Я люблю вас! – стонал я, ползая на коленях. – Позвольте мне поцеловать ваши ноги! Солнце мое!

Он не слушал. Он презрительно отвергал мою любовь, так же, как отверг бы ненависть. Он был величествен. Он был прекрасен. Он смотрел в глаза мраку, призывая восход, жалкую струю мутного света, убийцу ночи.

Тогда я убил его широким каталанским ножом. Но он воскрес прежде, чем высохла кровь на лезвии, и высокомерно спросил:

– Чем могу служить?

Изумленный, я стал душить его, стискивая пальцами тугие воротнички, а он тихо и вежливо улыбался. Тогда пришла моя очередь рассердиться.

– Пропадай, черт с тобой! – закричал я. – Брильянты! Телячьи ножки! Хо- хо- хо- хо- хо- хо!

Он повернулся три раза, сделал книксен и вдруг расплылся в широчайшей сладкой улыбке. Она дрожала в воздухе, черная, как лицо негра. Потом просветлела, тронула крыши и купола церквей розоватыми углами губ, опустилась бледным туманом и проглотила город.

Интермедия

Я человек ленивый, и для того, чтобы раскачаться записать что-нибудь, должен пережить или услышать настоящее событие. Каждый понимает это слово по- своему; я предпочитаю означать им все, что мне нравится. С этой и, по- моему, единственно правильной точки зрения, хороший обед - событие. Точно так же я назову событием встречу с человеком, одетым в красное с головы до ног. Это было бы ново, мило, а значит и занимательно.

В один из осенних вечеров я вышел на перекресток двух плохо освещенных, грязных улиц, населенных рабочими и жуликами. Я не знал, зачем и куда иду, мне просто хотелось двигаться. Деревья чахоточного бульвара сонно чернели у фонарей. Жидкий свет окон пестрил тьму; пустынные тротуары напоминали заброшенные дороги. Сырой воздух холодил щеки, в переулках и под арками ворот скользили беззвучные силуэты. Вдали, над вокзалом сиял белым пламенем электрический шар; одинокий глаз тьмы, мертвый свет, придуманный человеком.

Ничто не нарушало печали и оцепенения ночи; жители квартала сидели за гнилыми стенами; одиночество бродяг для них было роскошью; они уважали людей, имеющих собственные кровати. Я шел, покуривая и мурлыкая. Мне было хорошо; день, поэзия инфузорий, умер на западе в семь часов вечера. Я похоронил его, я справлял его тризну прогулкой и легкомыслием. Ночь царственное наследство дня, стотысячный чулок скряги, умершего с голода, – я люблю твой черный костюм джентльмена и презираю базарную пестроту.

Вы, знающие меня, простите это маленькое, невольное отступление. Я шел минут пять по тротуару и вышел на перекресток. Здесь неподвижно и деловито стояла женщина, держа в руках большой черный предмет. Посмотрев на нее, я тронулся дальше и оглянулся. Она продолжала стоять. Я остановился, вынул сигару; не торопясь закурил, прислонился к соседней стенке и две- три минуты дымил как дымовая труба. Она стояла.

И я побился об заклад сам с собой, что не уйду раньше ее. Моросил дождь, взрывы ветра проносились по улице. Она все стояла, терпеливо и молча. Рядом с ней чернела пустая скамейка; она не садилась. Тогда я бросил сигару и подошел к этой чудачке, одетой в сильно поношенное платье; с грязной измятой шляпы ее текла вода. Бледное, решительное лицо, и глаза полные страха. Свободной рукой она сделала движение, как бы отстраняя меня. Обдумав первый вопрос, я приступил к делу.

– Сударыня, – сказал я, – не знаете ли вы дороги к Новому рынку? Я только что приехал и не имею никакого представления о расположении города.

Дрожа и заикаясь, она выговорила:

– Налево... затем... прямо... затем...

– Хорошо, благодарю вас. Какой дождь, а?

– Да... дождь...

– Ну, что же, – сказал я, начиная терять терпение, – вы сами- то не заблудились, милая?

В ответ на это можно было ожидать чего угодно, и я заранее приготовился к какой– нибудь дерзости. Она вправе была послать меня к черту или попросить оставить ее в покое. Но она молчала. Лицо ее изменилось до неузнаваемости, губы тряслись; холодный, тоскливый ужас пылал в глазах, устремленных на меня с тупой покорностью животного, ожидающего удара.

Неприятное ощущение пронизало меня до корней волос. Я терялся, я начинал дрожать сам. Вдруг она сказала:

– Я продаю петуха.

Машинально, не обратив внимания на странность этого заявления, я спросил:

– Петуха? Где же он?

Женщина подняла руки. Действительно у нее был петух, связанный, обмотанный плотной сеткой. Я потрогал его рукой, теплота птицы убедила меня. Это был настоящий, живой петух.

Пораженный, смущенный, теряясь в соображениях, я силился улыбнуться. Я не знал, что сказать. Мне казалось, что со мной шутят. Я думал, что сплю. Я готов был вспылить и выругаться или купить этого петуха. Один момент мне пришло в голову попросить извинения и уйти.

Вдруг совершенно ясная, неоспоримая истина положения поставила меня на ноги. Роль сатаны не хуже всех остальных, посмотрим. Эта женщина продает петуха, купим его дороже.

И я заявил:

– Петух мне нравится. Я даю вам за него десять рублей.

– Нет, – сказала испуганная женщина. – Один рубль.

– Может быть, вы возьмете сто? Сто новеньких, тяжелых рублей, подумайте хорошенько. Вы наймете чистенькую, уютную квартирку, купите стулья, горшки с душистым горошком, комод, новое платье

98

себе и праздничный костюм мужу. Потом вы найдете место. У вас будет все готовое, вы не будете откладывать жалованья на обзаведение домашним хозяйством. Кроме того, вы пойдете в ближайшее воскресение в театр, где играет музыка и показывают разные смешные и трогательные вещи. Разве все это плохо?

– Нет, – выкрикнула она, – ни за что, ни за какие блага в мире! Один рубль.

– Позвольте, – продолжал я, – мы можем сойтись иначе. Я дам вам тысячу.

Она вздохнула и отрицательно покачала головой. Какие дикие образы толпились в ее мозгу? Она была жалка и страшна, крупный пот стекал по ее щекам; вся во власти овладевших ею представлений, она видела только одно, загадочную серебряную монету, и выдерживала битву, шатаясь от слабости. Я набавлял цену, увлекаясь сам; я сыпал тысячами.

– Двадцать тысяч, – хотите?

– Нет.

– Тридцать.

– Нет.

– Вы заблуждаетесь. Вы отказываетесь от счастья. Каменный трехэтажный дом, картины, дорогие цветы, паркет, рояль лучшей фабрики, собственный экипаж, лошади.

– Нет.

– Я дам вам сколько хотите. Вы будете в состоянии пить вино – ценою на вес золота; земля превратится в рай, самые лакомые, дорогие кушанья будут ожидать вашего выбора, ваш каприз будет законом, желание действительностью, слово – могуществом. Глетчеры, вулканы, острова тропиков, льды Полярного круга, средневековые города, развалины Греции – этого вы в грош не ставите? У вас будут дворцы, слышите вы, жертва клопов и голода? Дворцы! Самые настоящие. Вы можете их украсить, как вам угодно.

Но она упорно мотала головой и, хрипло, задыхаясь от волнения, твердила, как помешанная:

– Рубль. Рубль.

– Ну, что же, – сказал я, стараясь придать голосу ироническую беспечность, – я умываю руки. Вы хотите непременно рубль – нате. Только вашего петуха я не возьму. Он стар и, конечно, тверд как подошва. Зажарьте его и скушайте за мое здоровье.

Я вытащил из жилетного кармана пять двадцатикопеечных монет. Она отшатнулась, неожиданность лишила ее всякой опоры. Беспомощная победительница умоляюще смотрела на меня, она хотела рубль.

– Что же вы? – спросил я. – Вот рубль.

– О, – простонала она. – Не так, сударь, не так. Серебряный, неразменный.

– Таких нет, – возразил я, – берите, что дают. Жалею, от души жалею, что я не черт. Я - Пик- Мик. Поняли? Прощайте. Если вам будет невтерпеж, купите на последние деньги связку старых ключей и действуйте. Или, быть может, вы желаете честно умереть с голода? Дело ваше. Посмотрите на петуха. Он смотрит на вас с глубоким отчаянием. Для кого же, как не для вас, кричит он три раза в ночь и последний раз – на рассвете? Подумайте только, как сладко спят на рассвете все, охраняющие свое добро.

Я раскланялся и ушел. Дома мне долго не удавалось заснуть; беспокойные уродливые кошмары толпились вокруг кровати; стук маятника гулко разносился в пустых комнатах. То бодрствующий, то погруженный в тяжелое забытье, я лежал как пласт, и ночь, казалось, упорно не хотела принести мне успокоение.

Окно в спальню было отворено. Дерзкий получеловеческий голос поднял меня с кровати; протирая отяжелевшие глаза, я подошел к окну. Грязное белье тумана заволакивало серые силуэты крыш; брезжил рассвет. Осенняя кровь солнца расплывалась на горизонте, резкий холод освежал легкие. Снова крик простуженного человека взвился над городом; это на соседней ферме упражнялись петухи, перебивая друг друга; в их голосах чувствовались тепло курятника и необъяснимая, сонная тревога. Одинокие, сгорбленные фигуры переходили улицу; как мыши, они скользили вдоль стен и проваливались.

Утром, пробегая газету, я нашел несколько сообщений, извещавших о похищении собственности. Моя случайная ночная приятельница, не была ли и ты действующим лицом? Если так, то ты не ошиблась, и я был сатаной на час, потому что где же уверенность, что все мы не маленькие черти, мы, строящие неумолимо логические заключения?

На Американских горах

– Я очень люблю сильные ощущения, – сказал мне под искусственной пальмой кафе - шантана человек с проседью. Он сильно жестикулировал. Я никогда не видел человека с таким разнообразием жестов. Его руки, пальцы, плечи, брови и даже уши приходили в движение при каждом слове. Прежде чем сказать что–либо, он разыгрывал целую мимическую сцену, выразительно блестя впалыми глазами.

Я был страшно недоволен его обществом. Нервные люди стоили мне полжизни. Однако, подсев сам, он не думал раскланяться и уйти.

В это время, т.е. когда я размышлял о смысле существования человека с проседью, заиграла музыка. Военный, кровожадный марш сделал меня на десять минут поручиком фантастического полка, гуляющего по аллеям сада в цветных шляпах, смокингах и мундирах. Мой новый знакомый барабанил пальцами по столу. Я сказал:

– Если вы сядете вон в ту вагонетку, которая на шестиэтажной высоте головокружительно звенит рельсами, то испытаете те глубокие ощущения, которые вам угодно назвать сильными.

– Пожалуй, – согласился он. – С вами?

– Все равно.

– Я был офицером, играл в кукушку, – заметил он, довольно смеясь.

– Это хорошо, – сказал я.

– Я также тонул три раза.

– Совсем недурно.

– Был ранен во время военных действий.

– Какая прелесть!

Он больше ничего не сообщил мне, но я понял, что этот человек любит тонуть, быть раненым и стрелять из– за угла в темноте, играя в кукушку. Именно эти оригинальные наклонности и были причиной гибели человека с проседью.

Мы подошли к кассе. Над головой нашей, в свете электрических лун, в ущельях страшной крутизны, сделанных из цемента и железа, мелькали, взвиваясь и падая, вагонетки, переполненные народом. Сплошной заунывный визг женщин, напоминающий предсмертные вопли тонущих лошадей, оглашал сад.

– Женщины трусливы, – сентенциозно заметил человек с проседью.

Мы сели. Он стал курить, нервно пощипывая бородку, оглядываясь и вздыхая. За моей спиной, хихикнув, взвизгнула барышня.

Мы тронулись сначала тихо, затем быстрее, и через несколько секунд три- четыре сорванных ветром шляпы, пролетев мимо меня, покатились в глубину грота.

Нас окружила темнота, затем, сделав крутой на светлом повороте скачок, вагонетка стремительно полетела вниз. Подлое ощущение холода в спине и остановка дыхания заняли меня на пять- шесть секунд, пока продолжалось падение; после этого я по такому же крутому склону птицей взлетел на вершину горы, тяжко вздохнул и, похолодев, снова камнем полетел во тьму, придерживаясь руками за сидение. Это неприятное развлечение повторилось два раза, после чего, отдохнув в медленном кружении на краю обрыва, вагонетка помчалась с быстротой пули, доставляя мне те же самые ненужные болезненные впечатления полной беспомощности и неизвестности, – выкинет меня или я усижу до конца, встав пьяным от головокружения.

Повернув голову, я смотрел на человека с проседью. Широко открытые глаза его остановились на мне с выражением недоумения, какое свойственно внезапно получившему удар человеку.

– Я сейчас умру, – хрипло сказал он, – сердце...

– Порок?

– Да.

– Сколько лет?

– Четыре.

101

– А завещание?

– Нет завещания, – сердито прокричал он, – у меня кролики.

Почувствовав жалость, я крикнул:

– Остановите.

Услышать проводнику что - либо в грохоте цементного тоннеля было немыслимо. Мой спутник сказал:

– Отлегло; на всякий случай...

– Конечно.

– Мой адрес.

Я взял визитную карточку. Он, схватившись за грудь, продолжал выкрикивать испуганным голосом:

– Я развожу кроликов.

– Пушистые зверьки, – пробормотал я.

– Кроликов калифорнийских перевести на другую ферму.

– Слушаюсь.

– Кроликов кентерберийских...

– Запомнил.

– Кроликов австралийских...

– Понимаю.

– Кроликов бельгийских...

– Слышу.

– Кроликов австрийских...

– Ясно.

– Этих кроликов не продавать, – застонал он, сгибаясь.

– Будет передано, – внимательно сказал я.

– Кроликов йоркширской породы кормить смесью.

– Хорошо.

– Венгерских кочерыжками, пять пучков.

– Отлично.

– Нет, я не умру, – сказал он, отдуваясь, и мы снова ринулись в темноту. – Нет, умру.

Секунд пять мы молчали. Вагонетка взлетела на самую вершину дьявольского сооружения, а затем, почти отделясь от рельс, повалилась к мелькающим внизу огням сада.

– Умираю! – крикнул человек с проседью. – Скажите управляющему... что мои последние слова... чтобы он кроликов моих... есть не смел!

Он поднял руки, брови, помотал головой и свалился к моим ногам.

Еще несколько секунд продолжалась бешеная игра вагонетки, огненные кролики прыгали в моих глазах, и наконец все кончилось.

Я встал, пошатываясь. Толпа народа собралась вокруг мертвого тела, и шум ночного веселья перешел в похоронную тишину. Я же ушел, думая о кроликах. Кончилась прекрасная, содержательная жизнь, а вместе с ней и благополучие – как их... этих... кентерберийских...

Событие

Я люблю грязь кабаков, потные физиономии пьяниц, треснувшие блюда с подгнившими бутербродами, бульканье алкоголя, визг непотребных девок, наготу ничем не прикрашенных желудка и похоти, толпу у стойки, чахоточный граммофон и тусклый свет газа. Часто, возвращаясь со службы, изящно одетый господин с портфелем под мышкой, – я захожу в какой– нибудь ревущий пьяными голосами притон и выпиваю водки на гривенник из толстого граненого стаканчика, захватанного мужицкими пальцами.

Я любитель контрастов. Грязная человеческая пестрота приводит меня в неподдельное восхищение, истинная природа человека становится здесь яснее, чем там, где привычка не чавкать за обедом дает право на звание культурного человека. Наше скучное общество, тщательно скрывающее от самого себя свою настоящую сущность, могло бы многому поучиться у наивного цинизма продажных женщин и жуликов. В среде, далекой от кодекса нравственных и прочих приличий, чувствуется веяние элементарной животной правды есть, пить и любить, – нечто неопровержимое, но для некоторых здоровенных, краснощеких господ еще нуждающееся в доказательствах, потому что они опились, объелись и перелюбили.

Неделю тому назад в двенадцатом часу ночи я возвращался домой. Пустые улицы дышали осенним холодом, мрак скупо блестел точками фонарей, и мне было грустно. Я рассуждал о себе. Я приходил к заключению, что моя жизнь складывается не из событий, а из дней. Событий – потрясающих, счастливых, страшных, веселых – не было. Если сравнить мою жизнь с обеденным столом, то на нем никогда не появлялись цветы, никогда не загоралась скатерть, не разбивалась посуда, не просыпалась соль. Ничего. Брякание ложек. А дней много: число 365, умноженное на 40.

Я становился смешным в своих глазах и внутренне кипятился. Лицо мое приняло желчное выражение. Меня называли угрюмым. Я тщетно старался создавать события. Пять лет назад я собирал марки; все разновидности их достались мне чрезвычайно легко, кроме одной – Гвиана 79 года. Рисунок этого почтового знака, виденный мною в одном из специальных журналов, был фантастичен и великолепен, но из всех моих поисков не вышло события. Марки я не нашел и сжег альбом. Потом, с течением времени, симпатии мои перешли на птиц. Но синицы, о которой я мечтал три года, синицы, способной петь сорок секунд, не позволил приобрести мой карман. Я рассказываю это в качестве примера поисков за событием. Грустное зрелище представляет человек, похожий на тележку, поставленную на рельсы. Кем придумано выражение "как сыр в масле" – идеал безмятежного прозябания? Автор его был, вероятно, крайне несчастное существо – молочный фермер.

Я шел, светились кабачки. Там было вино, жидкость, способная превращать грусть простую – в грусть сладкую, и даже (особенность человека) самодовольную. Быть может, пьяный калека не без тайного удовольствия сознает свои индивидуальные особенности. Там, где гений говорит: "я – гений", калека может сказать с достоинством: "я – калека". До некоторой степени вино уравнивает людей; человек, от которого пахнет водкой, счастлив прежде всего удесятеренным сознанием самого себя. В наивысшем градусе опьянения рука желания не достает до потолка счастья на один сантиметр.

Итак, я зашел, и огненная жидкость наполнила мой желудок. Было светло, шумно; оркестрион играл прелестную арию Травиаты, похожую на тихий поцелуй женщины, или пейзаж, с которым вы связаны отдаленными, волнующими воспоминаниями. К моему столику подсел матрос, несколько пьянее меня; он спросил закурить. Я небрежно протянул ему выхоленную руку с зажженной спичкой. Он икнул, с шумом выпустил воздух и сказал:

– Д - да...

– Да, – повторил я. – Да, милый друг, да.

Какая– то упорная мысль преследовала его. Человек, сказавший "да" самому себе, отягощен кипением мыслей; это – кряхтение нагруженной души. Я молчал, он осклабился, повторяя:

– Д- да. Д- да.

Из дальнейшего выяснилось, что человек этот проломил жене голову утюгом. Странный способ выражения супружеской нежности! Но это несомненно была нежность, потому что ряд сбивчивых фраз этого господина с фотографической точностью нарисовал мне его портрет. Он был морж (из зоологии известно, что в припадке нежности морж бьет самку клыками по голове) и "по– моржовски" обходился с супругой. Во время разговора я пил подлую смесь лимонада с английской горькой. Он сказал:

– Д-да.

Я, выведенный из терпения, не противоречил. Наконец, он стал разгружаться.

– Видите ли, – прохрипел он, – я не того... д- да... Она, надо вам сказать, рыжая. Я люблю ее больше чем "Муравья", хотя, клянусь дедушкой сатаны, посмотрели бы вы на "Муравья" в галсе – красота, почище военного корабля. И вот я сидел... и она сидела... того... и у меня в душе кипит настоящий вар. Такая она милая, господин, что взял бы да раздавил. Она говорит: "Чего ты?" – "Люблю я тебя, – говорю, – оттого и реву". – "Брось, – говорит, – миленький, ты, – говорит, – того... самый мне дорогой". От этих слов я не знал что делать. Слов у меня... того... таких нужных нет... понимаете? А сердце рвется... вот, как полная бочка всхлипывает. Сидел я, сидел... слезы у нас того... у обоих... Такая меня тоска взяла, не знаю, что делать. Утюг лежал на столе. Впал я в полное бешенство. Ударил ее. Она говорит: – "Ты с ума сошел?" Кровь и все такое. Того... видите ли, я не был пьян, то есть ни - ни. Да.

Конечно, тросы и якоря отучили моржа выражать свои чувства несколько деликатнее. Ему нужен был выход; человек, охваченный пламенем, не всегда ищет дверей, он вспоминает и об окошках. Как бы то ни было, я почувствовал к моржу уважение, смешанное с завистью. Любовь, напоминающая новеллы, и утюг это событие.

– Да, – сказал я, барабаня пальцами по столу. – Что такое бегучий такелаж?

К моему удивлению, собеседник подробно и бойко, не мямля, как пять минут тому назад, растолковал мне, что бегучий такелаж – подвижные корабельные снасти. Этот предмет он знал. Слово "того" исчезло. Вслед за этим он захмелел и упал на стол. Я же пошел домой и, поравнявшись с буфетом, вспомнил, что нужно захватить с собой бутылку вина.

Пока я покачивался у стойки, багровое лицо буфетчика приняло колоссальные размеры. Я с любопытством следил за ростом его головы, она распухала, толстела и через минуту должна была отвалиться прочь, не выдержав собственной тяжести. Буфетчик завернул бутылку в обрывок газеты и подал мне.

– Приятель, – сказал я, – следите за своей головой. Если она упадет, это будет событие, перед которым померкнет даже то, что я слышал сегодня, а, клянусь вашим папашей, я не слыхал более забавной истории.

ВЕЧЕР

Мне не на что жаловаться. Я здоров, обладаю прекрасным зрением и живу больше воображаемой, чем действительной жизнью.

Но каждый вечер, когда золото и кармин запада покрываются пеплом сумерек, я испытываю безотчетное, жестокое нарастание ужаса. Вокруг меня все, по– видимому, спокойно; ритмически стучит колесо жизни, и самый стук его делается незаметным, как стук маятника. Земля неподвижна. Законы дня и ночи незыблемы. Но я боюсь.

Вчера вечером, как и всегда, я сел за письменный стол. Мне предстояла сложная работа по отчетности торгового учреждения. Но вместо цифр мои мысли носились вокруг отрывочных представлений, в которых я сам отсутствовал; вернее, представления эти существовали как бы помимо меня. Я видел черную, стремительно убегающую воду, красные фонарики, военный корабль, кусок болота, освещенный рефлектором. Серебристые острия осоки бросали в воду черные линии теней; неподвижная, словно вылитая из зеленой бронзы, лягушка пучила близорукие глаза. Затем какое– то странное, волосатое существо бежало, вздымая пыль, и я довольно отчетливо видел его босые ноги. Постепенно все перемешалось, нежные оттенки цветов раскинулись в прихотливый луг, прозвучала пылкая мелодия индусского марша. Рассеянным движением я занес в графу цифру и остановился, следя за перепончатыми желтыми крыльями. Они мелькали довольно долго. Выбросив их из головы, я откинулся в глубину кресла и стал курить.

Я думал уже, что это досадное состояние, являвшееся естественной реакцией мозга против сухой счетной работы, кончилось, как вдруг маленькое кольцо дыма вытянулось на уровне моих глаз и стало человеческим профилем. Это были кроткие черты благовоспитанной молодой девушки, но в хитро поджатых губах и скошенном взгляде таилось что-то необъяснимо омерзительное. Дым растаял, и я почувствовал, что работать не в состоянии. Самая мысль об усилии казалась противной. Вид письменного стола наводил скуку. Мыслей не было. Все вещи стали чужими и ненужными, точно их принесли насильно. Мне было тесно, я испытывал почти физическую неловкость от близости стен, мебели и разных давно знакомых предметов... Мне ничего не хотелось, и вместе с тем томительное состояние бездеятельности разрасталось в глухую тревогу и нетерпение.

Я должен упомянуть еще раз, что мозг мой совершенно прекратил логическую работу. Мысль исчезла. Я был чувствующей себя материей. Комната и все предметы, находившиеся перед моими глазами, воспринимались зрением так же, как зеркалом - тупо и безотчетно. Я не был центром; чувство психологической устойчивости распределилось равномерно на все, кроме меня. Я расплывался в тоскливой пустоте прострации и зависел от ничтожнейших чувственных эмоций. Потребность двигаться была первой, хотя довольно туманно сознанной мной потребностью; я встал, безучастно подержал в руках книгу и положил ее на прежнее место.

Это, очевидно, не удовлетворило меня, потому что в следующий затем момент я принялся рассматривать рисунок обоев, внимательно фиксируя белые и малиновые лепестки фантастических венчиков. Затем вынул из подсвечника огарок стеариновой свечи и стал сверлить его перочинным ножиком, добираясь до фитиля. Мягкое хрустение стеарина доставило мне некоторое развлечение. Потом нарисовал карандашом несколько завитушек, перечеркивая их кривыми, равномерно уменьшающимися линиями, положил карандаш, оглянулся, и вдруг сильное, необъяснимое беспокойство сделало меня легким, как резиновый мяч.

Я сделал по комнате несколько шагов, остановился и стал прислушиваться. Мертвая тишина стояла вокруг. С улицы сквозь плотно закупоренное окно не доносилось ни одного звука. Тишина эта была ненужной, как были бы не нужны для меня в то время шум улицы, песня, гром музыки. Ненужными также были моя комната, кровать, графин, лампа, стулья, книги, пепельница и оконные занавески. Я не чувствовал надобности ни в чем, кроме тоскливого и бесцельного желания двигаться.

В это время я не испытывал еще никакого страха. Он появился с первым биением пульса мысли, с ее развитием. Я не мог уловить точно этот момент, помню лишь стремительно выросшее сознание полной и абсолютной ненужности всего. Я как будто терял всякую способность ассоциации. Все, вплоть до брошенного окурка, существовало самостоятельно, без всякого отношения ко мне. Я был один, сам ненужный всему, и это – "все" было для меня лишним. Я был в совершенной холодной пустыне одиночества, несуществующий, тень самого себя, потому что даже мое "я" было мне нужно не больше прошлогоднего снега.

Тогда острейшее чувство одиночества – ужас хлынул в жадную пустоту духа. Я растворился в нем без упрека и сожаления, потому что нечего сожалеть и не к кому обращать упреки. Так будет каждый вечер и так должно быть.

– Я борюсь, – сказал я, дрожа от мерзкого страха, – но пусть будет по - твоему. Природа не терпит пустоты, а у меня нет ничего лучшего подарить ей. Мы квиты.

И темная вода ужаса сомкнулась над моей головой.

Арвентур

Это было в то время, когда у человека начинает отцветать сердце, и он мечется по земле, полный смутных видений, музыки горя и ужаса. Тот день запомнить нетрудно, в моей памяти нет дней страшнее и блаженней его, долгого дня тоски.

Пыль, духота я жара стояли на улицах. Я тщетно переходил с бульвара на бульвар, ища тени; мухи преследовали меня; воздух стонал от грохота экипажей. Пиво согревалось в стакане раньше, чем выпивалось; все было отвратительно. Тоска терзала, улицы наводили зевоту, люди – апатию; сидя на запыленной скамейке, я рассеянно провожал глазами их механические фигуры. Гнетущее однообразие лиц, костюмов и жестов действовало удручающе. Мысли прыгали, как мальчишки, играющие в чехарду. И вдруг – звонким, далеким возгласом вспыхнуло это роковое, преследующее меня слово:

– Арвентур.

Я повторил его, разделяя слоги:

– Ар- вен- тур. Ар- вен- тур.

Оно остановилось, засело в мозгу, приковало к себе внимание. Оно звучало приятно и немного таинственно, в нем слышалось спокойное обещание. Арвентур - это все равно, как если бы кто-нибудь посмотрел на вас синими ласковыми глазами.

Несколько раз подряд, беззвучно шевеля губами, я повторил эти восемь букв. В звуке их был печальный зов, торжественное напоминание, сила и нежность; бесконечное утешение, отделенное пропастью. Я был бессилен понять его и мучился, пораженный грустью. Арвентур! Оно не могло быть именем человека. Я с негодованием отверг эту мысль. Но что же это? И где?

Волны ужасного напряжения вставали, падая вновь, как раненые солдаты. Ничего не было. Хоровод смутных видений приближался и убегал, полный неясных контуров, расплывающихся в тумане. Арвентур! Слово это притягивало меня. Оно, как нечто живое, существовало вне мысли. И я тщетно стремился охватить его взрывом сознания. В самом звуке слова было нечто, не позволяющее сомневаться в его праве на существование. Арвентур!

Я сделал несколько шагов по бульвару. Быть может, это название местечка, деревни, слышанное мною раньше? В моей стране таких имен нет. Возможно, что оно прочитано в книге. Почему же тогда, прочитанное, оно не вызвало такой глубокой и нежной грусти? Арвентур!

Взволнованный, я напряженно твердил это слово. Какой далекой, полной радостью веяло от него! Чужие страны развертывались перед глазами. Смуглые, смеющиеся люди проходили в моем воображении, указывая на горизонт холмов.

– Арвентур, – говорили они. – Там Арвентур.

Рассеянный, в подавленном настроении, я вышел на набережную. Навстречу попадалось много знакомых: мы строили любезнейшие гримасы, облегченно вздыхали и расходились. Арвентур! – это звенело как воспоминание далекой любви. А за него, вызванное припадком тоски, цеплялось прошлое. Но в прошлом не было ничего, что нельзя было бы выразить иначе, чем ясным человеческим языком. Я чувствовал себя смертельно обиженным. Как мог я годами в сокровеннейших кладовые души выносить это неотразимое слово радости и быть чужим ему? Утка на лебедином яйце могла бы мне посочувствовать. Арвентур!

Вечером на ужине у знакомых я беспомощно улыбался и говорил, что простужен. Я ел, презирая себя. Пил, мысленно давая себе пощечины. Три человека спорили о новом налоге. Еще три, наклонившись друг к другу, шептали двусмысленности, прыская в соус. Приятная дама с усиками старалась незаметно вытереть локоть, мокрый от жира. Сосед мой, с головой, напоминающей редьку, обратился ко мне:

– Вы слышали, как блистательно я защитил интересы личности? По этому вопросу у меня лежит совершенно готовая статья, я думаю послать ее в "Торгово - Промышленный Журнал". Система налогов ведет к разврату и авантюризму.

– Арвентур! – сказал я, впервые чувствуя, что вино крепковато.

Прошла минута молчания. Мы пристально смотрели друг другу в глаза. Он мялся. Он притворился непонимающим. Он начал снова свою идиотскую песенку.

– Культура, благосостояние, перемена курса, протекционизм...

– Заведенная машина, – благожелательно сказал я, с ненавистью рассматривая человека - редьку. – Дрянная мельница.

Смутное воспоминание о раздвигаемых стульях, возгласы сожаления - вот и все. Я вышел. В передней мне дали шляпу. Легкий, спокойный воздух ночной улицы кружил голову. Слезы душили меня, не принося облегчения. Арвентур! Пусти меня в свои стены, хрустальный замок радости, Арвентур!

И эхо повторило мой крик отчаяния. Белые птицы, медленно взмахивая крыльями, летели в темноте к морю. – Арвентур! – кричали они. Я не мог двинуться с места; обхватив руками фонарный столб, я плакал от невыразимой тоски. Я боялся думать, страшился оскорбить плоским, ограниченным представлением нетленную красоту слова. Одну роскошь позволил я себе: цепь синих холмов, вершины их дымились как жертвенники.

– Там Арвентур! – твердил я.

Круг мысли, очерченный безмолвием, – карманный ночной фонарь, обруч наездника, лужа из белого и серого вещества, зеркальце с фольгой, засиженное мухами, – я бы разбил тебя тысячи и тысячи раз, не будь этой пыли алмазов, отшлифованных в небесах, этого сладкого проклятья и жестокой надежды верить, что Арвентур есть.

Имение Хонса

I

В конце июля я получил несколько настойчивых писем от старого друга Хонса, приглашавших меня то в вежливой, то в добродушно–бранчливой форме посетить недавно приобретенное им имение. Как раз в это время я приводил в порядок запутанные благодаря долгому отсутствию отношения мои с некоторыми крупными редакциями и был по горло занят работой. Последнее письмо Хонса я долго держал в руках; текст его носил отпечаток болезненного возбуждения и, не скрою, сильно задел мое природное любопытство.

"Проклятье городу! – писал Хонс своим прыгающим тесным почерком. – Я счастлив только теперь; кругом свет. Относительно города: имей он форму стула, я с удовольствием сломал бы его вдребезги. Ты должен приехать. Ты будешь поражен. Я открыл истину спасения мира".

Далее следовал ряд обычных пожеланий и вопросов. "Истина спасения мира" заставила меня громко расхохотаться. Конечно, это был ряд веселых, пикантных развлечений, на которые чудаковатый Хонс был мастер всегда.

В раздумьи я подошел к зеркалу. Сидячая жизнь в течение последних трех месяцев сильно изменила мою наружность: исчезла здоровая полнота, результат пребывания на берегах океана, слинял загар, взгляд стал рассеянным, беспокойным, лицо осунулось. В деревне у Хонса, должно быть, действительно хорошо. В конце концов, какая– нибудь неделя отдыха могла только помочь впоследствии в успешном конце работы. Я позвонил и приказал горничной собрать чемодан.

Описывать, как я приехал на вокзал, спал в душном вагоне, положив голову на плечо уснувшей толстой молочницы, и как благополучно прибыл к назначенному месту, – считаю совершенно излишним. Потрясающая сущность этого рассказа начинается с того момента, когда я увидел Хонса.

Дело было вечером. Сумеречные краски зари сияли тихим благословением, пахло полевыми цветами, росой и необыкновенно вкусным, густым, как смородинное пиво, деревенским воздухом. Хонс стоял у ворот, широко расставив руки. Он сильно изменился. В степенном, величественном господине трудно было узнать прежнего Хонса, завсегдатая маленьких кабачков и тех веселых городских мест, откуда можно уйти с распоротым животом.

– Я счастлив, – сказал он, обнимая меня, когда я соскочил с лошади, и несколько смущенный торжественностью его голоса, пытался весело засмеяться. – Пойдем же; Гриль, уберите лошадь и всыпьте ей двойную порцию ячменя. Конечно, ты удивлен тем, что я разбогател, не так ли? Это поучительная история.

В Хонсе резко вспыхнула новая для меня черта: он казался подавленным и удрученным, что совершенно и неприятно дисгармонировало с его полной, цветущей внешностью, великолепной бородой и кротким, проницательным взглядом. Костюм его был оригинален: совершенно белый, он производил впечатление, как будто на Хонса вытряхнули мешок муки. Шляпа, галстук и сапоги были тоже белые.

Мы шли через обширный красивый сад, и, пока Хонс с неестественной для него суетливостью, сбиваясь и путаясь, рассказывал мне действительно слегка подозрительную историю своего обогащения (перепродал чьи- то паи), я с любопытством осматривался. Чрезвычайно нежные, поэтические тона царствовали вокруг. Бледно- зеленые газоны, окруженные светло- желтыми лентами дорожек, примыкали к плоским цветущим клумбам, сплошь засаженным каждая каким- нибудь одним видом. Преобладали левкои и розовая гвоздика; их узорные, светлые ковры тянулись вокруг нас, заканчиваясь у высокой, хорошо выбеленной каменной ограды маленькими полями нарциссов. Своеобразный подбор растений дышал свежестью и невинностью. Не было ни одного дерева, нежно цветущая земля без малейшего темного пятнышка производила восхитительное впечатление.

– Что ты скажешь? – пробормотал Хонс, заметив мое внимание. – Заметь, что здесь нет ничего темного, так же, как и в моем доме.

– Темного? – спросил я. – Судя по твоим сапогам. Но все- таки, конечно, у тебя есть в доме чернила.

– Цветные, – горделиво произнес Хонс. – Преимущественно бледно- лиловые. Это моя система возрождения человечества.

Моя недоверчивая улыбка пришпорила Хонса. Он сказал:

– Мы войдем... и ты узнаешь... я объясню...

III

Наш разговор оборвался, потому что мы подошли к большому, каменному белому дому. Хонс открыл дверь и, пропуская меня, сказал:

– Я пойду сзади, чтобы ничем не нарушать твоего внимания.

Недоумевающий, слегка растерянный, я поднялся по лестнице. Действительно, все было светлое. Потолки, стены, ковры, оконные рамы – все поражало однообразием бледных красок, напоминавших больничные палаты в солнечный день.

– Иди дальше, – сказал Хонс, когда я остановился у двери первой комнаты.

Невольно я обернулся. В двух шагах от моей спины стоял Хонс и смотрел на меня пристальным взглядом, от которого, не знаю почему, стало жутко. В тот же момент он взял меня под руку.

– Смотри, – сказал Хонс, показывая отделку залы, – необычайная гармония света. Не к чему придраться, а?

Необычайная гармония? Я сомнительно покачал головой. Мне, по крайней мере, она не нравилась. Смертельная бледность мебели и обоев казалась мне эстетическим недомыслием. Я тотчас высказал Хонсу свои соображения по поводу этого. Он снисходительно усмехнулся.

– Знаешь, – произнес он, – пока подают есть, пойдем в кабинет, и я изложу тебе там свои убеждения.

По светлому паркету, через бело - розовый коридор мы прошли в голубой кабинет Хонса. Из любопытства я сунул палец в чернильницу, и палец стал бледно - лиловым. Хонс рассмеялся. Мы уселись.

– Видишь ли, – сказал Хонс, бегая глазами, – порочность человечества зависит безусловно от цвета и окраски окружающих нас вещей.

– Это твое мнение, – вставил я.

– Да, – торжественно продолжал Хонс, – темные цвета вносят уныние, подозрительность и кровожадность. Светлые – умиротворяют. Благотворное влияние светлых тонов неопровержимо. На этом я построил свою теорию, тщательно изгоняя из своего обихода все, что напоминает мрак. Сущность моей теории такова:

1) Люди должны ходить в светлых одеждах.

2) Жить в светлых помещениях.

3) Смотреть только на все светлое.

4) Убить ночь.

– Послушай! – сказал я. – Как же убить ночь?

– Освещением, – возразил Хонс. – У меня по крайней мере всю ночь горит электричество. Так вот: из поколения в поколение взор человека будет встречать одни нежные, светлые краски, и, естественно, что души начнут смягчаться. Пойдем ужинать. Завтра я расскажу тебе о всех моих удачах в этом направлении.

IV

В столовой палевого оттенка мы сели за стол. Прислуживал нам лакей, одетый, как и сам Хонс, во все белое. За ужином Хонс ел мало, но тщательно угощал меня прекрасными деревенскими кушаньями.

– Хонс, – сказал я, – а ты... ты чувствуешь возрождение?

– Безусловно. – Глаза его стали унылыми. – Я чувствую себя чистым душой и телом. Во мне свет.

Я выпил стакан вина.

– Хонс, – сказал я, – мне чертовски хочется спать.

– Пойдем.

Хонс поднялся, я следовал за ним; конечно, он привел меня в светло– сиреневую комнату; я пожелал ему доброй ночи. Кротко мерцая глазами, Хонс вышел и тихо притворил дверь.

Засыпая, я громко хихикал в одеяло.

Затем наступили совершенно невероятные события. Какой– то шум разбудил меня. Я сел на кровати, протирая глаза. Издали доносился топот, крики, металлическое бряцание. Первой моей мыслью было то, что в доме пожар. Полуодетый я выбежал в коридор, пробежал ряд ярко– освещенных, бледно– цветных комнат, в направлении, откуда слышался шум, открыл какую– то дверь и превратился в соляной столб...

Мертвецки пьяный, в одном нижнем белье, Хонс сидел на коленях у полуголой женщины. На полу валялись бутылки, еще две красавицы с растрепанными волосами орали во все горло непристойные песни, размахивая руками и изредка хлопая Хонса по его маленькой лысине. На подоконнике три оборванца с лицами преступных кретинов изображали оркестр. Один дул что есть мочи в железную трубку от холодильника, другой бил кулаком в медный таз, третий, схватив крышку от котла, пытался сломать ее каминной кочергой. Хонс пел:

И - трах - тах - тах,
И - трах - тах - тах,
У - ы, у - ы, у - ы.

При моем появлении произошло замешательство. Кретины бежали через окно, прыгая, как обезьяны, в кусты. Взбешенный Хонс, схватив кухонный нож, бросился на меня, я быстро захлопнул дверь и повернул ключ. Тогда за запертой дверью поднялся невероятный содом.

Поспешно удалившись, я стал обдумывать меры, могущие успокоить Хонса. Конечно, прежде всего следовало уничтожить следы Гоморры, но Хонс был в той комнате, с ножом, следовательно...

Постояв с минуту, я прошел к себе, взял револьвер и снова подкрался к двери. К моему удивлению, наступила тишина. Употребив две минуты на то, чтобы вытащить ключ, не брякнув им, я успешно выполнил это и посмотрел в скважину.

Хонс, сраженный вином, лежал на полу и, по- видимому, спал. Женщин не было, вероятно, они, так же как и кретины, удалились через окно. Тогда я вложил ключ, открыл дверь и, осторожно, чтобы не разбудить Хонса, привел все в порядок, выкинув за окно бутылки и музыкальные инструменты.

Затем я легонько встряхнул Хонса. Он не пошевелился. Я удвоил усилия.

– Ну, что? – слабо простонал Хонс, приподымаясь на локте.

Я взял его под мышки и поставил на ноги. Он стоял против меня, покачиваясь, с опухшим, бледным лицом.

– Ты... – начал я, но вдруг свирепая, сумасшедшая ярость исказила его черты: я был свидетелем.

С находчивостью, свойственной многим в подобных же положениях, я мягко улыбнулся и положил руку на его плечо.

– Тебе приснилось, – кротко сказал я. – Галлюцинация. Вспомни преподобных отцов.

– Что приснилось? – подозрительно спросил он.

– Не знаю, что- то, должно быть, страшное.

Он с сомнением осматривал меня. Я сделал невинное лицо. Хонс осмотрелся. Порядок в комнате, видимо, поразил его. Еще мгновение, еще ласковая гримаса с моей стороны, и он уверовал в мое неведение.

– Что же такое страшное могло мне присниться? – с наивной доверчивостью, свойственной многим сумасшедшим, сказал он. – С тех пор, как я живу здесь, сны мои светлы и приятны.

Он громко и стыдливо захохотал, в полной уверенности, что обманул меня. Тогда я вздохнул свободно.

Лужа Бородатой Свиньи

I

Образ свиньи неистребим в сердце человеческих поколений; время от времени природа, уступая немилосердной потребности народов, наций и рас, производит странные образцы, прихлопывая одним небольшим усилием все радостные представления наши о мыле, зубных щетках и полотенцах.

В мае 1912 года двое любопытных молодых людей стояли у высокого деревянного забора; один из них наклонил голову и, уперев руки в бедра, держал на своих плечах товарища, который, схватившись за край ограды, усаженный гвоздями, смотрел внутрь двора.

В лице нижнего было выражение физического усилия и нескрываемой зависти к стоявшему на его плечах человеку; пошатываясь от тяжести, нижний ежеминутно спрашивал:

– Ну, что? Что там? А? Видно что– нибудь, нет?

Нижнего звали Брюс, а верхнего Тилли.

– Постой, – шепотом сказал Тилли, – молчи, мы сейчас уйдем.

– В тебе пять пудов, если не больше, – ответил Брюс.

– Просто ты слаб, – возразил Тилли, – постой еще две минуты.

Вдруг Тилли наклонил голову и спрыгнул; одновременно с этим Брюс услышал за стеной выстрел и хриплый голос, выкрикивающий угрозы.

– Он увидел меня, – вскричал Тилли, – удерем, а то он спустит собаку.

Оба стремглав бросились в переулок, перескакивая через заросшие крапивой канавы, и остановились на деревенской площади. Тилли сказал:

– Ничего особенного. Мне наговорили про него столько диковинных вещей, что я даже разочарован. Но что это? Неужели мне отстрелили ухо?

Он схватился рукой за мочку, и пальцы его стали красными.

– Пустяки, – сказал Брюс, – ухо лишь оцарапано; вообрази, что была кошка.

– Однако, прыжок этой кошки мог сделать меня мертвом мышью... еще вершок влево, и кончено. Сядем здесь, у ворот, в этой каменной нише, остатке феодальных времен.

– Ты демократ, тогда я на будущих выборах отдам свой голос Бородатой Свинье.

– Свирепая шутка, – сказал Тилли, – нет, подвинься немного, и я расскажу тебе о том, что, стоя на твоих плечах, видел я в Луже Бородатой Свиньи.

II

Та, мрачный человек с веселыми глазами, здесь гость – и многие сплетни местечка неизвестны тебе. Бородатая Свинья, как его прозвали, иначе Зитор Кассан, веселился тут десять лет и жирел, как сумасшедший, не по дням, а по часам. Он нажил большие деньги на торговле человеческим мясом. Не делай больших глаз, под этим понимается только контора для найма прислуги. Ценой неусыпной бдительности и настоящих коммерческих судорог Зитор Кассан достиг своего идеала жизни. Существование его – бессмысленный танец живота и... тайна, таинственность, обнесенная той самой стеной, возле которой оцарапала меня кошка.

Дом его прозвали "Лужей", а его самого – "Свиньей", еще "Бородатой"; изобидели человека в хвост и пятку. Но он сам виноват в этом. Он показывается – правда, редко – на улицах, в самых оцепенелых от грязи покровах и запускает свою растительность. Относительно его души я и заглянул сегодня во двор к Зитору Бородатому, но вижу, что мне много соврали.

Прежде всего, согласно уверениям женщин, я ожидал встретить большой чудесный цветник, среди которого из самых вонючих отбросов разведена лужа симпатичного зеленовато− черного цвета; над ней якобы стаи мух исполняют замысловатый танец, а Бородатая Свинья купается в этой самой жидкости. Но женщины – вообще очаровательные существа – не знают жизни; для такой лужи нужна выдумка и легкая ржавчина анархизма, где же взять это бедной свинье?

Нет, я видел не картину, а фотографию. Зитор Кассан лежал голый до пояса в самом центре огромного солнечного пятна, между собачьей будкой и дверью своего логова. У трех тощих деревьев стоял стол. Высокая, согбенная старуха служанка, с отвисшей нижней губой и медной серьгой в ухе, выносила различные кушанья. От них валил пар; телятина и различные птичьи ножки торчали со всех сторон блюд, а Бородатая Свинья пожирал их, сверкая зубами и белками на кувшинном своем портрете, и после каждой смены ложился на солнцепек, нежно поглаживая живот ладонью; все время он пил и ел и, надо тебе сказать, пообедал за шестерых.

Двор не представлял ничего особенного: он был пуст, – вот все, что можно сказать о нем, безотраден и пуст, как сгнившая яичная скорлупа; в будке, свесив язык, лежала цепная собака да у старых костей под забором скакали вороны. Когда Зитор Кассан кончил шлепать губами, в дверях дома появилась женщина. Это была маленькая, но упитанная особа лет тридцати, с челкой на лбу и выдавшейся нижней челюстью. Она вышла и остановилась, а Зитор, стоя против нее, смотрел на нее, она на него, и так, с минуту, склонив, как быки, головы, смотрели они, не улыбаясь, в упор друг на друга, почесали шеи и разошлись.

– Простая штука, – сказал Брюс, – после этого он выпалил в тебя из револьвера?

– Вот именно. Он заметил, что я смотрю, и сказал громко: "Эй, эй, воры лезут ко мне, слезайте, воришка, а то будет плохо". Затем, без дальнейшего, выпустил пулю. Отомстим Зитору, Брюс.

– Есть. Давай бумагу и карандаш.

– Что ты придумал?

– Разные вещи.

– Посмотрим.

Брюс положил на скамейку листок бумаги и стал, посмеиваясь, писать, а Тилли читал через плечо друга, и оба под конец письма звонко расхохотались.

Было написано:

"Многочисленные тайные силы управляют жизнью животных и человека. Мне, живущему в городке Зурбагане, имеющему внутренние глаза света и треугольник Родоса , открыта твоя судьба. Ты проклят во веки веков землей, солнцем и мыслью Великой

Лисицы, обитающей под Деревам Мудрости. Неизбежная твоя гибель ужасает меня. Отныне, лишенный всякого аппетита, сна и покоя, ты будешь сохнуть, подобно гороховому стручку, пожелтеешь и смертью умрешь после двух лун, между утренней и вечерней зарей, в час Второго красного петуха.

Бен– Хаавер– Зюр, прозванный "Великаном и Постоянным".

– А! – сказал Брюс, перечитывая написанное.

Тилли корчился от душившего его хохота. Повесы, похлопывая друг друга по коленкам, запечатали диковинное послание в конверт и опустили в почтовый ящик.

III

Лето подходило к концу. Вечером, загоняя коров, пастух играл на рожке, и Тилли, прислушиваясь к нехитрому звуку меди, захотел прогуляться. Он взял шляпу, тросточку и прошел в рощу. Он думал о жизни, о боге.

– Ну, смотрите, – сказал он вдруг, – вот еще меланхолик, бродящий, подобно мне, запинаясь о корни.

Неизвестный приблизился; Тилли, рассмотрев его, вздрогнул. Ужасен был вид у встреченного им человека: всклокоченная борода спускалась на грудь, синие, впалые щеки сводило гримасой, глаза блестели дико и жалобно, а руки, торча из ободранных рукавов, напоминали когтистые лапы зверя. Тряпка– шарф болтался на худой шее, неприкрытые волосы тряслись при каждом шаге, тряслась голова, трясся весь человек.

– Господин Зитор Кассан, – сказал Тилли, не веря глазам, – что с вами?

– А, сынок помещика, – хрипло, облизывая губы, произнес Зитор и уныло рассмеялся, – а что со мной? Что, удивительно?

– Ничего, – сказал Тилли, но подумал: "Он исхудал на пять пудов, это ясно". Вслух он прибавил: – Что вы здесь делаете? Не ищете ли здесь лисицу под Деревом Мудрости?

Он не успел засмеяться и отойти, как Зитор положил обе руки на его плечи, обыскивая лицо Тилли подозрительным взглядом. И такова была сила его внимания, что Тилли не мог пошевелиться.

– Вы знаете, – сказал Зитор, – а что вы знаете? Это мне стоит жизни.

– Успокойтесь. – Тилли побледнел и необдуманно выдал себя. – Это была шутка, – сказал он, – я и Брюс сочинили для развлечения. Пустите меня.

Зитор держал его стальным усилием злобы и не думал отпускать. Пока он молчал, Тилли не знал, что будет дальше.

– Я думал над этим письмом, – сказал, наконец, Зитор. – Поэтому я и умру сегодня, в час красного петуха. Так это вы устроили мне, щенок? Ваше письмо взяло у меня жизнь. Я лишился аппетита, сна и покоя. До этого ел и спал хорошо. Я мало жил. Я много наслаждался едой, сном и женщиной, но этого мало. Я хотел бы еще очень много есть, спать и наслаждаться женщиной.

– В чем же дело? – сказал Тилли. – Вам никто не мешает.

– Нет, – возразил Зитор, – я могу наслаждаться, но ведь я умру. Ведь я думал об этом. Когда я умру, – я не смогу наслаждаться. Я сегодня умру, умру голодный, несытый, не съевший и четверти того, что мог бы скушать. Теперь мне все равно. Дело сделано.

– Охотно извиняюсь, – сказал, струсив, Тилли.

– Меня прозвали Бородатой Свиньей, – продолжал Зитор. – Свинья казнит человека.

Быстрее, чем Тилли успел сообразить в чем дело, Кассан Зитор ударил его по голове толстой дубовой тростью, и молодой человек, пошатнувшись, упал. Он был оглушен. Зитор наклонился над ним и стал что– то делать, а когда выпрямился, Тилли успел забыть о письме к Зитору навсегда.

– Два месяца я худел и думал, думал и худел, – пробормотал Зитор. Довольно с меня этой пытки. Ах, все пропало! Но я бы охотно съел сейчас пару жареных куриц и колбасу. Все равно, жизнь испорчена.

Он удалился в глубину рощи, и скоро под его тяжестью заскрипел сук, а в деревне, невинный и безучастный, запел рыжий петух свое надгробное Бородатой Свинье слово:

– Ку-ка-реку!

Маленький заговор

I

– Садитесь, поговорим, – ласковым голосом сказал Геник, подвигая стул очень молодой девушке, на вид не старше семнадцати лет. – Мне поручено объясниться с вами и, что называется, – во всех деталях.

Гостья застенчиво улыбнулась, села, оправляя коричневую юбку тонкими, слегка задрожавшими пальцами, и устремила на Геника пристальные большие глаза, темные, как вечернее небо. Геник мысленно побарабанил пальцами, оседлал другой стул и спросил:

– Как меня нашли?

– Я вас отыскала скоро... Хотя вы живете в таком глухом углу... Я даже улицы такой раньше не знала.

– Улицу эту выстроили специально для меня! – пошутил Геник. – Смею вас уверить.

– Еще бы! – слабо улыбнулась она. – Для нас с вами другие места приготовлены.

– Каркайте, каркайте... Что же – улицу через прохожих отыскали?

Девушка отрицательно покачала головой.

– Нет, – поспешно сказала она, – мне объяснил Чернецкий, что улица эта выходит в числе прочих на Армянскую. Я ее всю и прошла, в самый конец.

Геник сделал серьезное лицо.

– Это хорошо! – заявил он, одобрительно кивая. – Всегда нужно стараться как можно меньше расспрашивать прохожих. Особенно в деле особой важности.

Девушка с уважением окинула глазами небрежно оседлавшую стул, худую и коренастую фигуру Геника. Даже и эту тонкость он считает важной – должно быть, замечательный человек.

– Ваше имя – Люба? – спросил юноша.

– Да.

Наступило короткое молчание. Девушка рассеянно оглядывала комнату, пустую и неуютную, где, кроме пунцовой розы, алевшей на столе в дешевом запыленном стакане, не на чем было остановиться и отдохнуть глазу. В широкое, настежь отворенное окно, вместе с теплым ветром и шелестом цветущей черемухи, плыл солнечный свет, щедро заливая грязные обои голых стен пыльно-золотистыми пятнами, на фоне которых, беззвучно и неуловимо, как ночные бабочки в свете лампы, – трепетали мелкие, пугливые тени ветвей и листьев, глядевших в окно.

Стол был пуст – ни книг, ни брошюр. Видимый печатный материал валялся на полу, в образе скомканной газеты. В углу – чемодан, койка более чем холостого вида и тяжелая дубовая трость. Зато пол был щедро усеян окурками и спичками.

– Нам, пожалуй, серьезно придется сейчас беседовать... – сказал Геник, рассматривая девушку. – Вы, конечно, против этого ничего не имеете?

Люба расширила глаза и нервно повела плечами. Странно даже спрашивать об этом.

– Что же я могу иметь? – тихо и вопросительно проговорила она. – Чем серьезнее, тем лучше.

Последние слова прозвучали просьбой и, отчасти, задором молодости. Лицо Геника стало непроницаемым; казалось, оно потеряло всякое выражение. Он сильно затянулся папиросой, окружая себя голубыми клубами дыма, и сказал уже совсем другим, твердым и отчетливым голосом:

– Хорошо.

Люба ждала, молча и неподвижно. Глаза ее прямо, с покорностью ожидания, смотрели на Геника.

– Хорошо! – повторил он медленнее и как бы в раздумье. – Так вот

118

что, Люба, для удобства и большей продуктивности разговора, мы сделаем так: я буду спрашивать, а вы отвечать... Идет?

– Все равно, – сказала девушка, напряженно улыбаясь. – Это как на допросе.

– Ну, да... Видите ли – это, по некоторым соображениям, важно для меня.

Люба молча кивнула головой.

– Да. Так вот: скажите, пожалуйста, – сколько вам лет?.. Это нескромно, но, надеюсь, вам не более двадцати, так что, – мы, конечно, не рассоримся.

– В августе будет восемнадцать... – слегка покраснев, сказала девушка.

– А что?

– Хм...

Новые клубы дыма и новый окурок на полу. Геник достал и зажег свежую, третью по счету, папиросу.

– Я так боялась этого! – тихим, срывающимся голосом заговорила Люба, и ее лицо, правильное и нежное, внезапно покрылось розовыми пятнами. – Того... что... может быть... моя молодость... может там... помешать, что ли... но...

Геник досадливо махнул рукой.

– Что молодость? – с неудовольствием перебил он. – Не в молодости дело... А в вас самих... Но, однако, мы уклонились... Скажите – сколько человек в вашем семействе? И кто они?

– Четверо, – неохотно, удивляясь тому, что ее спрашивают о таких, совершенно посторонних вещах, сказала девушка. – Мама... я... папа, потом сестры две...

– Старше вас?

– Нет... где же старше... Еще гимназистки...

– И вы ведь, Люба, учились в гимназии?

– Я? Училась...

– Д-аа... – Геник вздохнул и уставился через открытое окно в сад: – Все мы вкушали когда-то от этой премудрости. У меня есть братишка, маленький глупый человек. Так вот он пришел однажды из класса и начал с чрезвычайно сосредоточенным и мрачным видом колотить ногами о дверь. Я его и спрашиваю: «Ты, Петька, что делаешь?» А он скорчил свирепое лицо и говорит: «Прах от ног своих отрясаю».

Люба задумчиво улыбнулась, не сводя с Геника больших, наивно-серьезных глаз, и медленно наклонила вперед голову, как бы приглашая говорить дальше. Геник обождал несколько мгновений и перешел в деловой тон.

– Ко мне вас направил Чернецкий? – спросил он, сосредоточенно грызя ногти.

– Да...

– Он рассказал мне о вас все! – заявил Геник, отрываясь взглядом от ровного, чистого лба девушки. – По общему мнению... у нас, видите ли, было совещание... вам решено не препятствовать и... помогать...

Люба заволновалась и нервно покраснела до корней волос. Краска быстро залила маленькие уши, высокую, круглую шею и так же быстро отхлынула назад к сильно забившемуся сердцу.

Она так боялась, что ее заветная мечта не исполнится. Но грозный момент, очевидно, придвигался и теперь стал перед ней лицом к лицу в этой убогой, обыкновенной на вид и жалкой комнате.

Геник встал, шумно отодвинул стул и зашагал от стола к двери. Люба механически следила за его движениями, желая и не решаясь спросить: что дальше?

– Не связаны ли вы с кем-нибудь? – быстро и немного смущаясь, спросил Геник. – Нет ли для вас чего-нибудь дорогого?.. Семья, например... – Он не пожалел о своих словах, хотя мгновенная неловкость и боль, сверкнувшие в глазах девушки, сделали молчание напряженным. Геник повторил, тихо и настойчиво:

– Так как же?

– Я, право... не знаю... – с усилием, краснея и ежась, как от холода, заговорила она. – Нужно ли это... спрашивать... Я же сама... пришла.

– Вы вправе, конечно, недоумевать, – сказал, помолчав, Геник, – но, уверяю вас... Хотя, впрочем... Вам отчего-то трудно говорить об этом... хорошо, но скажите мне, пожалуйста, только одно: у вас нет близкого человека, кроме... ваших родных?

Он остановился посредине комнаты, ожидая ответа с таким видом, как если бы от этого зависело все дальнейшее течение дела. Люба подняла на него растерянный взгляд, снова покраснела и смешалась. По дороге сюда мечталось о чем угодно, кроме этого непонятного и мучительного вопроса.

– Я потому спрашиваю, – сказал Геник, желая вывести девушку из затруднения, – что нам нужно знать, будет ли у вас кому ходить в тюрьму, в случае... Если «да», то кивните, пожалуйста, головой.

Кивок этот, хотя Люба его и не сделала, он угадал по опущенным, неподвижно застывшим ресницам. Через мгновение она снова подняла на него свои темные, с ясным голубым отливом глаза.

Ветер мягко стукнул оконной рамой и шевельнул брошенную на пол газету. Геник подошел к окну и сейчас же отошел прочь. Люба вздохнула, нервно стиснула хрустнувшие пальцы и выпрямилась.

– Так, значит, вам не жалко жизни? – равнодушно, полуспрашивая, полуутверждая, сказал Геник. – А?

Люба облегченно рассмеялась углами рта. Слава богу, – вопросы о домашних делах покончены. Хотя странный, немного торжественный в своем равнодушии тон Геника по-прежнему держал ее настороже... Она отбросила за ухо темные непокорные волосы и сказала:

– Как жалко? Я не знаю... А вам разве не жалко?

Девушка нетерпеливо задвигалась на стуле, и меж тонких бровей ее мелькнула легкая, досадливая складка. Если Геник желает болтать, может выбрать другое место и время. А ей тяжело и совсем не до разговоров.

Он же, казалось, вовсе не спешил удовлетворить ее нетерпение. Широкая спина Геника неподвижно чернела у окна, загораживая свет, и только дым шестой папиросы, улетая в сад, показывал, что это стоит живой, задумавшийся человек.

В комнате напряженно бились две мысли, и маятник дешевых стенных часов, казалось, равнодушно отбивал такт неясным, упорным словам, таинственно и быстро мелькавшим в мозгу. Наконец Геник отошел в глубину комнаты, снова уселся верхом на стул и спросил громким, неожиданно резким голосом:

— Твердо решаетесь?

— Да! – безразлично, с поспешностью утомления сказала девушка.

Глаза ее встрепенулись и загорелись. Казалось – новая волна внутреннего напряжения поднялась в этот пристальный, ждущий взгляд и нервным толчком хлестнула в лицо Геника.

— Теперь вот что... – заговорил он, смотря в сторону. – Вы, значит, поедете за сто верст отсюда в ***ск...

Лицо Любы отразило глубокое недоумение.

— Простите, я не понимаю... – нерешительно сказала она, понижая голос.

— Ведь... Мне Чернецкий сказал, что все здесь... что все готово и... завтра вечером... Также, что от вас я узнаю все инструкции и получу...

Геник с досадой бросил папиросу.

— Вы слушайте меня! – резко, почти грубо перебил он и, заметив, что Люба вспыхнула, добавил более мягко: – Положение изменилось. Фон-Бухель уехал сегодня утром и приедет только через месяц.

Девушка молча, устало кивнула головой.

— Этот месяц вы проживете там и будете держать карантин. Что такое карантин – вы знаете или нет?

— Да, я слышала что-то... изоляция, кажется?

— Вот... Жить будете по чужому паспорту... Я вам его сейчас дам. Никаких знакомств. Переписываться нельзя...

— А если...

— Постойте... Вот вам адрес; запомните его и не записывайте ни в каком случае: Тверская, дом 14, квартира 15. Марья Петровна Кунцева.

Она подняла глаза к потолку и по гимназической привычке зашевелила губами, стараясь запомнить. Потом слабо улыбнулась и сказала:

— Ну, вот. Готово...

— Прекрасно, Люба. Так вот, я даже не буду вас наставлять разным конспиративным тонкостям. Там вам все расскажут, устроят и прочее. Приехав, вы скажете лично, самой Кунцевой, следующее: «Я от Геника».

— «Я от Геника», – с уважением к человеку, имя которого отворяет двери, прошептала девушка. – Только... ради бога... зачем я должна ехать?

— Видите ли, – с сожалением пожал плечами Геник, – так решено комитетом... Вы здешняя, и всякие следы ваших с нами сношений должны быть уничтожены. Поняли?

– Да. – Люба весело кивнула головой. – Значит, все-таки выйдет. Я так счастлива...

Геник неопределенно крякнул и хотел сказать что-то, но раздумал. Глаза девушки, блестевшие странным, тихим светом, удержали его.

– Поезд идет сегодня вечером в 10 часов, – сказал он, помолчав, усталым и решительным голосом. – Видеться вам с кем-нибудь перед отъездом решительно нет никакой необходимости...

– Так сегодня? – удивилась Люба. – Так скоро?..

– Ну, вот что! – рассердился Геник. – Если вы хотите, то знайте, что от того, уедете ли вы сегодня или нет – зависит все... Я вам сказал.

– Я еду, еду! – поспешно, с растерянной улыбкой сказала девушка. – Хорошо...

Наступило молчание. Портсигар Геника опустел. Он с треском захлопнул его и встал. Люба тоже встала и сделала движение к столу, где лежала ее шляпа.

– Постойте! – вспомнил Геник. – А деньги? Вот, берите деньги.

Он вынул кошелек и протянул, не считая, несколько бумажек. Девушка спокойно спрятала их в карман. Она брала их не для себя, а для «дела».

– Вот и паспорт...

– Спасибо... вам...

Голос ее слегка дрогнул, а затем Люба сделала маленькое усилие, сжала губы и спокойно посмотрела на Геника.

Нет, он решительно не в состоянии выносить этот напряженный голубой взгляд. Стукнуть стулом, что ли, или прогнать ее? Геник деланно зевнул и сказал, холодно улыбаясь:

– Ну, вот и все. Так идите теперь и... постарайтесь не опоздать на поезд.

– Спасибо! – повторила девушка и, схватив тяжелую руку Геника, слабо, но изо всех сил стиснула ее маленькими, теплыми пальцами.

– Ну, что там! – пробормотал Геник, опуская глаза и чувствуя, что начинает злиться. – Всего хорошего...

Люба направилась к двери, но у порога остановилась, провела рукой по лицу и спросила:

– А... как вы думаете... удастся... или нет?

– Удастся! – резко крикнул Геник, толкнув ногою стул так, что он перевернулся и с треском ударился в стену. – Удастся! Вас изобьют до полусмерти и повесят... Можете быть спокойны.

Он поднял злые, заблестевшие глаза и встретился с грустным, сконфуженным взглядом. Люба не выдержала и отвернулась.

– Мне не страшно, – услышал Геник ее слова, обращенные скорее к себе, чем к нему. – А вы, кажется, в дурном настроении.

Он стоял молча, засунув руки в карманы брюк и разглядывая носки своих собственных штиблет с упорством помешанного. Люба подошла к двери, отворила ее и, уходя, бросила последний взгляд на мрачную фигуру.

Теперь глаза их снова встретились, но уже иначе. Геник улыбнулся так ласково и задушевно, как только мог. Что-то ответное тепло и просто блеснуло в лице девушки. Она тихо, молча поклонилась и ушла, небрежно встряхнув длинной, русой косой.

II

Когда стало темнеть, Чернецкий зажег лампу и посмотрел на часы. Было ровно десять. С минуты на минуту должен придти Геник: он аккуратен, как аптечные весы, между тем никого еще нет. Это довольно странно. Шустеру и другим следовало бы знать, что дело касается всех.

Он хотел еще как-нибудь, сильнее выразить свое неудовольствие, но в этот момент пришел Маслов. Скинув летнее пальто и шляпу, Маслов осторожно погладил свою черную, иноческую бородку, прошелся по комнате, нервно потирая руки, и сел. Чернецкий вопросительно посмотрел на него, удержал беспричинную, судорожную зевоту и выругался.

— Что такое? — тихо спросил Маслов.

Голос у него был грудной, но слабый, и каждое слово, сказанное им, производило впечатление замкнутого, трудного усилия.

— Не люблю опозданий! — ворчливо заговорил Чернецкий. — Это провинциализм и, кроме всего, — неуважение к чужой личности.

— Что же, — меланхолично заметил Маслов, — ведь Геника еще нет. К тому же публика стала осторожнее, избегает, например, подходить кучкой.

— Все равно... Чаю хотите?

— Чаю! — вздохнул Маслов, отрываясь от своих размышлений. — Что? чаю? Ах, нет... Сейчас нет... Разве, когда все...

— Вы о чем, собственно, думаете-то? — громко спросил Чернецкий, вставая с дивана и усаживаясь против товарища. — А?

Маслов сморщил лоб, отчего его бледное, цвета пожелтевшего гипса, лицо приняло старческое выражение, и рассеянно улыбнулся глубокими, черными глазами.

— Думаю-то? Да вот, все об этом же...

Он пошевелил губами и прибавил:

— Не выйдет...

— Что — не выйдет? А ну вас, каркайте больше! — равнодушно сказал Чернецкий. — Выйдет.

— Не выйдет! — с убеждением повторил Маслов, усмехаясь кротко и жалостно, как будто неудача могла оскорбить Чернецкого. — Есть у меня такое предчувствие. А впрочем...

— Гадать здесь нельзя, не поможет! — хмуро сказал Чернецкий. — Я вот верю в противное.

Вошел Шустер, толстый, рябой и безусый, похожий на актера человек. Сел, тяжело отдуваясь, погладил себя по колену и захрипел:

— Областника нет?

– Геника ждем с минуты на минуту! – сказал Чернецкий. – Что грустишь?

Шустер механически потрогал пальцами маленький, ярко-красный галстук и хрипнул, досадливо дергая шеей, втиснутой в узкий монополь:

– Дело дрянь.

Чернецкий вздрогнул и насторожился.

– Что «дрянь»? – спросил он быстро, пристально глядя на Шустера.

– Да... там... – Толстяк махнул рукой и поднял брови. – Выходит путаница с забастовкой... Уврие сами хотят... свой комитет и автономию...

– Скверно слышать такое, – сказал Чернецкий, – и как раз... Ну, что слышно все-таки?

– Ничего не слышно! – прохрипел Шустер. – Вчера фон-Бухель кутил в загородном саду. На эстраде пьянствовал с офицерами и женой.

– Кутил? – почему-то удивился Маслов, покусывая бороду.

Никто не ответил ему, и он снова впал в задумчивость. Чернецкий заходил по комнате, изредка останавливаясь у окна и круто поворачиваясь. Шустер вздохнул, насторожился, услышав быстрый скрип отворяемой двери, и сказал:

– Вот и Геник.

Геник вошел спокойными, отчетливыми шагами, как человек, вообще привыкший опаздывать и заставлять себя дожидаться. Одет он был слегка торжественно и даже как будто с ненужной излишней чопорностью в черный, щегольской костюм. Загорелое, невыразительное лицо Геника от яркой белизны воротничка, стянутого черным галстуком, сделалось задумчивее и строже. Впрочем, менялся он каждый день, и нельзя было определить, отчего это. Но почему-то всегда казалось, что сегодняшний Геник – только копия, и непохожая, с его наружности в прошлом.

Все оживились, как будто с приходом нового человека исчезла неопределенность и пришла ясная, полная уверенность в успехе дела, о котором говорилось до сих пор шепотом, с глазу на глаз, говорилось с огромным напряжением и подозрительной пытливостью ко всем, даже к себе.

Геник встал, неопределенно и замкнуто улыбаясь, но, когда сел, улыбка исчезла с его лица. Он вынул платок, без нужды высморкался и громко спросил:

– Хозяин, а чаю для благородного собрания дадите?

– Дам, – поспешно ответил Чернецкий, – но не лучше ли сперва, Геник, выяснить положение... т.е., чтобы вы нам рассказали, – как и что... а потом уже все мы занялись бы, так сказать, общими разговорами...

– Ну, все равно... Рассказ мой, хотя будет невелик... – Геник положил одну ногу на другую и закурил. – Вот что, товарищи: дело, что называется, – в шляпе...

124

Серые глаза Шустера мельком остановились на слегка вздрагивающих пальцах Геника, неуловимо прыгнули и перешли к сухим, полузакрытым губам, сдерживающим нервное, частое дыхание. Он взял его, полушутя, полусерьезно, за руку, зажмурился и сказал:

— Какие мы нервные, однако. Вроде салонной барышни. Что, Геник, конспирация – чугунная вещь, а? Как ты думаешь?

Шустер был со всеми на «ты», даже с женщинами. Геник неохотно рассмеялся и отнял руку.

— Ну, это потом... – сказал он и прибавил другим, тихим, слегка сдержанным голосом: – Так вот. Дело это представляется в таком виде...

Тишина сделалась полной и жадной. Казалось, что в трех головах сразу остановилась работа мысли и вспыхнуло напряженное нетерпение услышать слова, фразы и бешено поглотить эту новую, еще неизвестную пищу так же полно и ненасытно, как пересохшая июльская глина впитывает неожиданную влагу дождя.

Маслов закрыл глаза ладонью и застыл так, слушая. Геник продолжал:

— Мне понравилась эта девушка, Люба. Я нашел, что она человек, подходящий во всех отношениях.

Чернецкий удовлетворенно наклонил голову.

— Да! – вздохнул Геник, потирая лоб. – По крайней мере – я так думаю. Это – из потрясенных натур.

— Она верит! – убежденно сказал Чернецкий. – Когда я познакомился с ней, мы долго беседовали... Даже странно и неожиданно было – такая глубокая, мучительная жажда подвига, рыцарства... Но, впрочем, сейчас не в этом дело.

— Вот именно! – подтвердил Геник, рассматривая стену. – Глубокая и тихая натура. Из тех, что переживают в себе. В ней много, вообще, полезных качеств и...

— Пощади уши нашего терпения! – захрипел Шустер, беспокойно ворочаясь на стуле. – Ты расскажи нам, как вышло...

— Пусть уши твоего терпения подрастут немного! – сердито улыбаясь, перебил Геник. – Я не нуждаюсь в понуканиях.

Шустер вопросительно посмотрел на Маслова и неловко замолчал. Геник побарабанил пальцами по столу.

— Да, – сказал он, – так вот. Девица во всех отношениях подходящая. Во-первых, послушна, как монета...

Его пристальный взгляд обошел товарищей и вернулся в глубину орбит. Никто не пошевелился; напряженное молчание заражало Геника смутным, тяжелым беспокойством. Но, задерживая объяснение и от этого раздражаясь еще больше, он продолжал:

— Во-вторых – у нее есть конспиративный инстинкт, что тоже очень выгодно...

— Да, это хорошо, – сказал Маслов.

— В-третьих – девушка с характером...

Снова молчание. За окном выросли пьяные голоса и затихли, шатаясь в отдалении унылыми, скучными звуками.

— В-четвертых, — продолжал Геник, — она твердо и бесповоротно решила...

— Да? — спросил Чернецкий, и в голове его зазвучало радостное, нервное оживление. — Вы сумели на нее подействовать, быть может? Хотя нет, я ее достаточно знаю... А все-таки — решающий момент... это ведь... Многие отступали.

Геник внимательно выслушал его и, рассматривая кончики пальцев, сказал медленно, но ясно:

— Я разговорил ее.

Маслов опустил руку и недоумевающе смигнул. Шустер задержал дыхание и насторожился, думая, что ослышался. Но Чернецкий продолжал спокойно сидеть, и по лицу его было видно, что он еще далек от всякого понимания.

Геник молчал. Глаза его сощурились, а левая бровь медленно приподнялась и опустилась.

— Что вы сказали? Я вас не понял, — сдержанно заговорил Чернецкий. — От чего вы ее разговорили?

— Я отговорил ее от стрельбы в фон-Бухеля! — неохотно, с блуждающей улыбкой в углах рта, повторил Геник. — Я, надеюсь, достаточно понятно сказал это.

— Да что вы! — вскрикнул Чернецкий с тонким, растерянным смехом. — Проснитесь. Что вы сказали?

— Ну, Геник, ерундишь, брат! — захрипел Шустер, краснея и тяжело дыша.

— Какого черта, в самом деле!..

Все трое в упор, широко раскрытыми, готовыми улыбнуться шутке глазами смотрели на Геника, и вдруг маленькая, хмурая складка между его бровей дала понять всем, что это факт.

Сразу после тишины, нарушаемой только сдержанными, спокойными голосами, поднялся беспорядочный, крикливый и возбужденный шум. Маслов махал руками и пытался что-то сказать, но ему мешал Чернецкий, кричавший высоким, удивленным голосом:

— Дикая вещь!.. Вы в здравом рассудке или нет? Придти и говорить нам, да еще с каким-то издевательством?! Это... Кто вас просил за это браться, скажите на милость? Возмутительно! Что вы — диктатор?!

— Господи! Чернецкий! — вставил Маслов раздраженно зазвеневшим голосом, болезненно морщась от крика и общего возбуждения. — Да дайте же Генику... да Геник... Это что-нибудь не то, слушайте...

— Да послушайте вы меня! — Геник встал и сейчас же сел снова. — Слушайте, и во-первых, и во-вторых, и в-третьих, и в-четвертых — я Аверкиеву отговорил. Да. Я ее отговорил. Вот и все. Но что же из этого? А, впрочем, мне все равно... Это ясно. Если хотите сердиться, — пожалуйста...

— Да что ясно? — вскипел Чернецкий, волнуясь и дергаясь всем

126

телом. – Что вам все равно? Действительно! Но каким образом? Зачем?

– Постойте же! – отмахнулся рукой Маслов и встал. – Почему вы, Геник, взяли на себя труд за нас решить этот вопрос? И отговорили. Вот, объясните нам, пожалуйста, это... – добавил он глухим, настойчивым голосом.

Геник молчал, и казалось, что он колеблется – говорить или нет. Странное, беспорядочное молчание сделалось общим и напряженным, как будто каждый из трех в упор смотревших на Геника людей ждал только первого его слова, чтобы зашуметь, возразить и высказаться. Наружно Геник сохранил полное равнодушие и, подумав, холодно сказал:

– Я объясню. Я объясню... Конечно... Странно было бы, если бы я не объяснил...

Он курил, подбирая слова, и, наконец, с хорошо сделанной небрежностью начал:

– Эта маленькая...

Но сбился, внутренне покраснел и умолк. Потом вздохнул, подавил мгновенное, колючее ощущение неловкости, как если бы собирался раздеваться в присутствии малознакомых людей, и заговорил чужим, негромким и неуклюжим голосом.

И первые же его слова, первые же мысли, высказанные им, наполнили трех революционеров тем самым чувством неловкого, колючего недоумения, которое за минуту перед этим родилось и угасло в душе Геника. Впечатление это было родственно и близко ощущению человека, пришедшего гостем в хороший, фешенебельный дом и вдруг увидевшего среди других гостей и знакомых уличную проститутку, приглашенную к обеду, как равная к равным. То же смешливое, досадливое и бессильное сознание неуместности и ненужности, любопытства и подозрительности. Чем дальше говорил Геник, тем более росло недоумение и сарказм, глубоко запрятанный в сердцах маской застывшей, холодной и деланно-внимательной полуулыбки. Каждый из трех, слушая Геника, судорожно хватался за возражения и неясные, всполохнутые мысли, вспыхивающие в мозгу, бережно держался за них и с нетерпением, доходящим до зуда в теле, ожидал, когда кончит Геник, чтобы разом, рванувшись мыслью, затопить и обезоружить его новую, странную и неуместную логику. Маслов слушал и понимал Геника, – но не соглашался; Чернецкий понимал – но не верил; Шустер просто недоумевал, бессознательно хватаясь за отдельные слова и фразы, внутренно усмехаясь чему-то неясному и плоскому.

– ...Но ей восемнадцать лет... Я не знаю, как вы смотрите на это... но молодость... то есть, я хочу сказать, что она еще совсем не жила... Рассуждая хорошенько, жалко, потому что ведь совсем еще юный человек... Ну... и как-то неловко... Конечно, она сама просилась и все такое... Но я не согласен... Будь это человек постарше... взрослый, даже пожилой. Определенно-закостенелых убеждений... Человек, который жил и жизнь знает, – другое дело... Да будет его святая воля... А эти глаза, широко раскрытые на пороге жизни, – как убить их? Я ведь думал... Я долго и сильно думал... Я пришел к тому, что – грешно... Ей-богу. Ну хорошо, ее повесят, где же логика? Посадят другого фон-Бухеля, более осторожного человека... А ее уже не будет. Эта маленькая зеленая жизнь исчезнет, и никто не возвратит ее. Изобьют, изувечат, изломают душу, наполнят ужасом... А потом на эту детскую шею веревку и – фьють. А что, если в последнее мгновение она нас недобрым словом помянет?

Геник замолчал и поднял на товарищей блестящие, полузакрытые глаза. Он был взвинчен до последней степени, но сдерживался, стараясь говорить ровно и медленно. Оттого, что сказанное им скользило лишь на поверхности его собственного сознания, не вскрывая настоящей, яркой и резкой сущности передуманного, в груди Геника запылало глухое бешенство и хотелось сразу отбросить всякую осторожность, сказать все.

– Ну-ну!.. – Чернецкий широко развел руками и насмешливо улыбнулся. – Ну, батенька, – завинтили!.. Фу, черт, даже и не сообразишь всего, как следует... Да вы кто такой? Позвольте узнать, кто вы такой, в самом деле? Ведь я, – он повысил голос, – ведь я думал, представьте, что вы партийный человек, революционер!.. Но тогда нам не о чем разговаривать! Да, наконец, не в этом дело, черт возьми! Зачем вы сами, зачем вы выскочили с вашим посредничеством? Кто вас просил, а? Вас совесть замучила, – так предоставьте другим делать свое дело. Соломон Премудрый!.. А вы идите себе с богом в монахи, что ли... или в толстовскую общину... да!..

– Вы сдерживайтесь, Чернецкий... – сказал Маслов. – Геник, ваши взгляды

– это ваше личное дело и нас не касается. Но почему все это сделано под сурдинку? Почему это тайно, не по-товарищески, с какой-то заранее обдуманной задней мыслью?

Геник упорно молчал, постукивая ногой. Все равно, если и объяснить, ничего не будет, кроме нового взрыва неудовольствия. Шустер задумчиво улыбался и тер колено рукой, исподлобья посматривая на Геника. Чернецкий подождал немного, но, видя, что Маслов молчит, заговорил снова, резко и быстро:

– Вы думаете, что раз вы представитель областного комитета, так вам все позволено? Нет! А по существу... смешно даже!.. Мы в осаде, мы на позиции, мы вечно должны бороться с опасностью для жизни за наше собственное существование... За то, чтобы напечатать и распространить какую-нибудь бумажку... Вы знаете, что сказал вчера фон-Бухель? Нет? А он сказал вот что: что он нас задушит, как мышей, сгноит, голодом уморит в тюрьме! Что же, ждать? А эти корреспонденции из деревень – ведь их без ужаса, без слез читать нельзя! Боже мой! Все было начеку, были люди... Вы говорите, что ее могут повесить... Да это естественный конец каждого из нас! То, что вы здесь наговорили, – прямое оскорбление для всех погибших, оскорбление их памяти и энтузиазма... Всех этих тысяч молодых людей, умиравших с честью! А то – скажите пожалуйста!..

Чернецкий воодушевился и теперь, стоя во весь рост, гибкий и красивый, как молодое дерево, трепетал от сдержанного напряжения и бессильной, удивительной злости. Он был душою, инициатором этого маленького, провинциального заговора и говорил сейчас первое, что приходило на язык, чтобы только дать выход неожиданно загоревшемуся волнению.

Геник слушал, невинно улыбаясь. Чернецкий может говорить, что ему угодно. Нет, в самом деле! Недоставало еще, чтобы грудные младенцы ходили начиненные динамитом. Геник откинулся на спинку стула, стиснул зубы и решительно усмехнулся.

– Я слушаю, Чернецкий, – холодно сказал он. – Или вы кончили?

– Да, я кончил! – отрезал юноша. – А вот вы, очевидно, продолжать еще будете?

– Нет, я продолжать не буду, – спокойно возразил Геник, пропуская иронию товарища мимо ушей. – Я буду молчать. А потом... может быть, скажу... когда-нибудь...

– Жаль! – захрипел Шустер, вдруг краснея и грузно ворочаясь. – А нам интересно бы сейчас послушать тебя!

– Маслов! – удивленно и как-то обиженно воскликнул Чернецкий. – Вы что же? Что же вы молчите?

– Да что ж сказать? – болезненно усмехнулся Маслов. – Теоретически – наш товарищ Геник, конечно... прав. А практически – нет. Жизнь-то ведь, господа, – жестокая, немилостивая штука... Как ты ни вертись, а она все вопросы ставит ребром... Жалко; это верно, что жалко... Но почему же тогда каждого человека не жалко? Играя на жалости, мы можем зайти очень далеко... И крестьян жалко, и рабочих жалко, и невинно пострадавших тоже жалко... Почему же такое предпочтение? Потому, что это женщина? Геник, скажите откровенно, – если бы эта девушка была вам не симпатична, вы тоже так поступили бы?

Шустер неловко усмехнулся и сейчас же глаза его приняли делано серьезное выражение. Чернецкий взглянул на Геника, но тот равнодушно сидел, сохраняя каменную, безразличную неподвижность лица и тела. Маслов продолжал:

– На молодости-то ведь и зиждется все. Именно молодые-то порывы тем и хороши, что они безумны... Геник нелогичен. Ни для кого не секрет, что наше участие в движении ведет ко многим разорениям, застоям в промышленности, к голоданию и обнищанию целых семейств... Отчего же здесь нет у нас жалости? Да потому, что это печальная необходимость... И как ни грустно, – приходится сказать, что одной необходимостью больше, одной меньше – все равно...

Маслов разгорячился, и его истомленное, бледное лицо покрылось беглым, лихорадочным румянцем, а глаза, пока он говорил, смотрели попеременно на всех присутствующих, как бы приглашая их кивком головы выразить свое сочувствие.

– А играя на необходимости, – возразил Геник, – мы можем зайти еще дальше. Там, где для вас «все равно», – должна прекратиться молодая, хорошая и светлая жизнь... Одно дело, когда результаты необходимых действий находятся где-то там... в тумане. И другое – когда сам присутствуешь при этом.

Тоска давила его. Он неожиданно шумно встал, надел шляпу и направился к выходу. Три пары глаз холодно и с недоумением следили за его движениями. Шустер сказал:

– Геник, ну это же непорядочно, наконец, – уйти, ничего не объяснив... Расскажи хоть, что она говорила, – Геник!..

Геник остановился, открыл рот, собираясь что-то сказать, но раздумал, толкнул дверь ногой и вышел.

Наступило длинное, гнетущее молчание, и казалось, что на лица, движения и предметы опустилась невидимая, вязкая паутина. В хорошо налаженную машину, в сцепления ее колес, зубцов и ремней попало постороннее тело, и механизм, пущенный в ход, остановился. Так чувствовалось всеми, сидевшими в этой комнате.

Первый нарушил молчание Чернецкий. То, что сказал он, было как будто и ненужно, и слишком поспешно, но раздраженная мысль подозрительно и упорно хваталась за все, что могло бы объяснить происшедшее не в пользу Геника. Чернецкий сказал:

– Дело это... сомнительное...

Удивления не последовало. Слишком каждый привык быть настороже и определять значение факта по тому, ясны его источники или нет. Но в данном случае думать так было неприятно. Маслов пожал плечами и заговорил, отвечая скорее на свои собственные мысли, чем на слова Чернецкого:

– Выходит, что я еще совсем не знаю людей... А ведь он три недели здесь и все время в работе. Кажется, уж можно было определить степень его уравновешенности. Одно из двух: или крайняя впечатлительность, или... полное внутреннее неряшество... какой-то вызов... Зачем? Тяжело все это...

– Что ж кукситься? – захрипел Шустер. – Нужно сходить к Любе Аверкиевой и попросить ее сюда. Мы по крайней мере узнаем суть дела. А?

– Да! – сказал Чернецкий, бросаясь к вешалке. – Вы подождите... Я скоро...

Он ушел и пришел назад через полчаса, расстроенный и усталый. Люба уехала сегодня, не объяснив, куда и зачем, на десятичасовом поезде.

III

Шустер открыл дверь и удивился: в комнате было темно. Едва уловимые контуры обстановки выступали неровными, черными

130

углами, а в глубине, против двери, синели квадраты оконных стекол, слабо озаренные огнем уличного фонаря.

Он постоял некоторое время, держась за ручку отворенной двери, шагнул вперед и, предварительно крякнув, спросил хриплым, неуверенным голосом:

– Геник здесь?

Мгновение тишины, и затем резко и коротко скрипнула невидимая кровать. Шустер насторожился, подвигаясь ближе. Кровать заскрипела еще громче, и на еле заметном пятне подушки приподнялась темная человеческая фигура.

– Геник, ты? – повторил Шустер, подходя на цыпочках с расставленными руками, чтобы не задеть стул. – Темно у тебя...

– Ты зачем пришел? – раздался вдруг холодный грудной голос, и вошедший вздрогнул. – Что тебе надо?

Шустер опешил: такого приема он не ожидал. Подавив мгновенное неудовольствие, он сделал в темноте обиженное лицо и сказал:

– Если так, то я, конечно... уйду... Ты, конечно, вправе... но...

– Не болтай глупостей! – резко оборвал Геник, ворочаясь на кровати. – Говори толком: что?

– Как – «что»? – сказал Шустер, помолчав. – Я пришел к тебе от всех... Будет сердиться, Геник... Мы же товарищи и... и... Вообще...

– Ступай! – зевнул Геник, скрипя кроватью. – Ступай.

– Да погоди же ты, чудак. Ведь... Это оскорбительно.

Он замолчал, совершенно сбитый с толку. Геник тоже молчал, и тишина таилась только вокруг напряженного молчания двух людей. Шустер ободрился немного и продолжал:

– Ведь нельзя так, совершенно... без объяснения...

– Ты, я вижу, не хочешь уйти... – медленно, как бы обдумывая что-то, сказал Геник. – Значит, придется уйти мне.

– Геник, ради бога! – взволновался Шустер. – Ты пойми... Ну что же тут такого... Ну, произошло недоразумение... конечно, мы отчасти... то есть... но ведь и ты сам горячо принимаешь к сердцу... все это... эту историю... Конечно, мы были все немного увлечены и...

– Врешь! – жестоко возразил Геник. – Ты, толстый Шустер, врешь. Вы не упустили случая сделать мне неприятность, потому что я пошел против вас всех. Только это мелочно, Шустер, мелочно и некрасиво.

Шустер внутренно съежился, но все же пробормотал:

– Ну, слушай, это простая случайность, что...

– Извини, пожалуйста! – рассердился Геник. – Письмо было адресовано именно мне и никому другому. Чернецкий – грамотный человек. Он не имел права читать его сам и показывать всем другим. Это не случайность, а нахальство.

– Я не знаю, видишь ли... – откашлялся Шустер. – Как сказать? Конечно, неосторожно... но... тебя не было и... мы не могли... то есть он, вероятно, подумал, что что-нибудь экстренное... да. И не нужно долго сердиться за это, Геник. Мало ли чего бывает, ведь...

– Не вертись! – злобно отрезал Геник. – «Мы, вы, я, он» – как это на тебя похоже. Каковы бы ни были личные отношения между нами,

– читать чужие письма все же недопустимо. Хотя бы вы, черт вас подери, потрудились заклеить его! Или вложить в новый конверт. А теперь я это не могу рассматривать иначе, как вызов мне, да! И после этого они еще посылают тебя, дипломата с медвежьими ухватками! Даже смешно.

– Да ну же, – простонал Шустер, – плюнь ты на Чернецкого. Он знаешь... того... человек самолюбивый... План этот весь принадлежал ему... Конечно, – заторопился Шустер, услыхав новый, чрезвычайно громкий скрип кровати, – он легкомысленно... это верно... но... так, все-таки... это было непонятно... отъезд Любы... твое молчание... что он... так сказать... в порыве раздражения... гм...

– Так что же, – иронически спросил Геник, – ты извиняешься, что ли, предо мной? И что вам вообще от меня угодно?

– Мы все, – важно сказал Шустер, – желаем сохранить товарищеские отношения... Вопрос этот с твоей стороны странный... Я пришел, Геник, позвать тебя к... туда, где сейчас все... нужно же, наконец, выяснить и прекратить это... положение... Мы ведь не обыватели, которые... Иди, Геник! Право! Я уверен, что все уладится...

Геник поднялся с кровати и зашагал по комнате. Темная фигура его мелькала, как ночная птица, бесшумно и легко мимо Шустера, стоявшего у стены с тупым недовольством в душе. Он усиленно напрягал зрение, но лица Геника не было видно, и Шустеру уже показалось, что раздражение товарища улеглось, как вдруг тот остановился против него и, наклонившись так близко к лицу гостя, что было слышно возбужденное, усиленное дыхание двух людей, сказал тихим, сдавленным голосом:

– Одно письмо я простил бы. Но я, Шустер, видел вчера твой красный галстук на соборной площади, когда ты шел за мной от рынка до завода.

Шустер вздрогнул и насильно засмеялся. Потом в замешательстве сунул руку в карман, снова вытащил ее и погладил волосы. Но тут же сообразил, что в комнате темно и что Геник не мог заметить внезапной краски, залившей шею и уши. Пожав плечами, он спрятал руки за спину и сказал:

– Я, право, перестаю тебя понимать... Кто шел за тобой? Я? Что за чепуха? Да и зачем, куда? Ты бредишь, что ли?

– Шустер... – протянул Геник, качая головой. – С твоей фигурой и опытностью в деле шпионажа лучше бы не браться за такие дела. Эх ты, тюлень!

– Ну, ей-богу же! – возмутился Шустер, оправляясь от смущения. – Это черт знает что ты говоришь. Это свинство, наконец!

– Ступай вон! – вспыхнул Геник, и в голосе его дрогнула новая, резкая струна. – Пошел отсюда!

– Я! – растерялся Шустер, отступая назад. – Что ты?

– Убирайся к черту, я тебе говорю! – закричал Геник. – Прочь!

– Геник...

– Вон!

– Но ты... послушай же, черт... Я...

— Если ты не уйдешь сию же минуту, я тебя вытолкаю! — дрожа от напряженного, тоскливого бешенства, заговорил Геник. — Мы с тобой объяснились достаточно, нам больше нечего говорить. Пошел!

— Да я же...

— Слушай! — вздохнул Геник, чувствуя, что теряет над собой всякую власть. — Если ты сию же минуту не уйдешь, я всажу тебе в брюхо вот все эти шесть пуль.

Он вытащил из кармана револьвер и навел холодное, темное дуло прямо в грудь Шустера. Курок торопливо, звонко щелкнул и замер. Жаркий туман стыда, испуга и озлобления хлынул в голову Шустера, и через две-три секунды острого, тяжелодышащего молчания, он сказал, чуть не плача:

— Хорошо, товарищ... хорошо... Я...

— Раз! — сказал Геник, нажимая собачку.

— Ну... — Шустер отворил дверь и снова повторил, растерянно улыбаясь: — Ну... я...

— Два!..

Темная фигура бросилась в сторону, и через мгновение торопливый стук шагов затих в глубине коридора. Геник слышал, как резко и быстро хлопнула, завизжав, выходная дверь. Он вздохнул, вздрагивая, как от озноба, сунул револьвер под подушку, подошел к столу, зажег свечку и сел на стул.

Дрожащие, зыбкие тени бросились прочь от вспыхнувшего огня и притаились в углах, неслышно двигаясь под стульями и кроватью, как мыши. Желтый, неровный свет падал на опущенную голову Геника и руки, вытянутые на столе. Так сидел он долго, попеременно улыбаясь и хмурясь быстрым, назойливым мыслям, бегущим монотонно и ровно, как шум поезда.

Окно, чернея, глядело на Геника темной пустотой ночной улицы. Неопределенные шорохи, крадущиеся шаги ползли в тишине, мешаясь с отдаленным глухим стуком колес и звуками мгновенного разговора, вспыхивающими и угасающими во тьме, как спичка, задутая ветром. Геник отодвинул стул, открыл ящик стола и, пошарив среди бумаг, вытащил небольшой узкий конверт. На нем стояло название города, улицы, дома и надпись: — «Ю.Г.Чернецкому, для Геника». «Для Геника» было подчеркнуто два раза и самые буквы этих слов выведены особенно старательно.

Вытащив письмо, Геник развернул его и в третий раз, самодовольно улыбаясь, прочел торопливые, женские строки.

Люба писала:

«Дорогой товарищ Геник. Не знаю вашего адреса и пишу на Чернецкого. Скажите, пожалуйста, зачем я сюда приехала? М.И. ничего не знает и очень удивлена, но говорит, что если вы меня послали, то значит так надо. Объясните, пожалуйста, — что мне делать дальше? Люба А.»

Даже подпись поставлена. Неужели он ошибся относительно ее конспиративности? Впрочем, теперь все равно, и это наивное письмо будет только лишним воспоминанием. Делать ей там, разумеется, совершенно нечего, поэтому пусть едет обратно. Он ей ответит и пошлет денег на обратный проезд.

Неровные, размашистые буквы так живо напоминают руку, писавшую их. Маленькая, гибкая рука, скромно запрятанная до кисти в длинный рукав шерстяного коричневого платья.

Дальше – узкие детские плечи, тонкая шея, коса, упавшая на грудь, и молодая, горячая голова с ясным, пристальным взглядом. Брови сдвинуты досадливо и тревожно. Она пишет ему это письмо. Сидела она, кажется, вот на этом стуле. Даже теперь, как будто, в воздухе блестит улыбка, полная затаенного трепета молодости.

Геник напряженно думал, стараясь уловить что-то сложное, но бесспорное, мелькавшее вокруг образа этой девушки, как неуловимые тени листвы, и вдруг прямая, стройная мысль обожгла его мозг, расцветилась, вспыхнула и выпукло, простыми, отчетливыми словами проникла в сознание. Геник беспокойно заерзал на стуле, улыбаясь тому, что стало таким значительным и ясным. Сидеть теперь здесь, одному, было нельзя. Шустера жаль, лучше бы потолковать с ним. Хотя, что ни говори, его следовало проучить, человек он дельный, но глупый. А теперь Геник пойдет к ним, скажет самое настоящее и объяснит все: это необходимо.

Одно мгновение ложный стыд шевельнулся в нем. Явилось опасение, что не поверят его искренности, но, утвердившись на той мысли, что надо же это все когда-нибудь кончить, смягчить отношения и ехать работать в другой город, – Геник встал, оделся, погасил свечку и, сунув револьвер в карман пальто, вышел на улицу.

IV

Теплая, весенняя ночь окутывала город душным, пыльным сумраком. За рекой небо еще трепетало и вспыхивало последним румянцем, но выше зажглись звезды, сияя над черными грудами крыш и в просветах темных деревьев, как маленькие небесные светляки. Из окон выбегал широкий желтый свет, местами озаряя тротуары и деревянные, покосившиеся тумбы. Пыль немощеных улиц, поднятая за день, еще не улеглась и невидимо насыщала воздух, густая и душная. За темными, покосившимися заборами, как живые, склонялись деревья, одетые сумраком, шумели и думали.

Геник шел спокойно, не торопясь, обдумывая возможные результаты предстоящего объяснения. От недавнего столкновения с Шустером и жаркой истомы ночи кровь разволновалась, тело требовало усиленного движения, но Геник намеренно сдерживал шаги, не желая еще более возбуждать себя быстрой ходьбой. За ним прислали Шустера, уж, конечно, не для одного примирения. Очевидно, там ожидают его объяснений по поводу письма и отъезда Любы. Если будут приставать к нему с вопросами относительно мотивов, – то он, конечно, скажет им все, хотя бы это повело к форменному разрыву. Лучше об этом сейчас даже не думать. Ход разговоров покажет сам, где и когда можно будет сказать то, что уже сложилось и окрепло в его душе готовым убеждением.

Он вспомнил красный галстук Шустера, нахмурился и свистнул, а пройдя несколько шагов, обернулся, не переставая подвигаться вперед. Та часть улицы, которую мог охватить глаз, скованный темнотой, была совершенно пуста. Но, несмотря на отсутствие прохожих, тишины не было. Неясные, темные звуки роились, замирали и гасли вокруг, и казалось, что сам уснувший воздух в бреду родит их, грезя эхом и напряженностью дневной суеты.

Геник перешел огромную пустую площадь, в конце которой, на фоне сумеречного неба, рисовались черные колокольни собора, свернул влево и углубился в один из кривых базарных переулков, вымазанный лужами и разным рыночным сором. Днем здесь стоял несмолкаемый шум, звонко кричали бабы, торговки овощами и яйцами; шныряли кухарки и повара, жулики в калошах на босую ногу, торговцы в синих картузах и поддевках; пестрели огромные, пахнущие сырьем, кучи репы, моркови, капусты. Теперь было тихо, темно; навесы лабазов, подобно огромным, продырявленным зонтикам, закрывали переулок, а запертые полупудовыми замками лари, темнея неправильными рядами, казались ненужными, большими ящиками, неизвестно почему окованными ржавым железом.

С угла, навстречу Генику, поднялся задремавший сторож и быстро застучал колотушкой, выбивая скудную, монотонную дробь. Геник прошел мимо него; колотушка трещала еще некоторое время, потом стукнула один раз особенно громким, упрямым звуком и умерла.

Кажется, в переулке раздавалось эхо, потому что шаги Геника стучали по дереву узких дрянных досок тротуара двойным, разбросанным шумом. Он остановился, не решаясь оглянуться, но эхо раздалось еще три раза и стихло. Сердце у Геника забилось усиленным темпом, и он, не двигаясь вперед, стал топтаться на месте, покачиваясь и размахивая руками, как быстро идущий человек.

Эхо приблизилось, замедлилось, как будто в нерешительности, и сгибло в темноте переулка. Геник повернулся и быстро, бегом, бросился назад. Кто-то побежал перед ним изо всех сил, метнулся в сторону, присел за ларь, выскочил снова, но Геник уже держал его за ворот пальто, смеясь от бешенства и удивления.

– Пусти!.. – крикнул Шустер, задыхаясь от беготни и тяжелого, злого стыда. – Пусти... ну!

Он сильно барахтался, стараясь вырваться, но Геник коротким усилием повалил его на землю и сел, крепко держа руки противника. Шляпа Шустера откатилась в сторону, и оторопелые, налившиеся кровью глаза упирались в лицо Геника.

– Так! – гневно сказал Геник. – Так вот как, Шустер!.. Ну, хорошо. Я шел сейчас к Чернецкому, и ты напрасно трудился. Впрочем, не советую приходить туда... Может быть, ты мне объяснишь что-нибудь?

— Нечего объяснять... — сказал Шустер хриплым, дрожащим голосом. — Сам ты виноват...

Геник встал, поставил товарища на ноги и, размахнувшись, ударил его в плечо. Шустер охнул и отлетел в сторону, еле удержав равновесие.

— Вот так! — сказал, смеясь, Геник, хотя к горлу его подкатился тяжелый, нервный комок обиды и отвращения. — Теперь мы квиты. Прощай.

Он повернулся и, прежде чем Шустер оправился, пошел прочь ровными, быстрыми шагами. А вдогонку ему летела громкая, беспокойная дробь колотушки ночного сторожа.

V

— Вот и вы! — сказал Чернецкий вежливо-ироническим тоном, бегая глазами по комнате. — Садитесь, пожалуйста.

Геник вошел, не снимая шляпы, быстро осмотрел комнату, не поклонившись Маслову, сидевшему в тени лампы, и подошел к Чернецкому. Тот поднял глаза и встретился с бледным, осунувшимся лицом.

— Ну, что же? — устало спросил Геник. — Вам угодно было меня видеть?

— Да, — сказал Маслов, предупреждая ответ Чернецкого. — Знаете, это тяжело, наконец... Мне хочется лично, например, поговорить с вами... прямо и откровенно. Садитесь, товарищ, — мягко добавил он, видя, что Геник стоит. — Садитесь и снимите вашу шляпу.

— Дело не в шляпе! — вспыхнул Геник. — Я не устал и шляпы снимать не буду.

Чернецкий криво усмехнулся, шагая из угла в угол. Лицо Маслова стало неловким и напряженным. Он покраснел, сделал над собою усилие и заговорил, не повышая голоса:

— Вы хотите ссориться, Геник, но предупреждаю, что со мной это немыслимо. Отчего вы такой? Мы работали вместе, дружно, целых три недели прошло уже, как вы приехали... На юге встречались с вами, я помню... Да... А теперь что же? Какая-то тяжелая туча спустилась над всеми... дело запущено, потеряны многие связи... Нас ведь очень мало, и если так пойдет вперед, можно с уверенностью сказать, что мы недолго протянем.

— Маслов, — сказал Геник и мгновенно побледнел, — может быть, Шустер хочет со мной ссориться?

— То есть? — отозвался Чернецкий, и красивое лицо его насторожилось. — Почему?

— Видите ли, — внутренно смеясь, объяснил Геник, — не далее как час тому назад я поколотил его в одном из рыночных переулков. Он был очень неосторожен, но все-таки убедился, что я в охранном отделении не служу.

– Что-то не понимаю вас... – жалко улыбаясь, сказал Маслов и вдруг тяжело задышал. – Вы и Шустер подрались, что ли?

Чернецкий подошел к окну, растворил его и стал глядеть вниз на улицу. Геник не выдержал. Звонкий туман хлынул в его голову, и через мгновенье, ударив кулаком по столу, он закричал, вздрагивая от бешенства:

– Еще недостает, чтобы вы мне лгали в глаза!.. Он шпионил за мной, говорю я вам! Чьи это шутки, а?..

– Ну знаете, Геник, – овладев собой, сказал Маслов ненатурально-возмущенным голосом, – я на такие вещи отказываюсь отвечать... И говорить их оскорбительно, прежде всего для вас самих...

– Да, – с холодным упрямством подхватил Чернецкий, – вы начинаете болтать глупости!..

– Хорошо! – сказал, помолчав, Геник, стараясь удержать расходившееся волнение. – Я молчу об этом. Доказать это трудно, и вы можете с ясными глазами отпираться сколько вам угодно... Все-таки шел я сюда, к вам... не с враждой... А после того, как поймал Шустера... Кстати, он побоится придти при мне, будьте спокойны...

Все молчали, и молчание это было тягостнее самых оскорбительных и злых слов. Улица заинтересовала Чернецкого; он пристальнее, чем когда-либо, смотрел в нее. Маслов напряженно теребил бороду, и его серьезные, черные глаза ушли внутрь, а тонкие губы беззвучно шевелились под жидкими усами.

– Кто читал письмо? – спросил Геник.

– Я... – сказал Чернецкий развязно, но не отрываясь от окна. – Видите ли, это все-таки случайно вышло... Письмо было адресовано ко мне и... могло быть деловым... наконец, – какие секреты могут быть между нами... Относительно же вас, после того разговора... Я не знал даже, придете ли вы еще хоть раз. Поэтому я, после долгого колебания... решил его вскрыть... тем более, что оно могло быть очень нужным... спешным...

– Нет, это великолепно! – расхохотался Геник. – Ну, ну, – что же дальше?

Чернецкий пожал плечами, отошел от окна и, нахмурившись, сел. Как и все люди, он считал себя правым, а Геника нет, и смех товарища оскорбил его. Готовилось разразиться новое, ненужное и больное молчание, как вдруг Маслов спросил:

– Ну, хорошо!.. Там, как бы ни было прочитано, – оно прочитано. А теперь, по существу этого письма, – вы могли бы нам объяснить что-нибудь или нет?

Вопрос этот, поставленный ребром, снова зажег в Генике улегшееся было раздражение и наполнил его тоскливым острым желанием сразу высказать все и уйти.

– Да, – с расстановкой заговорил он, рассматривая потолок, – я могу объяснить вам... Раньше я, признаться, не хотел этого, но теперь, когда вы прочли и все-таки не понимаете, я из чувства человеколюбия должен прийти к вам на помощь...

– Очень польщены! – язвительно бросил Чернецкий, шумно вытягивая ноги.

– С благодарностью выслушаем.

– Не знаю, – медленно продолжал Геник, и тонкие складки легли между его бровей, – не знаю, будете ли вы польщены и благодарны потом... но факт тот, что я на этот раз договорю до конца... Да и пора, не так ли?

– Именно! – сказал Чернецкий, грызя ногти. – Давно пора.

– Люба уехала отсюда потому, – с наслаждением продолжал Геник, – что я заставил ее уехать... Иначе она сделала бы то, от чего я ее удержал... правда, обманом удержал, против ее желания... Но вы ведь не замедлили бы исправить мою ошибку? Вот. А поступил я так потому, что человек, бросающий себя под ноги смерти ради фон-Бухеля, не имеет настоящего представления о... жизни. И нужно этому помешать... Теперь, когда этот самый фон уехал из нашего города, разумеется, ничто не препятствует ей вернуться обратно...

Геник умолк и вытер вспотевший лоб. Да, вот сидят они все трое так же, как сиживали раньше, чеканя различные мелочи партийной работы, но отчужденность вошла теперь в глаза всех и светится там холодным, стальным блеском. Эти двое и он – враги.

– Здорово! – воскликнул Чернецкий, нервно потирая руки. – Однако вы, господин, не стесняетесь! Да-да! Герой, вызволяющий невинную жертву из рук злодеев!.. Прямо хоть мелодраму пиши, ха-ха!.. Стыдно вам, Геник! Какой же вы человек борьбы, вы – жалкая, слезливо сентиментальная душа?! Есть бог мести, Геник, – великий, страшный бог, и все мы служим ему!.. Но почему вы нам раньше не сказали того, что сделали? Ваших взглядов не развили почему? Или боялись, что слабы они окажутся?

– Ваша наивность равняется вашему росту, – усмехнулся Геник. – Оттого не сказал, что с первого слова об этом очутился бы в стороне...

– Бессовестный вы человек! – перебил Чернецкий. – Вы...

– Я не кончил еще! – в свою очередь, повышая голос, перебил Геник. – Теперь мне все равно, что вы думаете... Я только спрошу: отчего из вас никто не вызвался на это, так нужное в ваших глазах дело? А? Мы жили, люди мы взрослые, определенных убеждений... Почему свою жизнь вы цените дороже, чем чужую?

Геник встал. Последние слова, сказанные им, довели общее возбуждение до последней степени. Маслов порывисто дышал, судорожно опершись руками о стол, и, когда. Геник умолк, заторопился громким, страстным шепотом, вздрагивая всем своим тщедушным больным телом:

– Это уже... это уже... Это обвинение... какое право... вы... Оскорбляете нас... хорошо. Но я не говорю с вами больше... я не скажу... только... одно... вы и сами знаете это: каждый делает то, что может...

– О, – холодно сказал Геник, – вы могли и не трудиться говорить это. Все эти соображения о разделении труда в партии я знаю... но все-таки мы – мужчины, а она – женщина и... моложе нас... Поэтому я еще раз спрошу: Чернецкий, – не желаете ли умереть благородной смертью? Маслов не умеет стрелять, он слаб... А вы? Отчего бы не попробовать? Это лучше, чем отряжать шпионов за мной.

– Позер! – крикнул Чернецкий, шагнув к Генику.

Слово это вылетело из его горла гулкое и звонкое, как упавшая пустая бочка. Геник пристально посмотрел на юношу и обидно расхохотался, жалея уже о том, что пришел сюда. Кроме дальнейшей брани и шума, ничего не получится. Нужно уйти.

Чернецкий сразу остыл и с тупым удивлением смотрел на Геника. Оттого, что презрительное оскорбление повисло бессильно в воздухе, вдруг всем стало противно и скучно смотреть друг на друга. Геник встал, подошел к двери, но, подумав, остановился и сдержанно заговорил, обращаясь к Маслову:

– Я ухожу... а хотел бы все-таки, чтобы вы, вы именно, поняли меня... Есть люди, смерть которых не проходит бесследно... Пока они живут – их не замечаешь... как воздух, которым мы дышим... Эти маленькие, солнечные жизни похожи на цветы, что растут при дороге... Они такие милые, что даже глядеть на них приятно... Все, что есть у нас лучшего и хорошего, поддерживается благодаря им, когда душа наша, Маслов, усталая и ожесточенная сутолокой и грязью борьбы, отдыхает на них, освежается и крепнет... Я говорю о молодых существах, чистых и трепетных, как весенние листья... Чем стала бы жизнь без них? Пока они среди нас – нужно дорожить этим... Помните Пеньковского Илошу, Нину, с которыми мы познакомились на лимане? Вот тоже Люба. Они нужны, бесконечно нужны, как нужна и дорога всякая поэзия, всякое тепло... И не в этом ли главное молодости? Так нужно беречь их, говорю я... Пусть молодость, сверкающая вокруг, певучая, ясная молодость помогает нам идти до тех пор, пока лицо не покроют морщины и тоскливый холод усталости не затянет сердца тоненькой, всего только очень тоненькой корочкой льда... Вот тогда... кто мешает умереть... если хочется?

Двое людей, слушавших Геника, смотрели в сторону, и странные, блуждающие улыбки сквозили на их лицах. Когда же Маслов поднял глаза, желая что-то сказать, Геника в комнате уже не было.

Снизу, по лестнице, поднималась девушка и, увидя Геника, радостно остановилась. Теперь-то, наконец, ей объяснят все.

– Я приехала... – сказала она. – Здравствуйте! Как я рада, ужасно рада, право!

Геник вздрогнул и слегка растерялся. Потом поздоровался и молча посмотрел в спокойные, ясные, ничего не знающие глаза. Но говорить было нечего, и он сказал только:

– А, вот как!.. Приехали, значит?

– Да.

Люба молча, вопросительно вздохнула, волнуясь и не зная, что делать. Наконец вопрос, вертевшийся все время на ее языке, сорвался с губ, нерешительный и тоскливый:

– Почему это так... вышло? Скажите мне... Я думала... и ничего не могла... Почему это так?

– Ей-богу, – пробормотал Геник, чувствуя, как странный, мучительно-жгучий, но чистый стыд заливает краской его щеки. – Это... вы к Чернецкому... Он все... он расскажет... я, видите, тороплюсь и...

– А вы... разве не могли бы? – сконфузилась девушка. – Я думала...

Она умолкла, и Геник окончательно растерялся, не зная, что сказать. Не может же он говорить то, что сказано там, наверху.

– Я тороплюсь... – вымолвил наконец он. – Вы простите меня – вот все, что я могу вам сказать. Прощайте...

Люба молчала. Мучительные слезы непонимания и тревоги блеснули в ее глазах.

– Простите, – повторил Геник, спускаясь вниз.

Он торопился уйти. Люба постояла еще немного, печально смотря на быстро удаляющуюся фигуру и, вздохнув, пошла выше.

VI

Геник пересек улицу, обернулся на освещенное окно конспиративной квартиры, остановился и с глухим нетерпением стал рассматривать подвижные тени людей, скользившие за стеклом. Кто-то ходил по комнате, потому что большой, заслоняющий все окно силуэт регулярно придвигался к раме, поворачивался и снова пропадал в глубине. – «Чернецкий! – подумал Геник. – Ходит и слушает... но кого? – Самая легкая тень тронула часть стекла, и Геник, сквозь мутно-желтый свет, различил женщину. – Ну, этой плохо! – вслух сказал он. – Ей-богу, они снова уговорят ее». – Тень отодвинулась, пропала, и вдруг показалось Генику, что всякая связь между ним и теми людьми исчезла.

Это было минутное настроение, но в нем, как и в каждом движении души человека, скрывалась несознанная боль одиночества. Ночь, тишина и грусть замедляли шаги Геника. Он шел по траве, сбоку от тротуара, опустив голову, шаркая ногами в бурьяне, и мысленно представлял себе, что произойдет завтра. Комбинируя и усложняя факты, он тщательно проверял их, вспоминал сегодняшний разговор и снова приходил к выводу, что все случится именно так, как не хотел он.

Решение уже набегало, подсказанное тоскливой яростью неосуществленной правды, но тайный инстинкт жизни отвлекал мысль, заставляя прислушиваться к сонной тишине города. Над крышами шумели деревья; их волнообразный, тоскливый шум звучал хором безжизненных голосов, песней оцепенения. Геник подошел к перекрестку. На досках тротуара, обнажая засохшую грязь, желтел свет уличного фонаря. Мальчишески улыбаясь, Геник вытащил из жилетного кармана монету и бросил ее вверх, стараясь попасть на доску. Медный кружок, тяжело вертясь, брякнулся, перевернулся и лег.

Мучительное желание подразнить себя удержало Геника. Он не нагибался, стоял прямо и тупо смотрел вниз, где лежала, обернувшись или орлом, или решкой, трехкопеечная монета. – «Решка!» – уверенно сказал Геник, крепко, до боли прикусил губу и вдруг, быстро нагнувшись, поднял медяк. Выпал орел.

Прошла минута, другая, но революционер все еще стоял, поглощенный натиском мыслей. Надо было идти домой, обдумать и сообразить дальнейшее. – «Все будут поражены! – сказал Геник. – Честное слово, они объяснят это моим упрямством. А что, если бы выпала решка?»

Он сунул руку в карман, ощутив странное удовлетворение, когда сталь револьвера коснулась вздрагивающей ладони, и подумал, что, в случае «решки», оставалось бы только перевернуть монету орлом вверх.

Он широко размахнулся, решительно стиснул зубы и бросил монету в спокойную темноту ночи.

Тихие будни

I

Евгения Алексеевна Мазалевская приехала на лето в деревню к родственникам. Это были ее дядя и тетка по мужу, жена его. Мать девушки умерла, когда дочери минуло шесть лет, отец же, директор гимназии, жил в Петербурге, один. Он был человек желчный и жестокий, нетерпимый к чужому мнению, честолюбивый и резкий, странное соединение бюрократа и либерала. По отношению к дочери он был настоящим Домби, хотя славянская кровь мешала ему выдерживать эту марку вполне. Несомненно, что девушку он любил, так же, как и она его, но с его стороны любовь была раздражительная и деспотическая, требующая подчинения своим взглядам; с ее – простая, но замкнутая и гордая, так как старик никогда почти не высказывался прямо, а лишь замысловатыми, похожими на ребус намеками, и мог привести кого угодно в исступление неожиданными поворотами от скупой мягкости к беспричинному или, по крайней мере, невыясненному озлоблению. Это были тяжелые, обидные для молодой девушки отношения. Причина их крылась, конечно, в характере отца, но причина эта, как и внутренняя его жизнь, для

Евгении были секретом. Ее постоянно тянуло к отношениям простым и сердечным, но многие впечатления жизни сложились так, что, утратив ясную непосредственность души, она стала замкнутой и пугливой, внутренно умолкла, как оторопевший от неожиданного оскорбления человек, и проходила жизнь с печальным недоверием к ней, стараясь быть в стороне.

Разумеется, эта бледная городская девушка с удовольствием ушла на время от тяжелых отношений с отцом, от службы (она служила в конторе медицинского журнала) и, улыбаясь летним удовольствиям, отправилась к дяде, которого видела один раз в жизни. Дядя, помещик, страдающий постоянными неудачами в разведении кукурузы, персиков, аргентинских огурцов и других разорительных для северного кармана вещей, рассеянно смотрел на племянницу поверх очков наивными глазами благодушного дворянина, совал ей в руку сельскохозяйственные брошюрки, рассказывал о клубнике, а по утрам, с газетой в руках, усердно растирая лоб, стучал в дверь Евгении. «Смотри-ка, – говорил он, входя, – удивительнейшее сообщение: оказывается, что в египетском сфинксе эти черти, как их... бельгийцы... открыли храм. Вот удивительно». Видя мужика, он страдал, морщился и говорил «вы», на что мужик почтительно возражал: «Так ты, батюшка, Пал Палыч, ужо отколупни выгону, без эстого где же?» Управляющий, он же староста деревенской церкви, воровал, как хотел. Павел Павлович прекрасно играл на рояле; во время игры его лицо становилось дельным и энергичным. Города он не любил; служил раньше по выборам, но бросил, говоря: «Что с ними поделаешь – повернут, как хотят». Его жена, Инна Сергеевна, томная, с болезненным, лимонного цвета, лицом, рыхлая дама, могла часами вспоминать Петербург. Супруги иногда ссорились, шепотом, без увлечения, с досадливой скукой в сердце. Инна Сергеевна, вздыхая, говорила мужу: «Паша, я отдала тебе все, все, – вы узкий, неблагодарный человек», – на что, вытирая вспотевшие очки, Павел Павлович отвечал: «Кто старое вспомянет, тому глаз вон». Гости, боясь скуки, ездили к ним редко и неохотно.

Евгения Алексеевна проводила время в прогулках, чтении, раздумьи, сне и еде. Через две недели она заметно поправилась, порозовела, в глазах появился здоровый блеск. Ленивая тишина лета укрепила ее. В это же самое время в губернском городе соседней губернии произошло следующее.

II

Молодой человек Степан Соткин, из мещан, после долгого отсутствия вернулся домой. Он прослужил три года, где и как придется, в разных местах России: кассиром на пароходе, весовщиком на станции, кондуктором и агентом полотняной фирмы. Он не переписывался с родителями почти год, так что, по возвращении, для него было большой и серьезной новостью известие о смерти старшего брата, в силу чего Степану Соткину приходилось тянуть жребий . Призывных в этом году было немного, льготный жребий требовал счастья исключительного, а забраковать Соткина не могли, потому что это был человек здоровый, рослый и быстрый.

Вечером в саду под бузиной произошло семейное чаепитие. Старик Соткин, вдовец, сторож казенной палаты сказал:

– Отымут тебя, Степан. Гриша померши, а тебе – лоб. С Петькой останусь.

– Это еще неизвестно, – ответил Степан. – Я, собственно, к военной службе охоты никакой не имею.

После четырех лет скитаний он думал о солдатской лямке с ненавистью и отвращением. С шестнадцати лет Соткин привык жить вполне независимо, переезжая из города в город, тратя, как хотел, свои силы, труд и деньги. Ему вспомнилась бойкая, цветная Москва, голубая Волга, гул ярмарки в Нижнем, нестройная музыка Одесского порта; перед ним, окутанный паровозным дымом, бежал лес. И Соткин покрутил головой.

– Да, неохота, – повторил он.

– Выше ушей не прыгнешь, – сказал старик. – Бежать, что ли? В Англию. Два года восемь месяцев, – авось стерпишь.

Соткин вздохнул и, выйдя побродить, зашел в пивную. Там, сжав голову руками, он просидел за бутылками до закрытия и, тщательно обсудив положение, решил, что служить придется. Жизнь за границей и манила его, но и пугала невозможностью вернуться в Россию. «Служить так служить, – сказал он, подбрасывая в рот сухарики, – так и будет».

Его назначили в Пензу. Обычное недоумение и растерянность новобранцев перед новыми условиями жизни (в большинстве – «серых» деревенских парней), а также наивное тщеславие их, удовлетворяемое красными новенькими погонами, треском барабана и музыкой, были чужды Соткину. Как человек бывалый и развитой, он быстро усвоил всю несложную мудрость шагистики и вывертывания носков, выправку, съедание начальства глазами, ружейный механизм и – так называемую «словесность». Ровный, спокойный характер Соткина помогал ему избегать резких столкновений с унтерами и «старыми солдатами», помыкавшими новичками. Он не старался выслужиться, но был исполнителен. Все это не мешало ближайшему начальству Соткина – подвзводному, взводному, фельдфебелю и каптенармусу (играющему, обыкновенно, среди унтеров роль Яго; теплое, хозяйственное положение каптенармуса – предмет зависти – делает его сплетником, интриганом и дипломатом) – относиться к молодому солдату холодно и неодобрительно.

Есть порода людей, к которым можно, изменив, отнести слова Гольдсмита : «Я вполне уверен, что никакие выражения покорности не вернут мне свободы и на один час». Соткин мог бы сказать:

«Никакие усилия быть образцовым солдатом не доставят мне благоволения унтеров».

Соткин принадлежал к числу людей, которые обладают несчастной способностью, находясь в зависимости, вызывать, без всякой своей заботы об этом, глухую беспричинную вражду со стороны тех, от кого люди эти зависят. Провинностей по службе и дисциплине за ним никаких не было, но внутреннее отношение его к службе, вполне механическое и безучастное, – неуменье заискивать, вылезать, льстить, изгибаться и трепетать – выражалось, вероятно, вполне бессознательно, в пустяках: случайном, пристальном или беглом взгляде, улыбке, тоне голоса, молчании на остроту унтера, спокойных ответах, быстрых движениях. Он чистил фельдфебелю сапоги, не морщась, но только по приказанию; другие же, встав рано, с непонятным сладострастием угодливости работали щетками. Он, кроме всего этого, пил каждый день чай с белым хлебом и не должал маркитанту. Солдаты уважали его, а мелкая власть, холодно поблескивая глазами, смотрела на Соткина туманно-равнодушным взглядом кота, созерцающего воробьев в воздухе.

Такие отношения, разумеется, рано или поздно, должны были обостриться и выясниться. Наступил лагерный сбор. За Сурой раскинулись белые, среди зеленых аллеек, палатки О-ского батальона. Солдаты, возвращаясь с учебной стрельбы, хвастались друг перед другом меткостью прицела, мечтая о призовых часах. Соткин, стреляя плохо, редко пробивал мишень более чем двумя пулями из пяти. Первый окрик фельдфебеля: «Соткин, смотри!» – и второй: «Ворона, а еще в первой роте!» заставили его целиться тщательнее и дольше; однако, более чем на три пули махальный не показывал ему красный значок. Через месяц перешли к подвижным мишеням.

На горизонтальном вращающемся шесте, за триста шагов, медленно показываясь из траншеи и пропадая, выскакивали поясные фигуры. Взвод стрелял лежа. Удушливая, огненная жара струила над полем бесцветные переливы воздуха, мушка и прицельная рамка блестели на солнце, лучась, как пламя свечи лучится прищурившемуся на нее человеку. Целиться было трудно. Вдали, на уровне глаз, ныряли, величиной с игральную карту, двухаршинные поясные мишени.

Соткин, удерживая дыхание, прицелился и дал мишени исчезнуть с тем, чтобы выстрелить при следующем ее появлении.

Мишень появилась. Соткин выстрелил, пуля, выхлестнув далеко пыль, запела и унеслась. Он истратил зря и остальные четыре патрона, не попал.

– Под ранец, – сказал ротный. Соткин густо покраснел и насупился. Ему приходилось в первый раз отбывать наказание. Досада и беспричинный стыд овладели им, как будто он, действительно, чем-то замарал себя в глазах окружающих, но скоро понял, что стыдно лишь потому, что придется стоять истуканом в полном походном снаряжении два часа, все будут смотреть и хоть мысленно улыбаться.

144

Рота, кончив стрельбу, с молодецкими песнями о «генерал-майоре Алхаз» и «крутящемся голубом шаре», вернулась в лагерь. Соткина разыскал взводный.

– Соткин, – равнодушно сказал он, кусая губу, – оденься и на линейку.

Солдат, выслушав приказание, вернулся в палатку, повесил на себя все, что требовалось уставом, – манерку, патронташи, скатанную шинель, сумку, взял винтовку и вышел, готовый провалиться сквозь землю. Красный, как пион, Соткин смотрел в холодное лицо унтера едва не умоляющими глазами. Унтер, осмотрев снаряжение, отвел Соткина к середине линейки и поставил лицом к лагерю...

– Так-то, – сказал он и посмотрел на часы, а затем ушел.

Соткин взял «на плечо». Солдаты, проходя мимо него, бросали косые взгляды – так странно было видеть под ранцем именно Соткина. Он, обливаясь потом, мучился терпеливо и стойко; нестерпимо жгло солнце, накаливая затылок, и от жары в ноющем от тяжести и неестественного положения руки теле пробегал нервный озноб. Седой фельдфебель, улыбаясь в усы, подошел к Соткину, открыто и ласково посмотрел ему в глаза и так же ласково произнес:

– Ближе носки. Локоть.

Прошло два часа. Соткина отпустили, он пришел в палатку и долго, делая вид, что чего-то ищет, рылся в сундучке, избегая разговаривать с товарищами. Смущение его прошло только к вечеру.

Через день снова была стрельба, но на этот раз – случайно или нет – Соткин попал из пяти четыре. Солдат облегченно вздохнул.

– В первый разряд попадешь, – монотонно сказал ему, проходя в цепи, взводный, – на приз выйдешь, часы получишь.

Он, конечно, смеялся. Соткин так это и понял, но только махнул рукой, думая: «Собака лает – ветер носит». Их глаза встретились на одно лукавое, немое мгновение, и Соткину стало ясно, что унтер определенно и жестоко будет ненавидеть его за все, что бы он ни сделал, плохо или хорошо – все равно, за то, что он – Соткин.

Прошло несколько дней. Взвод чистил ружья. Тряпочка, навернутая на конец шомпола, давно уже выходила из дула чистой, как стиранная, и Соткин стал собирать разобранную винтовку. Ефрейтор, наблюдающий за работой, подошел к Соткину.

– Дай-ка взглянуть. – Он поднес дуло к глазам, обратив другой конец ствола к солнцу, смотрел долго, увидел, что вычищено отлично, и поэтому заявил:

– Три. Протирай еще.

– Там ничего нет, – возразил Соткин, показывая протирные тряпки, – вот, посмотрите.

– Если я говорю... – начал ефрейтор, пытаясь подобрать выразительную, длинную фразу, но запнулся. – Почисти, почисти.

Соткин для виду поводил шомполом в дуле минут десять, но уже чувствовал подымающийся в душе голос сопротивления. Этот день был для него исключительно неприятным еще потому, что утром он потерял деньги, восемь рублей, а вечером произошло обстоятельство неожиданное и крутое.

Человек тридцать солдат, поужинав, собрались в кружок и, под руководством организовавшего это увеселение фельдфебеля, пели одну за другой солдатские песни. Слушая, стоял тут же и Соткин. У него не было ни слуха, ни голоса, поэтому, не принимая участия в хоре, он ограничивался ролью человека из публики. Разгоряченный, охрипший уже фельдфебель, без шапки, в розовой ситцевой рубашке, простирая над толпой руки, яростно угрожал тенорам, выпирал басов и тушевал так называемые «бабьи голоса», обладатели которых во всех случаях были рослыми мужиками. Стемнело, в городе блеснули огоньки.

– Соткин, пой, – сказал фельдфебель, когда песню окончили. – Ты не умеешь, а?

– Так точно, не умею. – Соткин улыбнулся, думая, что фельдфебель шутит.

– Ты никогда не пел?

– Никогда.

– Постой. – Фельдфебель вышел из круга и, подойдя к солдату вплотную, внимательно осмотрел его с ног до головы. – Учись. «До-ре-ми-фа»... Ну, повтори.

– Я не умею, – сказал Соткин и вдруг, заметив, что маленькие глаза фельдфебеля зорко остановились на нем, насторожился.

– Ну, пой, – вяло повторил тот, полузакрывая глаза.

Соткин молчал.

– Ты не хочешь, – сказал фельдфебель, – я знаю, ты супротивный. Исполнь приказание.

Соткин побледнел; в тот же момент побледнел и фельдфебель, и оба, смотря друг другу в глаза, глубоко вздохнули. «Так не пройдет же этот номер тебе», – подумал солдат.

– Сполни, что сказано.

– Никак нет, не умею, господин фельдфебель, – раздельно произнес Соткин и, подумав, прибавил: – Простите великодушно.

Радостная, веселая улыбка озарила морщины бравого служаки.

– Ах, Соткин, Соткин, – вздыхая, сказал он, сокрушенно покачал головой и, сложив руки на заметном брюшке, весело оглянулся. Солдаты, перестав петь, смотрели на них. – Иди со мной, – сухо сказал он, более не улыбаясь, сощурил глаза и зашагал по направлению к городу.

Взволнованный, но не понимая, в чем дело, Соткин шел рядом с ним. За его спиной грянула хоровая. Невдалеке от лагеря тянулся старый окоп, густо поросший шиповником и крапивой; в кустах этих фельдфебель остановился.

– Учили нас, бывало, вот так, – сказал он, деловито и не торопясь ударяя из всей силы Соткина по лицу; он сделал это не кулаком, а ладонью, чтобы не оставить следов. Голова Соткина мотнулась из стороны в сторону. Оглушенный, он инстинктивно закрылся рукой.

Фельдфебель, круто повернув солдата за плечи, ткнул его кулаком в шею, засмеялся и спокойно ушел.

Соткин неподвижно стоял, почти не веря, что это случилось. Обе щеки его горели от боли, в ушах звенело, и больно было пошевелить головой. Он поднял упавшую фуражку, надел и посмотрел в сторону лагеря. Солдаты пели «Ой, за гаем, гаем...», в освещенных дверях маркитантской лавочки виднелись попивающие чаек унтеры. Смутно белели палатки.

– А меня бить нельзя, – вслух сказал Соткин, обращаясь к этой мирной картине военной жизни. – Меня за уши давно не драли, – продолжал он, – я не позволю, как вы себе хотите.

Он посидел минут пять на земле, глотая слезы и вспоминая противное прикосновение кулака, затем пробрался в палатку, накрылся, не раздеваясь, шинелью и стал думать.

Впереди было два года службы. За это время могло представиться еще много случаев для вспыльчивости начальства, а Соткин, человек не из любящих покорно сносить оскорбления, мог, не удержавшись, вспылить, наконец, сам, что обыкновенно вело еще к худшему. Он знал по рассказам историю некоторых солдат, затравленных до каторги, это происходило в такой последовательности: светлый и темный карцер, карцер по суду, дисциплинарный батальон, кандалы. Но трудно было ожидать перемены ветра. Воспоминания говорили Соткину, что начальство, перебивающее окриком: «Эй ты, профессор кислых щей, составитель ваксы, – на молитву!» – какой-нибудь пустяшный рассказ солдатам об Эйфелевой башне, – пользуется своей властью не только в деловых целях, но и потому, что это власть, вещь приятная сама по себе, которую еще приятнее употребить бесцельно по отношению к человеку душевно сильному. В этом был большой простор для всего.

«Могу здесь погубить свою жизнь, на это пошло», – думал Соткин. Наконец, приняв твердое решение более не служить, он уснул.

Через день Соткина утром на перекличке не оказалось. Фельдфебель написал рапорт, ротный написал полковому, полковой в округ; еще немного чернил было истрачено на исправление продовольственных ведомостей, а в городских и уездных полициях отметили, почесывая спину, в списках иных беглых и бродящих людей, мещанина Степана Соткина.

III

– Очень люблю я ершей, – сказал Павел Павлович, подвигая жене тарелку,

– только вот мало в ухе перцу.

Обедали четверо – дядя, тетка, Евгения Алексеевна, и старый знакомый Инны Сергевны, которого она знала еще гимназистом, – Аполлон Чепраков, земский начальник. Это был человек с выпуклым

147

ртом и такими же быстро бегающими глазами; брил усы, носил темную бородку шнурком, похожую на ремень каски, имел курчавые волосы и одевался, живя в деревне, в спортсменские цветные сорочки, обтянутые по животу широким, с цепочками и карманами, поясом. Особенным, удивительным свойством Чепракова была способность говорить смаху о чем угодно, уцепившись за одно слово. Он гостил в имении четыре дня, ухаживал за Евгенией Алексеевной и собирал коллекцию бабочек.

– Да, в самом деле, – заговорил Чепраков, – ерш с биологической точки зрения, ерш, так сказать, свободный – одно, разновидность, а сваренный, как, например, теперь, – он ковырнул ложкой рыбку, – предмет, требующий луку и перцу. Щедрин, так тот сказку написал об ерше, и что же, довольно остроумно.

– Пис-карь, – страдальчески протянул Павел Павлович, – пискарь, а не ерш.

– А, – удивился Чепраков, – а я было... Я ловил пискарей... когда это... прошлым летом... Евгения Алексеевна, – неожиданно обратился он, – вы напоминаете мне плавающую в воде рыбку.

– Аполлон, – вздохнула Инна Сергеевна, жеманно сося корочку, – посмотрите, вы сконфузили Женю, ах, вы!

– Галантен, как принц, – добродушно буркнул Павел Павлович.

Девушка рассмеялась. Большой, легкомысленный Чепраков больше смешил ее, чем сердил, неожиданными словесными выстрелами. Он познакомился с ней тоже странно: пожав руку, неожиданно заявил: «Бывают встречи и встречи. Это для меня очень приятно, я поражен», – и, мотнув головой, расшаркался. Говорил он громко, как будто читал по книге не то что глухому, а глуховатому.

– Аполлон Семеныч, – сказала Евгения, – я слышала, что вы были опасно больны.

– Да. Бурса мукоза. – Чепраков нежно посмотрел на девушку и повторил с ударением: – Мукоза. Я склонял голову под ударом судьбы, но выздоровел.

Этой темы ему хватило надолго. Он подробно назвал докторов, лечивших его, лекарства, рецепты, вспомнил сестру милосердия Пудикову и, разговорившись, встал из-за стола, продолжая описывать больничный режим.

Обычно после обеда, если стояла хорошая погода, Евгения уходила в лес, начинавшийся за прудом; дядя, покрыв лицо платком, ложился, приговаривая из «Кармен»: «Чтобы нас мухи не беспокоили», – и засыпал в кабинете; Инна Сергеевна долго беседовала на кухне с поваром о неизвестных вещах, а потом шла к себе, где возилась у зеркала или разбирала старинные кружева, вечно собираясь что-то из них сделать. Чепраков, захватив сетку для бабочек, булавки и пузырек с эфиром, стоял на крыльце, поджидая девушку, и, когда она вышла, заявил:

– Я пойду с вами, это необходимо.

– Пожалуйста. – Евгения посмотрела, улыбаясь, в его торжественное лицо.

– Необходимо?

– Да. Вы – слабая женщина, – снисходительно сказал Чепраков, – поэтому я решил охранять вас.

– К сожалению, вы безоружны, а я, как вы сказали, – слаба.

– Это ничего. – Чепраков согнул руку. – Вот, пощупайте двуглавую мышцу. Я выжимаю два пуда. У меня дома есть складная гимнастика. Почему не хотите пощупать?

– Я и так верю. Ну, идемте.

Они обогнули дом, пруд и, перейдя опушку, направились по тропинке к местной достопримечательности – камню «Лошадиная голова», похожему скорее на саженную брюкву. Чепраков, пытаясь поймать стрекозу, аэропланом гуляющую по воздуху, разорвал сетку.

– Это удивительно, – сказал он, – от ничтожных причин такие последствия.

– Ну, я вам зашью, – пообещала Евгения.

– Вы, вашими руками? – сладко спросил Чепраков. – Это счастье.

– Да перестаньте, – сказала девушка, – идите смирно.

– Нет, отчего же?

– Оттого же.

«Право, я начинаю говорить его языком», – подумала девушка. Говорливость Чепракова парализовала ее; она с неудовольствием замечала, что иногда бессознательно подражает ему в обороте фразы. Его манера высказываться напоминала бесконечное, надоедливое бросание в лицо хлебных шариков. «Неужели он всегда и со всеми такой? – размышляла Евгения. – Или рисуется? Не пойму».

Остро пахло хвоей, муравьями и перегноем. Красные стволы сосен, чуть скрипя, покачивали вершинами. Чепраков увидел синицу.

– Вот птичка, – сказал он, – это, конечно, избито, что птичка, но тем не менее трогательное явление. – Он покосился на тонкую кофточку своей спутницы, плотно облегавшую круглые плечи, и резко почувствовал веяние женской молодости. Мысли его вдруг спутались, утратив назойливую хрестоматичность, и неопределенно запрыгали. Он замолчал, скашивая глаза, отметил пушок на затылке, тонкую у кисти руку, родинку в углу губ. «Приятная, ей-богу, девица, – подумал он, – а ведь, пожалуй, еще запретная, да».

– А я завтра в город, – сказал он, – масса дела, разные обязательства, отношения; четыре дня, прекрасно проведенные здесь, принесли мне, собственно, физическую и духовную пользу, и я снова свеж, как молодой Дионис.

– А вы любите свое дело? – спросила, кусая губы, Евгения.

– Как же! Впрочем, нет, – поправился Чепраков. – Я – не кто иной, как анархист в душе. Мне нравится все грандиозное, страстное. Мужики – свиньи.

– Почему?

– Они грубо-материальны.

– Но ведь и вы получаете жалованье.

– Это почетная плата, гонорар, – веско пояснил Чепраков. Он коснулся пальцами локтя Евгении, говоря: – К вам веточка пристала,

– хоть веточку эту придумал после долгого размышления. – Теперь вот что, – серьезно заговорил он, бессознательно попадая в нужный тон, – что говорить обо мне, я человек маленький, делающий то, что положено мне судьбою. Вы, вы как живете? Что думаете, о чем мечтаете? Что наметили в жизни? Вот что интереснее знать, Евгения Алексеевна.

– Это сразу не говорится, – заметила девушка.

– Ну, а все-таки? Ну, как?

Искусно впав в искренность, Чепраков сам не знал, зачем это ему нужно; вероятно, он переменил тон путем бессознательного наблюдения, что люди застенчивые часто говорят посторонним то, что не всегда скажут людям более близким, а зачем нужно ему было это, он не знал окончательно.

Они подошли к камню. «Что же я скажу?» – подумала Евгения. Она не знала, какой представляет ее Чепраков, но чувствовала, что не такой, какая она есть на самом деле. В этом, а также в особом настроении, происходящем от того, что иногда случайный вопрос собирает в душе человека его рассеянное заветное в одно целое, – была известная доля желания рассказать о себе. Кроме того, ей было почему-то жаль Чепракова и казалось, что с ним можно, наконец, разговориться без птичек и Дионисов.

– Видите ли, Аполлон Семеныч, – нерешительно начала она, садясь на траву; Чепраков же, подбоченясь, стоял у камня, – у меня в жизни два требования. Я хочу, во-первых, заслужить любовь и уважение людей, во-вторых,

– находиться в каком-нибудь большом, очень нужном и важном деле и так тесно с ним слиться, чтобы и я, и люди, и дело, – было одно. Понимаете? Впрочем, я не умею выразить. Но это найти мне не удается, или я не гожусь, – не знаю. Но ведь трудно, не правда ли, найти такое, в чем не были бы замешаны страсти и личные интересы, честолюбие. Это меня, сознаюсь, пугает. Личная жизнь не должна путаться в это дело ничем, пусть она течет по другому руслу. Тогда я жила бы, как говорят, полной жизнью.

– Н-да, – протянул Чепраков, усаживаясь рядом, – не многим, не многим дано. Я глубоко уважаю вас. А что вы скажете о главном, – главном ферменте жизни? То сладкое, то... одним словом – любовь?

– Ну, да, – быстро уронила Евгения, – конечно... – Она смутилась и разгорелась, затем, как бы оправдываясь и уже сердясь на себя за это, прибавила: – Ведь все равны здесь, и мужчины.

– А как же! – радостно подхватил Чепраков. – Даже очень.

Девушка рассмеялась.

«А я, ей-богу, попробую, – думал Чепраков, – молоденькая... девятнадцать лет... жизни не знает... – Далее он продолжал размышлять, по привычке, как говорил, рублеными фразами: – Как занятно пробуждение любви в женском сердце. Долой лозунги генерала Куропаткина. Милая, вы неравнодушны ко мне. Иду на вы».

– Евгения Алексеевна, – выпалил Чепраков, – вот где была бурса мукоза, а? Посмотрите.

Он быстро засучил брюки на левой ноге по колено, обнажив волосатую икру и белый рубец. Евгения, внезапно остыв, удивленно смотрела на Чепракова.

– Что с вами? – спросила она, вставая.

– Это мукоза. – Чепраков обтянул брюки. – Какая белая кожа... и у вас тоже... рука.

Евгения машинально посмотрела на свою руку и увидела, что эта рука очутилась в руке Чепракова, он поцеловал ее и прижал к левой стороне груди.

– Ну, оставьте, – спокойно, но изменившись в лице, сказала Евгения. – Руки прочь.

– Нет – отчего же? – наивно сказал Чепраков. – Это внезапное, глубокое.

Девушка подняла зонтик, повернулась и неторопливо ушла. Чепраков стоял еще некоторое время на месте, жестко смотря ей вслед, потом фальшиво зевнул, прошел другой тропиночкой в усадьбу, взял удочку и просидел на речке до ужина.

За столом он избегал смотреть на Евгению, а она на него; это про себя отметила тетка. На другой день утром Чепраков уехал в город, успев на прощанье шепнуть молчаливой девушке:

– Я пережил тонкие, очаровательные минуты.

IV

Евгения держала в руках письмо, с недоумением рассматривая школьный, полумужской почерк. Наконец, потеряв надежду угадать, от кого это письмо, так как в уездном городе знакомых у нее не было, а штемпель на конверте гласил: «Сабуров», девушка приступила к чтению.

– Что, что такое?.. – вскричала она вне себя от изумления и обиды. Держа письмо дрожащей рукой, она нагнулась к нему, растерявшись от неожиданности, – так много было в нем обдуманной злобы, яда и издевательства.

«Милостивая государыня, Госпожа Евгения Алексеевна.

Не знаю, прилично ли молодой девушке из благородных (хороши благородные) таскаться с женатым человеком. Вас, видно, этому обучают. Скажите, как вам не стыдно. Если вы так ведете себя, значит, хороши были ваши родители. Аполлоша мне все рассказал. Некрасиво довольно с вашей стороны, барышня. Хотя мы и не венчаны, а живем, слава богу, четвертый год. А я отбивать своего мужчину не позволю. Если вы в него влюблены, советую забыть, треплите хвост в другом месте. На интеллигентность вашу никого вы себе не поймаете, лучше оставьте про себя.

Готовая к услугам Мария Тихонова».

Прочитав до конца, Евгения Алексеевна опустила руки и беспомощно осмотрелась. Болезненный, нервный смех душил ее. Она даже не сразу поняла, от кого это письмо. Отдельные фразы, и наиболее оскорбительные, одна за другой появились перед нею в воздухе, как на экране, подавляя своей внушительной безапелляционностью; это походило на сон, в котором, желая бежать от страшного явления, не можешь двинуться с места. Она даже подумала, не мистификация ли это того же Чепракова, грубая, сумасшедшая, но все же мистификация; однако трудно было придумать нарочно что-либо подобное такому письму. Старый страх перед жизнью охватил девушку, она угадывала, что человек роковым образом беззащитен душой и телом; и даже у Зигфрида , с головы до ног покрытого роговой кожей, было на спине место, величиною с древесный лист, пропустившее смерть. Вся печально-смешная сцена третьего дня, с «бурса мукозой» и целованием рук, ожила перед девушкой; жгучая краска стыда залила ее с ног до головы при мысли, что – это было больнее всего – случайная ее откровенность известна Марии Тихоновой в подозрительной передаче, приобретая смысл нелепо позорный и вызывающий, вероятно, хихиканье.

Евгения сидела у себя наверху одна, и это помогло ей оправиться от оскорбительной неожиданности. Случись такая история лет на пять позже, она, должно быть, отнеслась бы, внешне, к этому несколько иначе: или совсем не ответила бы на письмо, или написала бы спокойный, внятный ответ. Но в теперешнем своем возрасте она не научилась еще взвешивать обстоятельства, продолжая считаться с людьми близко и очень подробно, до конца. Адрес Тихоновой в письме был; автором, видимо, руководило известное любопытство вызова. Евгения Алексеевна посмотрела на часы: шесть. Желая прекратить лично и как можно скорее то, что она еще считала недоразумением, девушка, приколов шляпу и взяв письмо, сошла вниз.

Ей предстояло одолеть четыре версты пешком; не было никакого предлога сказать, чтобы запрягли лошадь. Она вышла с заднего крыльца на деревню, обернулась, посмотрев, не следит ли за ней кто из домашних, и быстро направилась к городу, видимому уже с ближайшего холма красным пятном казенного винного склада, белыми колокольнями и садами. Волнение не покидало ее, наоборот: чем ближе она подходила к темным заборам Сабурова, тем нестерпимее казалось медленно сокращающееся расстояние. Девушка была твердо уверена, что заставит слушать себя и что ей дадут все нужные объяснения.

Наконец, она вошла в город. Евгения бывала здесь раньше. Ступая по нетвердым доскам тротуаров, густо обросших крапивой с ее острым, глухим запахом, девушка вспомнила один вечер, когда, возвращаясь с концерта заезжего пианиста в гостиницу, где поджидал ее, чтобы уехать вместе, Павел Павлыч, неторопливо шла по улицам. Городок засыпал. Еще светились кое-где красные и лиловые занавески; на высокой голубятне сонно гурлили голуби; на площади, у всполья, доигрывали последнюю партию в рюхи слободские мещане; старый нищий, стоя в темноте на углу, разводил, бормоча нетрезвое, руками; из раскрытых окон квартиры воинского начальника неслась плохо разученная «Молитва девы»; мужики, сидя на тумбочках у трактира, галдели о съемных лугах. От оврагов веяло сыростью ледяных ключей. Чистый блеск звезд теплился над черными крышами. У пристани, бросая мутный свет фонарей в мучные кули, стоял пароходик «Иван Луппов»; мачтовые огни его против черных, как разлитые чернила, отмелей противоположного берега казались иллюминацией.

Она вспомнила эту мирную тишину, удивляясь обманчивости тишины, ее затаенным жалам; ей было даже неловко идти со своим возмущением среди маленьких, опрятных, в зелени, домов, покосившихся, хлипких лачуг, деревенской пыли, безобидной желтой краски и дремлющих мезонинов. Разыскав дом и улицу, Евгения с тяжелым нервным угнетением, наполнившим ее внезапной усталостью, позвонила у желтой парадной двери. Ей открыла унылая беременная женщина.

– Госпожа Тихонова дома? – спросила Евгения, и вдруг ей захотелось уйти, но она пересилила страх. Женщина, разинув рот, смотрела на нее; это было нелепо к тяжко.

– А я сейчас... они дома, – сказала, скрываясь в сенях, женщина.

В окне, сбоку, метнулось приплюснутое носом к стеклу лицо с выражением жадного любопытства.

– Просят вас, – сказала, возвратясь после томительно долгих минут, унылая женщина. Она широко распахнула дверь и уставилась на Евгению, как бы сторожа ее взглядом. Девушка, глубоко вздохнув, вошла в низкую комнату с канарейками, плющом и венскими стульями. У дальней двери, скрестив на высокой груди пышные, как булки, руки, стояла чернобровая, с розовым лицом, дама в сером капоте.

– Кого имею честь?.. – процедила дама, осматривая Евгению Алексеевну.

Девушка заговорила с трудом.

– Я – Мазалевская, – сказала она, сжимая пальцы, чтобы сдержать волнение, – я хочу вас спросить, почему вы, не дав себе труда... Вот ваше письмо. – Она протянула листок гордо улыбающейся Тихоновой. – Пожалуйста, объясните мне все, слышите?

– И при чем тут труд? – громко заговорила дама, внушительно двигая бровями. – И нечего мне вам объяснять. И нечего мне говорить с вами. А что Аполлон передо мной свинья, это я тоже знаю. И уж, если, поверьте мне, милая, мужчина говорит: «Ах, ах, ах! Она имеет ко мне склонность», – да если завлекать человека разными там материями, то уж, простите, нет; ах, оставьте. Я не девчонка, чтобы меня за нос водить. И более всего удивляюсь, что вы даже пришли; это так современно, пожалуйста.

У девушки задрожали ноги, она посмотрела на Тихонову взглядом ударенного человека и растерялась.

– Ну, послушайте, – задыхаясь, выговорила она, – это бессмысленно, разве же вы не понимаете? Я...

153

– Где же уж понимать, – сказала дама, – мы – уездные.

Евгения не договорила, повернулась, вышла на улицу и разрыдалась. Стараясь удержаться, она поспешно прижимала ко рту и глазам платок; машинально шла и машинально останавливалась; редкие прохожие, оборачиваясь, смотрели на нее подолгу, а затем переводили взгляд на заборы, деревья и крыши, словно именно там скрывалось нужное объяснение; один сказал, гаркнув: «Что, сердешная, завинтило?» Осилив спазмы, девушка увидела Чепракова, он переходил улицу, направляясь к квартире Тихоновой. Нисколько не удивляясь тому, что случайно встретила этого человека, скорее даже с чувством облегчения, Евгения Алексеевна остановила его на углу. Чепраков, перестав махать тросточкой, снял фуражку, попятился и замигал так тревожно, что нельзя было сомневаться в том, что о письме он знает.

Чепраков, выдавая себя, молчал, не здороваясь, даже не притворяясь удивленным, что видит Мазалевскую в городе.

– Вы знаете про письмо? – сурово спросила девушка.

Чепраков, изгибаясь, развел руками.

– Я... я... я... – спутался он. – Я хотел ее посердить.

Евгения Алексеевна пристально посмотрела в его спрятавшиеся глаза, махнула рукой и пошла из города медленной походкой усталого человека.

V

Прежде, чем выйти к чаю, Евгения тщательно умылась холодной водой и подошла к зеркалу. Следы недавнего расстройства исчезли. Причесываясь, окутав себя пушистыми, ниже колен, волосами, девушка в сто первый раз переживала этот, неизгладимый в ее возрасте, случай, но все тише, все ближе к спокойной грусти. Она уже не возмущалась, а недоумевала. В ее жизни, проходившей в тени, было похожим на это случаям место и ранее, но не образовалось привычки к ним, – она переживала их каждый раз всеми нервами; нечто похожее на боязнь людей выработалось в ней постепенно и незаметно. Она и сейчас уловила резкое пробуждение этого чувства.

– Чего же бояться? – вслух сказала Евгения Алексеевна, пытаясь понять себя. Воспоминания образно показывали ей, что страшно незаслуженны злое отношение людей, злорадство и бессознательная жестокость, от которых не защищен никто. Она вспомнила несколько примеров этого по отношению к себе и другим... Особенно ясно Евгения Алексеевна увидела себя на улице Петербурга и в Крыму.

На улице, поравнявшись с девушкой, человек, внушительной и степенной осанки, остановился, ударил ее очень сильно кулаком в грудь и спокойно прошел, даже не обернувшись. А в Крыму, за пансионным столом, во время обеда, упитанный щеголь-коммерсант, еще молодой человек, блистающий кольцами и алмазами, очень хорошо видя, что слова его неприятны и возмутительны, спокойно говорил о своих кражах во время Японской войны, обращаясь к любовнице и другу-проводнику. Изредка он обращался и к остальным.

– Вы просите перестать? Ну, что вы! Вы жертвовали на раненых, а эти деньги у меня в кармане. Сорок тысяч.

Евгения Алексеевна, сойдя вниз, выпила крепкого чаю. Обычный, почти беспредметный разговор с родственниками она вела машинально.

– Женечка, – сказала под конец, как бы невзначай, Инна Сергеевна, – позавчера Аполлон... мне показалось... вы не поссорились?

– Нисколько. – Она спокойно посмотрела на тетку и улыбнулась.

Уже смеркалось, когда, желая побыть одной, Евгения обогнула полный облаков пруд. Она шла опушкой, сумеречные поля открывались слева, под утратившей блеск сонной синевой неба птицы глухо перекликались в лесу, опущенное забрало полутьмы скрыло его низкие дневные просветы. У изгороди дергал коростель. Евгения остановилась, пустынная тишина окрестностей понравилась ей; она стояла и думала.

– Ложись спать, – сказал позади голос, – хотя ты дятел и рабочая птица, однако береги силы.

Мазалевская вздрогнула и повернулась к невидимому оратору. Его не было видно, он сидел или лежал в темных кустах.

Дятел, не переставая, звонко долбил дерево.

– Несговорчивый, – продолжал голос, – хотя бы ты обучился моему языку. А-мм-меэм-ма-ам, а-ам, ме-е. Хохлатик.

Голос смолк, а из кустов вышел человек с котомкой за плечами, в старом картузе, лаптях и с клюкой, вроде употребляемых богомольцами; он хотел перескочить изгородь, но, заметив Евгению, скинул картуз и протянул руку.

– А-м-м-мее-ма-а-ам-ме-е, – промычал он, показывая на рот.

– Немой? – спросила Евгения.

Человек кивнул, выразительно смотря на руку и кошелек барышни.

– Хоть ты и рабочая птица, – неожиданно для себя сказала Евгения, протягивая мелочь, – однако береги силы.

– Подслушали, – вдруг произнес совершенно отчетливо мнимый немой и конфузливо усмехнулся.

– Это вам для чего же?

– Есть надобность, – уклончиво сказал человек.

– Вы не бойтесь меня, – подумав, сказала Евгения. Любопытство ее было сильно задето.

Человек осмотрелся.

– Так что же, неинтересно вам ведь, – неохотно заговорил он. – Просто беглый солдат. Невелика птица. Видите – паспортишко есть, купил кое-где, но, извините, – брехать не умею. На ночлеге же, известное дело, или на меже где, мужик напоит, – поболтать любят, интересуются прохожим. Ну, понимаете, – проврешься, а особенно на ночлеге. Опасно. Я от одного железнодорожного сторожа бегом спасался; охотиться, видите ли, за мной старик начал, а что ему в этом? Разумеется, подумав, прикинулся я немым, так и иду. В Одессу. Там у меня знакомые есть; устроят. За месяц, верите ли, десятка слов не сказал с людьми, иногда разве поболтаешь сам с собой от скуки; да вот вы, вижу, вреда не сделаете, – заговорил.

– Не сделаю, – рассеянно подтвердила Евгения.

– То-то. Спасибо за мелочишку.

Соткин перескочил изгородь, махнул картузом и зашагал, встряхивая котомкой, к деревне.

– Ну, слава богу, – сказала Евгения, подымаясь на крыльцо усадьбы, – теперь я, пожалуй, тоже кое-что знаю.

Она думала, что надо жить подобно этому солдату, что человек, скрывший себя от других, больше и глубже вникнет в жизнь подобных себе, подробнее разберется в сложной путанице души человеческой. Это бродило в ней еще смутно, но повелительно. Она начинала понимать, что в великой боли и тягости жизни редкий человек интересуется чужим «заветным» более, чем своим, и так будет до тех пор, пока «заветное» не станет общим для всех, ныне же оно для очень многих – еще упрек и страдание. А людей, которым и теперь оно близко, в светлой своей сущности – можно лишь угадать, почувствовать и подслушать.

"Она"

I

У него была всего одна молитва, только одна. Раньше он не молился совсем, даже тогда, когда жизнь вырывала из смятенной души крики бессилия и ярости. А теперь, сидя у открытого окна, вечером, когда город зажигает немые, бесчисленные огни, или на пароходной палубе, в час розового предрассветного тумана, или в купе вагона, скользя утомленным взглядом по бархату и позолоте отделки – он молился, молитвой заключая тревожный грохочущий день, полный тоски. Губы его шептали:

«Не знаю, верю ли я в тебя. Не знаю, есть ли ты. Я ничего не знаю, ничего. Но помоги мне найти ее. Ее, только ее. Я не обременю тебя просьбами и слезами о счастье. Я не трону ее, если она счастлива, и не покажусь ей. Но взглянуть на нее, раз, только раз, – дозволь. Буду целовать грязь от ног ее. Всю бездну нежности моей и тоски разверну я перед глазами ее. Ты слышишь, господи? Отдай, верни мне ее, отдай!»

А ночь безмолвствовала, и фиакры с огненными глазами проносились мимо в щелканье копыт, и в жутком ночном веселье плясала, пьянея, улица. И пароход бежал в розовом тумане к огненному светилу, золотившему горизонт. И мерно громыхал железной броней поезд, стуча рельсами. И не было ответа молитве его.

Тогда он приходил в ярость и стучал ногами и плакал без рыданий, стиснув побледневшие губы. И снова, тоскуя, говорил с гневом и дрожью:

– Ты не слышишь? Слышишь ли ты? Отдай мне ее, отдай!

В молодости он топтал веру других и смеялся веселым, презрительным смехом над кумирами, бессильными, как создавшие их. А теперь творил в храме души своей божество, творил тщательно и ревниво, создавая кроткий, милосердный образ всемогущего существа. Из остатков детских воспоминаний, из минут умиления перед бесконечностью, рассыпанных в его жизни, из церковных крестов и напевов слагал он темный милосердный облик его и молился ему.

Миллионы людей шли мимо, и миллионы эти были не нужны ему. Он был чужой для них, они были для него – звук, число, название, пустое место. Один человек был ему нужен, один желанен, но не было того человека. Все многообразие лиц, походок, сердец и взглядов для него не существовало. Один взгляд был нужен ему, одно лицо, одно сердце, но не было того человека, той женщины.

Печальная ласка сумерек изо дня в день одевала его лицо с закрытыми глазами и голову, опущенную на руки. Вечерние тени толпились вокруг, смотрели и слушали мысли без слов, чувства без названия, образы без красок.

Открывались глаза человека, спрашивая темноту и образы, и мысли без слов толпились в душе его.

Тогда говорил он словами, прислушиваясь к своему голосу, но одиноко звучал его голос. А мысли без слов и образы опережали слова его и, клубом подкатывая к горлу, теснили дыхание. И тени сумерек слушали его жалобу, росли и темнели.

– Я один, родная, один, но где ты? Не знаю. Каждый день бегут мимо меня вагоны с освещенными окнами, люди видны в окнах, они поют, смеются или едят. Но тебя нет с ними, родная!

И пароходы, гиганты с бесчисленными глазами, пристают в гавани каждый день, там, где ослепительно горит электричество и движется плотная, черная толпа. Сотни людей идут по сходням, радуются и грустят, но тебя нет с ними, родная!

Грохочут улицы, вывески ресторанов сверкают, как диадемы, и катит людские волны безумный город. Молодые и старые, мужчины и женщины, школьники и проститутки, красавицы и нищие идут мимо, толкают меня и смотрят, но нет тебя с ними, родная!

Я ищу и хочу тебя, хочу ласки твоей, хочу счастья. Я уже не помню как смеешься ты. Я забыл запах твоих волос, игру губ. Я найду тебя. Я бегу за каждой женщиной, похожей на тебя, и, нагнав, проклинаю ее. Жажда томит меня, и высохла моя грудь, но нет тебя. Отзовись же, найдись. Сядь на колени ко мне, щекой прижмись к моему лицу и смейся как раньше, золотом солнца, радостью жизни. Я укачаю, убаюкаю тебя на руках, распущу твои волосы и каждый отдельный волосок поцелую. Я спою тебе песенку, и ты уснешь.

Шли минуты, часы, и звонко бегал маятник, отбивая секунды в живой, мучительной тишине. А он все сидел, очарованный страданием, качаясь из стороны в сторону. И вот из страшной, черной глубины души кто-то, на блоках и цепях, начинал подымать груз невероятной тяжести. От усилий неведомого существа кровь приливала к вискам, стучала и говорила торопливым, безумным шепотом. А тоска металась, острыми крыльями била в сердце, и с каждым ударом крыла хотело крикнуть, застонать сердце, готовое лопнуть, как гуттаперчевый шар. А груз подымался, скрипя, все выше, и медленно прессовал грудь, выгоняя воздух из легких, и ворочался там острыми гранями.

Он сжимал руками голову и, с дрожью напрягая тело, гнал прочь нечеловеческую тяжесть. А груз – воспоминание – все рос, двигаясь, как лавина и звенел забытыми словами, розовым смехом, радостью смущенных ресниц.

Он кричал:

– Не хочу! Не надо!

Но каждый раз, обессиленный, снова и снова видел во весь рост то, что бывает однажды, что не повторится ни с ним, ни с другим, ни с кем, никогда...

II

В саду темно, сыро и хорошо. Три дня он не виделся с ней и теперь пришел трепещущий, довольный и робкий. Под их ногами хрустел песок, и казалось в темноте, что она улыбается, смеется над его любовью, видит ее и думает. От этого волнение еще больше мучило его, и тягостным становилось молчание.

Они сели: он отодвинулся от ее колен, боясь, что прикосновение взволнует его любовь и бессвязными, тяжелыми словами вырвется наружу. Тогда надо будет уйти. Кончится все, и нельзя больше будет видеть ее. Так думал он за пять минут перед самыми счастливыми минутами своей жизни.

– Я вчера ждала вас, – сказала девушка, – и третьего дня ждала, и сегодня. Но вы не приходили. Разве так поступают с друзьями?

Ласковое ожидание слышалось в ее голосе, а ему оно казалось насмешкой, и от этого горькое, обидное чувство мешало дышать. Поборов волнение, он грубо и раздражительно сказал ей:

– Зачем ждали. Разве не все равно вам?

В темноте он почувствовал, как лицо девушки побледнело и сделалось замкнутым от его грубости, как глубокими и печальными стали глаза. Помолчав немного, она сказала с трудом:

– Если вы... я не знаю. Если вам все равно – конечно... Пройдемтесь. Скучно сидеть.

Но уже жалость к себе, к ней, раскаяние и умиление перед своею любовью охватили его. Не зная сам, как – он взял ее руки – горячими и бесконечно милыми были маленькие, тонкие пальцы – и сказал, сперва мысленно, а потом вслух:

– Милая! Милая! Простите меня!

Настало молчание. Казалось, что ему не будет конца. Но уже близилось могучее биение радости. Играла ли в это время музыка, пел ли кто – он не помнит. Кажется, стало светло и тягостно-сладко. Она не отняла своих рук, и он сам благоговейно и осторожно выпустил ее пальцы. Стучало ли его сердце, пел ли кто – он не помнит.

И девушка – его возлюбленная, его радость, встала, и он – без слов, понимая каждое ее движение, пошел за ней, в ее комнату, и там долго, со слезами смотрел, смотрел на ее раскрасневшееся лицо, ставшее вдруг близким-близким, бесконечно простым и добрым. Она смеялась и говорила, а кружево на ее груди трепетало, как бабочка.

– Скажите мне: «Я люблю вас!»

Он повторял, стыдливо и смущенно:

– Я люблю вас! Люблю вас! Нет – тебя люблю!..

Она засмеялась, отвернувшись, а он смотрел на ее плечи, вздрагивающие от смеха, на край розового, маленького уха, обвитого русой прядкой волос. Как-то он подошел к ней, обнял сзади за плечи и шею и вздрогнул от прикосновения теплого, трепетного тела. Она крепко прижалась маленьким, круглым подбородком к его руке и глядела прямо перед собой, в стену, счастливыми, нервно-блестящими глазами. А он спросил:

– Можно мне обнять тебя?

Она засмеялась еще сильнее неслышным, коротеньким смехом. Засмеялась оттого, что он такой смешной: сперва обнял, а потом уже спросил позволения...

III

Так сидел он часами, но груз страшной тяжести висел в его душе, груз с бледным лицом и шутливо-ласковым взглядом. Тогда он вставал и шел в темные, извилистые закоулки города, где пьяное мерцание красных фонарей с разбитыми стеклами освещает грязные булыжники и тонет в блестящих, вонючих лужах. За столиками, где пируют матросы со своими возлюбленными и хриплый хохот заглушает ругательства и женский плач, садился и он, пил вино, смотрел и слушал, как страшный груз опускается ниже, а лицо девушки с русыми волосами тонет в клубах едкого табачного дыма.

Вверху медленно двигалась ночь, звезды описывали полукруг с востока на запад, и розовый рассвет придвигал сонное лицо свое к разбитым, подслеповатым окнам кабака. Говор вокруг становился тише, ниже опускались к столам опьяневшие тела, и лохматые, рыжие головы ложились на плечи подруг. А его тело становилось чужим, и казалось ему, что голова живет отдельно от тела, бросая тупые крохи сознания в бледную полумглу.

Или он заходил в рестораны, где красивые, сверкающие зеркала неутомимо повторяли движения седого человека с молодым, загорелым лицом. На мраморных столиках белели девственно чистые скатерти, сверкая снежными изломами складок, румянец плодов алел в хрустальных вазах, и море яркого света дрожало и плыло в звуках бесшабашных мелодий огненными, острыми точками. Огромные, цветные шляпы женщин с нахальными улыбками колебались вокруг. А люди в черном целовали их руки, красные губы, полные плечи, вздрагивая и пьянея от удовольствия.

И снова сонный рассвет придвигал розовое лицо свое к матовым узорным окнам и восковыми, мертвенными тенями покрывал лица людей. В свете наступающего дня они казались призраками, обрывками сна, уродливыми и жалкими. Блестело последнее золото, последние посетители в смятых манишках, в шляпах, сдвинутых на затылок, расплачивались и уходили, а он сидел, и пустым казался ему наступающий день, пустым и ненужным, как бутылки, стоящие на столе. Дыханием его было страдание, и молитвой была тоска его.

IV

С тех пор прошло пять лет.

Пять лет прошло с того дня, когда он в первый раз обнял ее и сказал: «Можно обнять тебя?» Пять лет.

Из крепости он вышел седой. Ни письма, ни привета он не получил за эти три года, ничего. Его содержали, как важного государственного преступника, и ни одно известие о ней не всколыхнуло его сердце. Людям, посадившим его в тюрьму, не было дела до его страданий; они служили отечеству.

О жизни своей в эти три года он всегда боялся вспоминать и с ужасом приговоренного к смерти вскакивал ночью с постели, когда снилось, что он снова в тюрьме. Помнил только, что с грустью мечтал о пытках тела, существовавших в доброе старое время, и жалел, что не может своим изорванным, окровавленным телом купить свидание с ней. Раньше это было можно, в то доброе старое время.

Когда его выпустили, оправданного, он стал искать ее. Огромность задачи не поставила его в тупик. Но следы ее исчезли, и никто не мог сказать ему, где она. В мире людей, среди которых он жил, связи и знакомства непрочны, как самая жизнь этих людей. Приходят одни, уходят, приходят другие и снова бесследно теряются в шуме и холоде жизни. Исчезают, как ночная роса в утренний час.

Но упорно, неотступно, как мученик – смерть, как ученый – великую идею, он искал ее, день за днем, месяц за месяцем, разъезжая по городам, за границей, везде, где мог ожидать встретить ее. Но не было того человека, той женщины.

Он спрашивал ее везде, в отелях, гостиницах, адресных столах я клубах, библиотеках и союзах. Кельнеры и гарсоны, половые и чичероне вежливо выслушивали его, когда, стараясь казаться хладнокровным и рассеянным, он спрашивал их, прислушиваясь к ответу всем телом, с тоскою и ужасом:

– Скажите, здесь не останавливалась Вера N? Из России? Она из России, русская.

В лице людей, слушавших его, мелькало озабоченное, деловитое выражение. Они бежали куда-то, рылись в больших книгах с золотыми обрезами, в кипах листков и журналов, и каждый раз, бегая глазами по его загорелому лицу и седым волосам, говорили виновато-ласковым голосом:

– Вера N. Нет, мсье. Госпожи с этой фамилией у нас не было.

Чем дальше спрашивал он, тем труднее становилось говорить чужим, равнодушным людям имя, священное для него. И начинало казаться, что тайна его – уже не тайна, что выползла она из сокровенных тайников и неслышной тенью стелется по земле, из уст в уста, из мозга в мозг, передавая его муку, его любовь. С ненавистью смотрел он тогда в зеркало на свое лицо, проклиная измученные, угрюмые черты, не доверяя им, как скряга слугам, берегущим сокровище. Если б лицо его стало каменной маской – ему было бы легче. Тогда ни один мускул, ни одно дрожание век не выдали бы тоски его. Все труднее было ему спрашивать о ней, и казалось, что смех дрожит в глазах людей, отвечавших ему, что знают они его тайну и носят из дома в дом, хватая грязными пальцами, – сокровище, его любовь и молитву.

Шло время, весна пестрела цветами, лето синело и ширилось, желтела плакучая осень, стыла и серебрилась зима. Но не было того человека, той женщины.

– Где ты? Где ты? Я распущу твои волосы, я слезами омою их. Слезами чистыми, как любовь, как тоске моя. Я буду целовать следы ног твоих...

V

Иногда он приводил к себе женщину и запирался с ней. Являлись слуги, ставили на стол все, что требовала она, часто голодная и нетрезвая, и скромно уходили, неслышно ступая мягкими, дрессированными шагами. Он пил, оглушая себя, женщина садилась против него, охорашиваясь и оголяя локти. Снимала шляпу с цветными, красивыми перьями, трепала его по щеке и говорила:

– Давай чокнемся. Ты, душечка, сердитый? Отчего так?

Но он молчал, а женщина смеялась преувеличенно громко, думая, что не нравится ему. Садилась к нему на колени и двигалась телом, стараясь зажечь кровь. Наливала ему и себе, он пил и слушал, как падают за окном дождевые капли. Иногда смотрел на нее и говорил:

– Зачем ты сняла шляпу? Она тебе к лицу.

– Я люблю рыбу под белым соусом, – говорила женщина. – Не надеть ли мне еще калоши, дружочек? Я в комнате не ношу шляп.

Потом он брал ее за руки и долго молча целовал их. Она сидела тихо, но вдруг, вырываясь, вскрикивала обиженным, визгливым голосом:

– Ревет! Вот дурак!

– Не нужно... – бормотал он, качая головой, полной кошмарного бреда. – Не нужно. Разве ты – она?

Шли минуты, часы; женщина, пьянея, прижималась к нему все крепче и болтала без умолку, хохоча, вскидывая вверх толстые ноги в ажурных чулках. Он становился перед ней на колени и просил робким, умоляющим шепотом:

– Погладь меня... Ну, погладь же... Приласкай... Крепче, крепче обними меня. Вот так. Еще крепче. Милый я, – милый, да?..

Она заливалась звонким неудержимым хохотом, сверкая зубами, и тормошила его, крепко стискивая полными, нагими руками шею человека с загорелым лицом. Слова ее прыгали по комнате, отскакивая от его сознания, возбужденные, громкие:

– Ах ты, мой старичок! Бедняжка! Есть же такие на свете, господи!..

Кто-то гасил свет: темнота обнимала их, и в темноте он покрывал голое, горячее тело поцелуями, безумными и нежными, как счастье. Прижимался к ней. Терся лицом о лицо, трепеща от тоски и боли. Зарывал лицо в темные, пахучие волосы и думал, что это она, его возлюбленная, его радость.

Ночь шла, и ширилась, и закрывала стыдливым покровом опустошенную душу пьяного человека, и несла отдых красивой, продажной женщине. И снова розовый рассвет придвигал сонное лицо свое к занавескам, одевая мертвенным светом спящих людей.

День идет равнодушный и шумный. День за днем рождается и умирает, но нет ее. Но нет того человека, той женщины.

VI

Улицы становились пустыннее, глуше; торопливо стучали шаги одиноких прохожих. Откуда-то и как будто со всех сторон двигался отдаленный грохот экипажей, катившихся на людных улицах. В окнах, блестевших скупым светом, скользили тени людей, и мир, скрытый стеклами, убогий внутри, с улицы казался таинственным и глубоким.

С тех пор, как он вышел из веселого и громадного подъезда, прошел, вероятно, час. Двигаясь во всевозможных направлениях, пересекая площади и пустыри, терпеливо проходя длинные улицы и угрюмые переулки, он изредка останавливался, соображая, что сбился с дороги, затем опускал голову и, моментально забывая, где он, – шел снова, без определенного плана, без цели, погруженный в глубокое раздумье. Прохожие уступали ему дорогу, так как он не уступал ее никому, даже женщинам, потому что не видел их. Ноги устали, болели ступни и сгибы колен, он чувствовал, но не сознавал этого. Нищий, попросивший у него милостыни, получил в ответ:

– Не знаю. Я забыл часы дома.

Неожиданно, поворачивая за угол, в безмолвии и темноте вечерней улицы, он заметил кучку людей, толпившихся на ярко освещенном тротуаре, и тут же забыл о них. Через несколько шагов ему крикнули прямо в лицо хриплым и назойливым голосом:

– Приглашаю господина взять билет! Франк, франк, только один франк! Все новости Америки и Парижа!

Как человек, разбуженный внезапным, грубым толчком, он вздохнул, поднял голову и осмотрелся.

Прямо перед ним, на шестах, украшенных лентами и флагами, висела холщовая вывеска, освещенная электрическим светом. На ней было написано красными, затейливыми буквами, по белому фону: «Театр». Слева и справа этого слова чернели грубо нарисованные руки в манжетах, с указательными пальцами, протянутыми к буквам вывески. У широких, распахнутых дверей дощатого здания, испачканного обрывками афиш, висел лист белой бумаги. Он подошел и стал читать.

«Неожиданное приключение». «Добывание мрамора в Карраре». «Индейцы и Ков-Бои»...

Кругом теснились мальчишки и толкали его, засматривая в лицо. Усталость одолевала его. Человек, кривой на один глаз, в рыжем котелке и клетчатом кашне ходил по тротуару, мокрому от дождя, выкрикивая безразличным гортанным голосом:

– Один франк! Только один франк! Начинается! Спешите и удивляйтесь! Все новости, все новости! Франк!

Колокольчик в его пальцах неутомимо дребезжал мелким, бессильным звоном. Человек с загорелым лицом подошел к прилавку и купил билет у сонной, толстой женщины с напудренными плечами. Отодвинув драпировки, он сделал несколько шагов и сел на стул.

Вокруг сидело десять – двенадцать человек, преимущественно рабочие и мелкий торговый люд. Они сидели согнувшись, зевая и усиленно рассматривая разноцветные плакаты развешанные на стенах, обитых зеленой с красными полосами материей. Перед экраном сидел тапер, старик с красным носом и артистически-длинными серыми волосами. Его тщедушная фигура в изношенном сюртуке сотрясалась от ударов по клавишам, извлекая жалкие, прыгающие звуки танца.

За стеной еще раз продребезжал колокольчик и внезапно погас свет. Маленькая девочка с большими глазами громко и таинственно сказала матери:

– Мама, они хотят спать?

– Тсс! – сказала болезненная женщина, ее мать. – Сиди смирно.

– Петушки, – сказала девочка, увидя появившуюся на экране фабричную марку. – Мама, петушки?

Но петушки скрылись. Серая улица с серыми домами и серым небом встала перед глазами зрителей. Беззвучная, теневая, серая жизнь скользила по ней. Издалека двигались экипажи, конки, росли, делались огромными и пропадали.

Шли люди с корзинами, покупками, смеялись серыми улыбками, кивали, оглядывались. Бежали собаки и лаяли беззвучным лаем. Казалось, что внезапная глухота поразила зрителя. Движется жизнь, но беззвучна она и мертва, как загробные тени.

Из кондитерской вышел мальчик и, весело подпрыгивая, направился с корзиной, полной пирогов, к поджидавшему его маленькому товарищу-трубочисту. Они идут, жадно уничтожая пироги заказчика, довольные и счастливые.

Едет автомобиль. Шофер не видит, что маленький сорванец уже примостился сзади между колес и весело болтает босыми ногами, вздымая пыль.

– Он поехал, – сказала девочка и тронула за плечо мать. – Мама, он поехал, тот мальчик!..

– Молчи, – сказала женщина. – А то придет трубочист и унесет тебя.

Идут люди, смотрят вслед уезжающему сорванцу и смеются. Женщина в большой соломенной шляпке с мешочком в руках остановилась, оглядывается и смотрит, как невидимый зрителю фотографический аппарат записывает биение жизни.

VII

Он вскочил, зарыдал, крикнул и бросился вперед, теряя сознание.

– Она!

Она – его солнце, его жизнь. Родная! Ее грустная, милая улыбка. Ее лицо, похудевшее, тонкое. Движения! Все!

Она – схваченная игрой света. Прямо в душу смотрят ее глаза, в его потрясенную, задыхающуюся душу. Тень от шляпки упала на его лицо. Остановилась! Пошла!

Долгий, пугающий крик убил тишину и потряс стены театра. Он бросился, побежал к ней, уронив шляпу, расталкивая прохожих, побежал, задыхаясь, с лицом, мокрым от слез. Десять, пятнадцать шагов расстояния...

– Вера! Вера!

Женщина обогнула решетку сада и остановилась, удивленная криком. Он догнал ее, сотрясаясь от плача, взял на руки, поднял как ребенка, поцеловал...

Она испугалась, побледнела... Узнала! Узнала. Прижалась к нему. Безумие счастья, жгучего, как нестерпимая боль, развернуло свои крылья, осенив их. Все утонуло, пропало. Только они – их двое...

Кто-то схватил сзади и грубо потянул в сторону. Он обернулся, слепым, пораженным взглядом обвел улицу и чужих перепуганных людей, отрывавших его от чуда, сокровища и молитвы.

Огненный снег завертелся перед глазами, и кто-то огромный, тяжелой гирей ударил в сердце. Стало темно. Два маленьких рыжих петуха выскочили по бокам, сверкнули красными, косыми глазами и исчезли. Поплыл тягучий, долгий звон, усилился, стих и замер.

Когда потащили к выходу тело, ставшее вдруг таинственным и враждебным для всех этих живых, перепуганных людей, – маленький, горбоносый субъект с грязным галстуком и черными глазами сказал человеку, звонившему в колокольчик:

– Я заметил его еще раньше... Он не взял сдачи – вы подумайте – с пяти франков!..

Глухая тропа

I

Маленькая экспедиция, одна из тех, о которых не принято упоминать в печати, даже провинциальной, делала лесной переход, направляясь к западу. Кем была снаряжена и отправлена экспедиция, – геологическим комитетом, лесным управлением или же частным лицом для одному лишь ему известных целей,

– неизвестно. Экспедиция, состоявшая из четырех человек, спешила к узкой, глубокой и быстрой лесной реке. Был конец июля, время, когда бледные, как неспавший больной, ночи севера делаются темнее, погружая леса и землю – от двенадцати до двух – в полную темноту. Четыре человека спешили до наступления ночи попасть к пароходу, – маленькому, буксирующему плоты, судну; речная вода спала, и это был тот самый последний рейс, опоздать к которому равнялось целому месяцу странствования на убогом плоту, простуде и голодовкам. Пароход должен был отвезти одичавших за лето, отрастивших бороды и ногти людей – в большой, промышленный город, где есть мыло, парикмахерские, бани и все необходимое для удовлетворения культурных привычек – второй природы человека. Кроме того, путешественников с весьма понятным нетерпением ждали родственники.

Лес, – тихий, как все серьезные, большие леса, с нескончаемыми озерами и ручьями, давно уже приучил участников экспедиции к замкнутости и сосредоточенному молчанию. Шли они по узкой, полузаросшей брусникой и папоротником, тропке, протоптанной линялыми глухарями, зайцами и охотниками. По манере нести ружье угадывался, отчасти, характер каждого. Штуцер бельгийской фирмы висел на прочном ремне за спиной Афанасьева, не болтаясь, словно прибитый гвоздями; Благодатский нес винтовку впереди себя, в позе человека, всегда готового выстрелить, – это был самозабвенный охотник и любитель природы; скептик Мордкин тащил шомпольное ружье под мышкой, путаясь стволом в кустарнике; последний из четырех, с особенным, раз навсегда застывшим в лице выражением спохватившегося на полуслове человека, – не давал своему оружию покоя: он то взводил курок, то вновь опускал его, вскидывал ружье на плечо, тащил за ремень, перекладывал из левой руки в правую и наоборот; звали его Гадаутов. Он шел сзади всех, насвистывал и курил.

Дремучая тропа бросалась из стороны в сторону, местами совершенно исчезая под слоем валежника, огибая поляну или ныряя в непроходимый бурелом, где в крошечных лучистых просветах розовели кисти смородины и пахло грибом. Лиственница, ель, пихта, красные сосны, а в мокрых местах – тальник, – шли грудью навстречу; под ногами, цепляясь за сапоги, вздрагивали и ломались сучья; гнилые пни предательски выдерживали упор ноги и рушились в следующий момент; человек падал.

Когда свечерело и все, основательно избив ноги, почувствовали, что усталость переходит в изнеможение, – впереди, меж тонкими стволами елей, показалась светлая редина; глухой ропот невидимой реки хлынул в сердца приливом бодрости и успокоением. Первым на берег вышел Афанасьев; бросив короткий взгляд вперед себя, как бы закрепляя этим пройденное расстояние, он обернулся и прикрикнул отставшим товарищам:

– Берем влево на пароход!

Все четверо, перед тем как тронуться дальше, остановились на зыбком дерне изрытого корнями обрыва. Струистая, черная от глубины русла и хмурого неба поверхность дикой реки казалась мглой трещины: гоняясь за мошкарой, плавали хариусы; тысячелетняя жуть трущоб покровительственно внимала человеческому дыханию. Ивняк, закрывая отмели, теснился к реке; он напоминал груды зеленых шапок, разбросанных лесовиками в жаркий день. Противоположный, разрушенный водой берег был сплошь усеян подмытыми, падающими, как смятая трава, чахлыми, тонкими стволами.

– Никогда больше не буду курить полукрупку, – сказал Гадаутов. –

Сале мезон, апизодон, гвандилье; варварский табак, снадобье дикарей. Дома куплю полфунта за четыре рубля. Барбезон.

Его особенностью была привычка произносить с окончанием на французский лад бессмысленные, выдуманные им самим слова, мешая сюда кое-что из иностранных словарей, засевшее в памяти; вместе это напоминало сонный бред француза в России.

— Прекрасно, — отвечая на свои мысли, сказал Мордкин. — Поживем, увидим.

Постояв, все двинулись берегом. Справа, неожиданно показываясь и так же неожиданно исчезая, прорывался сквозь ветки сумеречный блеск реки; изгибаясь, крутясь, делая петли, тропинка следовала ее течению. Временами на ягоднике, треща жирными крыльями, взлетала тетерка, беспокойно кричали дрозды, затем снова наступала тишина, баюкающая и тревожная. Благодатский увидел белку; она скользила по стволу сосны винтом, показывая одну мордочку. Когда прошел еще один короткий лесной час, и все кругом, затканное дымом сумерек, стало неясным, растворяющимся в преддверии тьмы, и сильнее запела мошкара, и небо опустилось ниже, Афанасьев остановился. Наткнувшись на него, перестали шагать Благодатский, Мордкин и Гадаутов, Афанасьев сказал:

— Мы заблудились.

II

Он сказал это не возвышая и не понижая голоса, коротко, словно отрубил. Тотчас же все и сам он испытали ощущение особого рода — среднее между злобой и головокружением. Конец пути, представляемый до сих пор где-то поблизости, вдруг перестал даже существовать, исчез; отбежал назад, в сторону и исчез. После недолгого молчания Мордкин сказал:

— Так. Излишняя самонадеянность к этому и приводит. Это все левые Афанасьевские тропинки.

— «Левые» тропинки, — возразил Афанасьев, резко поворачиваясь к Мордкину. — открыты не мною. Маршрут записан и вам известен. От Кушельских озер по езженной дороге четыре версты, тропинками же — семь поворотов влево, один направо, и еще один влево, к реке. Чего же вы хотите?

— Это значит, что мы где-то сбились, — авторитетно заявил Благодатский.

— А где же пароход?

— Черт скушал, — сказал Гадаутов. — Может быть, позади, может быть, впереди. Мы шли верно, но где-то один из семи прозевали, пошли прямо. Куда мы пришли? Я не знаю — Пушкин знает! Пойдем, как шли, делать нечего. Нет, погодите, — крикнул он вдруг и покраснел от волнения, — ей-богу, это место я знаю. Ходил в прошлом году с Зайцевым. Видите? Четыре дерева повалились к воде? Видите?

– Да, – сказал хор.

– Карамба. Оппигуа. Недалеко, я вам говорю, недалеко, даже совсем близко. – Уверяя, Гадаутов резко жестикулировал. – Отсюда, прямо, как шли, еще с версту, – не больше. Я помню.

Он выдержал три долгих, рассматривающих его в упор, взгляда и улыбнулся. Он верил себе. Афанасьев покачал головой и пошел быстро, не желая терять времени. Гадаутов шел сзади, жадно и цепко осматриваясь. Место это казалось ему одновременно знакомым и чуждым. Глинистая отмель, четыре склоненные к воде дерева... Он рылся в памяти. Миллионное царство лесных примет, разбросанных в дебрях, осадило взвихренную его память ясно увиденными корягами, ямами, плесами, гарями, вырубками, остожьями[29], дуплами: собранные все вместе, в ужасающем изобилии своем, они составили бы новый сплошной лес, полный тревожного однообразия.

Черная вода справа открывалась и отходила, поблескивала и пряталась за хвойной стеной; от ее обрывистых берегов и мрачных стрежей веяло скрытой угрозой. Через несколько минут Гадаутов снова увидел четыре тонкие ели с вывернутыми корнями – двойник оставленной позади приметы. А далее, как бы издеваясь, потянулся берег, сплошь усыпанный буреломом; подкошенные водой и ветром стволы нагибались подобно огромным прутьям, и трудно было отличить в этих местах один аршин берега от соседнего с ним аршина – все было похоже, дико и зелено.

– Куда мы идем? – спросил Мордкин, оборачивая к Гадаутову лицо, вымазанное грязным потом пополам с кровью раздавленных комаров. – Парохода нет и не будет! – Он взмахнул ружьем и едва не швырнул его на землю. – Я ложусь спать и не тронусь с места. Я более не могу идти, у меня одышка! Как хотите...

Излив свое раздражение, он хлопнул рукой по вспухшей от укусов шее и, шатаясь на дрожащих ногах, тихо пошел «перед. Гадаутов, не отвечая Мордкину, исчез где-то в стороне и, наполняя лес медвежьим треском, вернулся к товарищам. Лицо его дышало светлой уверенностью.

– Если бы не моя память, – сказал он, тоскливо чувствуя, что лжет или себе, или другим, – то, клянусь мозолями моих ног, не знаю, что стали бы делать вы. Поперечный корень под моими ногами, выгнутый кренделем, то же, что пароход. Это место я помню. Мы скоро придем.

Искренний его тон смыл расцветающие на бледных лицах кривые улыбки. Ему никто не ответил, никто не усомнился в его словах: верить было необходимо, сомнение не имело смысла. Глухие сумерки подгоняли людей; обваренные распухшие ноги ступали как попало, вихляясь в корнях; угорелые от страха и изнурения, четыре человека шли версту за верстой, не замечая пройденного; каждое усилие тела напоминало о себе отчетливой болью, острой, как тиканье часов в темной комнате.

---

[29] Остожье - площадка для стога, скирды, устланная соломой.

— Пришли, — сонным голосом произнес Мордкин и отстал, поравнявшись с Гадаутовым. Гадаутов прошел мимо, то, чувствуя на спине тяжесть, отскочил в сторону, а Мордкин скользнул по его плечу и плашмя упал в кусты, согнувшись, как белье на веревке; это был обморок.

— Эй. — сказал Гадаутов, чуть не плача от утомления и испуга, — остановитесь, бараны, потеряем полчаса на медицину и милосердие! Он упал сзади меня. Анафема!

III

Идти за водой не было ни у кого сил. Афанасьев, положив голову Мордкина себе на колени, бесчеловечно тер ему уши; Мордкин вздохнул, сел, помотал головой, всхлипнул нервным смешком, встал и пошел. Через пять шагов Афанасьев схватил его за руку, взял за плечи и повернул в другую сторону. Очнувшись, Мордкин пошел назад.

— Скоро придем, — тихо сказал Гадаутов. — Темно; это пустяки; держись берегом у воды. Вы знаете, чем я руководствуюсь? Рядом стоит двойной пень, я шел тут в прошлом году.

Все спуталось в его голове. Иногда казалось ему, что он спит и сквозь сон, стряхивая оцепенение, узнает места, но тут же гасла слабая вера, и отчаяние зажимало сердце в кулак, наполняя виски шумом торопливого пульса; однообразие вечернего леса давило суровой новизной, чуждой давним воспоминаниям. Время от времени, различив в чаще прихотливый изгиб дерева или очень глубокую мургу[30], — он как будто припоминал их, думал о них мучительно, сомневаясь, убеждаясь, воспламеняясь уверенностью и сомневаясь опять. На ходу, задыхаясь и выплевывая лезущих в рот мошек, он устало твердил:

— Как я вам говорил. Вот бревно в иле. Осталось, я думаю, не совсем много. Скоро придем.

Один раз в ответ на это раздался истерический взрыв ругательств. Все шли быстро и молча; срываясь, шаг переходил в бег, и за тем, кто бежал, пускались бежать все, не рассуждая и не останавливаясь. Слепое стремление вперед, как попало и куда попало, было для них единственным, самым надежным шансом. Сознание вытеснялось страхом, воля — инстинктом, мысль — лесом; словесные толчки Гадаутова напоминали удар кнута; смысл его восклицаний отзывался в измученных сердцах таинственным словом: вот-вот, здесь-здесь, сейчас-сейчас, там-там.

Никто не заметил, как и когда исчез свет. Мрак медленно разбил его на ничтожные, слабые клочки, отсветы, иглы лучей, пятна, теплящиеся верхушки деревьев, убивая, одного за другим, светлых

---

[30] Мурга - провал, яма.

солдат Дня. Мгла осела в лесную гладь, сплавила в яркую черноту краски и линии, ослепила глаза, гукнула филином и притихла.

Идти так, как шли эти люди дальше, можно только раз в жизни. Разбитый, истерзанный, с пылающей головой и пересохшим горлом, двигался человек о четырех головах, на четвереньках, ползком, срываясь, тыкаясь лицом в жидкую глину берега, прыгая, давя кусты, ломая плечом и грудью невидимые препятствия, человек этот, лишенный человеческих мыслей, приснутый тоской и отчаянием, тащил свое изодранное тело у самой воды еще около часа. Сонное журчание реки перебил, голос:

– Кажется, сейчас мы будем на месте. Еще немного, еще!

Это сказал Гадаутов, усиливаясь сделать еще шаг. Руки и колени не повиновались ему. Затравленный тьмой, он упал, сунулся подбородком в землю и застонал.

В этот момент, оглушая четырехголового человека потрясающим холодом неожиданности, нечеловеческий, пронзительный вой бросился от земли к небу, рванул тьму, перешел в певучий рев, ухнул долгим эхом и смолк.

Крики с берега, ответившие гудку парохода, превзошли его силой сумасшедшей радости и жутким, хриплым, родственным голосом зверей. Падая на мостки, но пытаясь еще пустить в ход подгибающиеся колени, Гадаутов сказал:

– Я говорил. И никогда не обманываю. Же пруа д'аржан.

Зимняя сказка

Ты сейчас услышишь то, о чем спрашиваешь.
Редклиф

I

Ранний морозный вечер незаметно проступил в бледном небе желтой звездой. Улица стала неясная, снег – мглистый; скрипели, раскатываясь на поворотах, сани; редкая ярмарочная толпа сновала у балаганов: купцы-самоеды, мужики в малицах, бабы и девки; возле галантерейной лавки хмельной парень размахивал кумачовой рубахой; над калиткой кое-где болтались прибитые гвоздиками куньи и горностаевые шкурки: пушная торговля; мерзлые говяжьи туши, задрав ноги вверх, войском стояли на площади.

Ячевский, с целью занять три рубля, пришел в город из подгородной деревни, зашел в несколько квартир, но денег нигде не добился, остановился на углу, думая, к кому бы зайти еще, наконец, смерз, повернул в переулок и поднялся в верхний этаж гнилого деревянного дома. У обшарпанной двери, облизываясь, подобострастно мяукала кошка; Ячевский пустил ее, хотел войти сам, но женский голос сказал: – «Кто там, нельзя». Ячевский притворил дверь и громко, отчего слабый его голос стал похож на тонкий голос спросившей женщины, крикнул:

– Я это, Ячевский: можно?..

За дверью начался спор, женщина испуганно спрашивала: – «где же мне... где же мне», – а быстрый, злой голос мужчины твердил: – «ну, выйди, я тебя прошу... слышишь... надо же мне принимать где-нибудь». Слово «принимать» звучало мелочной болью и желанием произвести впечатление. Наконец, дверь открыл длинноволосый с лицом раскольника человек в синей, низко подпоясанной блузе, сказал быстро: «Входите», – и, отойдя к столу, прикрытому обрывком клеенки, напряженно остановился, пощипывая бородку. Ячевский увидел брошенные на грязный диван юбку, лоскутки, нитки, подумал: «нет мне сегодня денег», – и неловко сказал:

– Извините, Пестров, я помешал... супруга ваша работает, а я ведь так себе зашел, давно не был.

– А, да... ну, отлично, – бегая глазами, проговорил Пестров. Видно было, что визит этот почему-то неприятен и мучителен для него, но уйти вдруг Ячевский не решался; взяв стул, он сел и сгорбился.

– Вот как... живете вы, – медленно, чтобы сказать что-нибудь, произнес Ячевский и тут же подумал, что этого говорить не следовало – голые стены, груда книг на окне, сор и юбка кричали о нищете. О Пестрове было известно, что он где-то там пишет, уверяя, будто одна нашумевшая, подписанная псевдонимом книга принадлежит ему; над этим смеялись.

– Вы... выпьете чаю? – спросил Пестров; крикнул за перегородку: – Геня, самовар... впрочем, не надо. – Затем, обращаясь к Ячевскому, небрежно сказал: – Я забыл купить сахару... булочная, кажется, заперта... Нет.

– Я совсем, совсем не хочу чаю, – поспешно ответил Ячевский, – вы, пожалуйста, не беспокойтесь. – После этого ему стало вдруг нестерпимо тяжело; он растерялся и покраснел. – Нет... я вас спрошу лучше, как ваши работы, вы, вероятно, всегда заняты?

– Да, – словно обрадовавшись, сказал Пестров и сел, смотря в сторону. – Я очень занят.

За перегородкой что-то упало, резко звякнув и тем неожиданно пояснив Ячевскому, что в соседней комнате, затаившись, сидит человек.

– Не давай ножницы Мусе, – зло крикнул Пестров, – я говорил ведь! – Потом, видимо, возвращаясь мыслью к самовару и булочной, сказал, легко улыбаясь.

– Мои обстоятельства несколько стеснены, что редкость в моем положении, но я скоро получу гонорар.

Ячевский приятно улыбнулся и встал.

171

– Да, это хорошо, – сказал он, – ну... будьте здоровы, извините.

– Помилуйте, – шумно рванулся Пестров, крепко сжимая и тряся руку Ячевского, лицо же его было по-прежнему затаенно враждебным, – помилуйте, заходите... нет, непременно заходите, – закричал он на лестницу, в спину удаляющемуся Ячевскому.

Ячевский, не оборачиваясь, торопливо пробормотал:

– Хорошо, я... спасибо... – и вышел на улицу.

II

Придя домой, Ячевский чиркнул спичкой и увидел, что в комнате сидят двое: Гангулин за столом, положив голову на руки, а Кислицын возле окна. Спичка, догорев, погасла, и Ячевский, раздеваясь, сказал:

– Отчего же вы не зажжете лампу?

– В ней, Казик, нет керосина, – зевнул Гангулин. – Мы шли мимо и забрели. Керосин имеешь?

– Нет. – Ячевский вспомнил о денежных своих неудачах и сразу пришел в дурное настроение. – Хозяева же легли спать, – прибавил он. – я мог бы занять у них. Нехорошо.

– Наплевать, – бросил Кислицын. – Физиономии наши друг другу известны.

В комнате было почти темно. Голубые от месяца стекла двойных рам цвели снежным узором; пахло табаком, угаром и сыростью. Ячевский сел на кровать, снял было висевшую у изголовья гитару, но повесил, не трогая струн, обратно; он был печален и зол.

– А вы как? Что нового? – сказал он.

– Ничего, собственно. «Пусто, одиноко сонное село», – продекламировал Гангулин, встал, сладко изогнулся, хрустя суставами, сел снова и вздохнул. – У Евтихия мальчик родился; щуплый, красный, еле живой; Евтихий в восторге.

– Ты видел?

– Нет, я заходил в лавку, там встретил акушерку, она принимала.

Наступило молчание. Гангулин думал, что в темноте сидеть не особенно приятно и весело, но лень было подняться, надевать пальто, идти по тридцатиградусному морозу в дальний конец города, а там, нащупав замок, попадать в скважину, зажигать лампу, раздеваться и все затем, чтобы очутиться в ночном молчании занесенной снегом избы, одному прислушиваясь к змеиному шипению керосина. Ясно представив это, он снова опустил голову на руки и затих Кислицын же, отвернувшись к окну, вспоминал девушку, умершую два года тому назад; при жизни она казалась ему обыкновенным, не без досадных недостатков, существом, а теперь он ужасался этому и не понимал, как мог он не чувствовать ее совершенства, и душа его замкнуто болела тонким очарованием грусти, похоронившей горе.

Ячевский неохотно ждал продолжения уныло-беспредметного разговора; все подневольные жители города и пригородных деревень прочно, основательно надоели друг другу. Но гости молчали; изредка, за окном, судорожно скрипели полозья, слышался глухой топот; тараканы, пользуясь темнотой, суетливо шуршали в обоях. Молчание продолжалось довольно долго, делаясь утомительным; Ячевский сказал:

– Гангулин, вы спите?

– Нет. – Гангулин откинулся на спинку стула. – А так, просто, говорить не хочется. А разговор я послушал бы; даже не разговор, а чтобы вот сидел передо мной человек и говорил, а я бы слушал.

Ячевский лег на кровать, закрыл глаза и сказал:

– Я раньше был очень разговорчив и сообщителен, а теперь выветрился.

– Почему? – рассеянно спросил Кислицын.

– А так. Жизнь. Сухая молодость и три года в снегах – прохладное состояние души.

– Слушайте, – после небольшого молчания таинственно заговорил Кислицын,

– вот вам обоим задача. Дня четыре тому назад мне нечто приснилось, не помню

– что, и я проснулся среди ночи в страшном волнении. Это я потому рассказываю, что ко мне сейчас, в темноте, вернулось то настроение. Было темно, вот так же, как теперь, я долго искал свечу, а когда нашел, то сон этот, – как мне показалось спросонок, заключавший в себе что-то лихорадочно важное, – пропал из памяти; осталось бесформенное ощущение, которому я никак не могу подыскать названия; оно, если можно так выразиться – среднее между белым и черным, но не серое, и чрезвычайно щемящее... На другой день, неизвестно почему, только уж наверное в связи с этим, стали в голове рядом три слова: «тоска, зверь, белое». Они нет-нет вспомнятся мне, и тогда кажется, что если обратно уяснить связь этих слов – я, понимаете, буду как бы иметь ключ к собственной душе.

Он замолчал, потом рассмеялся и стал курить.

– Это мистика, – наставительно произнес Гангулин, – а ты – тоскующий белый медведь!

Кислицын снова рассмеялся грудным детским смехом.

– Нет, правда, что же это может быть, – сказал он, – «тоска, зверь, белое»?

– Бывает, – тихо заметил Ячевский, – еще и не то в тишине. Бывает иногда... – Он смолк и быстро закончил: – Этим выражается настроение. А твои три слова, как умею, переведу.

– Ну, – сказал Гангулин, – только не страшное.

– Вот что, – Ячевский приподнялся на локте, и в воздушной месячной полосе блеснули его глаза. – В ослепительно-белом кругу меловых скал бродит небольшой, нервный зверь-хищник. Не знаю только, какой породы. Небо черно, луна светит; зверь беспомощно мечется от скалы к скале, ища выхода, припадает к земле, крадется в тени, бьет хвостом, воет и прыгает высоко в воздухе, а иногда станет, как человек. Положение его безвыходное.

– В темноте бродят всякие мысли, – задумчиво проговорил Кислицын, – нет, мне решительно не нравится жить в этом городе.

Никто не ответил ему, но все трое, скользнув памятью в глубину прошедшего года, сморщились, как от скверного запаха. Жизнь города слагалась из сплетен, выносимой на показ дряблости, мелочной зависти, уныния, остывших порывов и скуки.

Из тишины выделился однообразный, призрачно далекий, тоненький звон колокольчика, замер, затем, после короткого перерыва, раздался вновь, окреп и, медленно приближаясь, пронесся мимо окна, рисуя воображению пару лохматых лошадей, сонное лицо внутри качающегося на ходу возка и свежий, бегущий, в рыхлом снегу, след саней.

– Иной раз, – сказал Ячевский, – после бесконечных взаимных жалоб мне кажется, что в нашем терпеливо-безнадежном положении мы все ждем появления какого-то неизвестного человека, который вдруг скажет давно знакомое. Но от этого произойдет нечто такое, как если сонному бросить в лицо лопату снега или крепко натереть уши.

– Послушайте, – оживился Гангулин, – я вспомнил рассказ о том, как одна сельская учительница...

Он не договорил, так как в сенях скрипнуло, треснул настил, раздались увесистые шаги, и дверь стремительно распахнулась, взрывая теплую духоту помещения хлынувшим из сеней холодом. Ячевский встал. Вошедший остановился у печки.

III

– Кто это? – спросил, недоумевая, Гангулин. В полумраке чернела высокая фигура закутанного человека; он сказал низким, незнакомым всем голосом:

– Вы – ссыльные?

– А вы кто? – спросил, зажигая спичку, Ячевский, – мы – да, ссыльные.

Перед ним стоял покрытый до пят меховой одеждой широкоплечий, неопределенного возраста, человек. В обледеневшем от дыхания вырезе малицы[31] скупо улыбалось красное от мороза лицо, безусое, скуластого типа, спутанные русые волосы выбивались из-под шапки на круглый лоб, черные, непринужденно внимательные глаза поочередно смотрели на присутствующих. Спичка погасла.

– Я тоже ссыльный, – однотонно и быстро сказал вошедший, – я бегу из Усть-Цильмы, сюда меня довез здешний мужик... Я рассказываю все, вам нужно знать, почему и как я зашел сюда...

– Зачем же, все равно, – немного теряясь, перебил Ячевский, – садитесь, все равно.

---

[31] Малица – меховой мешок с капюшоном и рукавами.

– Нет, я скажу. – Речь беглеца потекла медленнее. – Здесь город, я еду на вольных перекладных[32], паспорт фальшивый, мужик ищет лошадей на следующий перегон. Сидеть в избе, среди разбуженных мужиков и баб, быть на глазах, врать, ждать, может быть, час, – неудобно. У них памятливые глаза. Ямщик указал вас, я зашел, а теперь разрешите мне ожидать у вас.

– Странно спрашивать, – сдержанно отозвался Кислицын.

– Да садитесь, какие же церемонии, – засмеялся Ячевский. – Как вам удобнее. Но вот темно, это случайно, а неприятно.

– Мы придумаем, – сказал неизвестный и что-то проговорил заглушенным одеждой голосом; он скидывал малицу, ворочаясь и принимая в темноте уродливые очертания и пыхтя. Мех шумно упал на пол. – Да. – отдуваясь, но заботливо и покойно продолжал он, – я говорю – нет ли у вас лампадки?

– Ну, как же, мы про это забыли, – радостно удивился Ячевский, – конечно, есть.

Он скрылся в углу, затем осторожно поставил на стол запыленную лампадку и зажег фитиль. Остатки масла, треща, прососались сквозь нагар огоньком величиною с орех, месячное окно померкло, тени людей, колеблясь, перегнулись у потолка.

Приезжий, в свою очередь, быстро пробежал взглядом по усатому, с детскими глазами, лицу Кислицына, брезгливым чертам Гангулина, задумчивому, легкому профилю Ячевского и, двигая под собой стул, подсел к свету, застегнув на все пуговицы двубортный темный пиджак, из-под которого, шарфом обведя короткую шею, торчал русский воротник кумачовой рубахи.

Гангулин, потупясь, рассматривал ногти, Ячевский обдумывал положение, а Кислицын спросил:

– Вы давно в ссылке?

– Шесть дней, – показывая улыбкой белые зубы, сказал проезжий.

Гангулин взглянул на него круглыми глазами, проговорив:

– Быстро.

– Быстро? Что?

– Быстро вы убегаете, очертя голову, стремительно.

– Так как же, – сказал проезжий, – я не могу путешествовать с меланхолическим, томным видом, скандировать, останавливая лошадей на лесных полянах, чувствительные стихи, а затем, потребовав на станции к курице бутылку вина, ковырять в зубах перед каминной решеткой, вытягивая к тлеющим углям благородные, но усталые ноги... Я впопыхах...

Он, подняв брови, ждал, когда рассмеются все, и, дождавшись, громко захохотал сам.

– Значит, – сказал Гангулин, – значит, вы улепетываете?

– Вот именно. – Проезжий, вытащив из кармана портсигар,

---

[32] Вольные перекладные - экипаж с лошадьми, нанимаемый самостоятельно, не на почтовых станциях.

угостил всех и закурил сам, говоря. – Слово это очень подходит. Но мне, видите ли, здесь не нравится. Я не привык.

– Вас могут поймать; поймают – риск, – серьезно сказал Ячевский.

– Ну... поймают... – Он сморщился и развел руками, как будто, услышав иностранное слово, переводил его в уме на свой, скрытый от всех язык. – Поймают. Разве вы, делая что-нибудь, останавливаетесь в работе потому только, что не угадываете ее успеха или фиаско? Так все.

Три человека с чувством любопытствующего оживления смотрели на него в упор, Кислицын сказал:

– Куда же, если не секрет, едете?

– А, боже мой, – уклончиво ответил проезжий, – мало ли где живут... – Он заметил по выражению лица Кислицына, что собеседники готовы рассмеяться и что его слушают с удовольствием. – Вы думаете, конечно, что я словоохотлив,

– верно, поговорить люблю, это здорово, к тому же дух мой опережает меня, и теперь он далеко, а это действует, как вино. Так что же? Да, вы спрашиваете... У вас здесь еще зима, а там, – он махнул рукой в угол, – начало весны.

– Весна дальнего севера, – брезгливо сказал Гангулин, – не очень приятна. Бледное солнце, изморозь, сырость, чахоточная и нудная эта весна здесь.

– Весна в наших краях, – заговорил, помолчав, проезжий, – весна сильная, такая веселая ярость, что ли. В один прекрасный день всходит весеннее солнце и толчет снег; он загорается нестерпимым блеском, сердится, пухнет, проваливается и вот: черная с прутиками земля, зеленые почки, белые облака, вода хлещет потоками, брызжет, каплет, звенит; так вот некоторые у рукомойника женщины утром – смокнут до нитки. Потом земля сохнет, – тоже быстро, появляется трава, коровы с бубенчиками и вы, – в белом костюме, на руке же у вас висит нежно одна там... шалунья. Ей-богу.

– Даже слюнки потекли, – сердито сказал, смеясь, Гангулин.

Кислицын, не переставая улыбаться, кивнул безотчетно головой, и всем троим глянул в лицо апрель, когда синяя разливается холодными реками весна.

– Вы жили в деревне? – после недолгого молчания спросил Кислицын.

– Да.

– Как там?

– Плохо.

– А ссыльные?

– Нос на квинту.

– Да, – угрюмо сказал Гангулин, – вы жили, может быть, всего дня два, но проживи вы два года... Это я к тому, что тяжело жить.

Проезжий ничего не ответил. Затрепанный номер иллюстрированного журнала, валявшийся на столе, привлек его внимание; он перевернул несколько страниц, пробежал глазами рисунок, стихотворение и встал.

— Ямщика нет, — озабоченно проговорил он, — мужик хотел зайти сказать — и не идет. Свинья.

— Я предложил бы закусить вам, да нечего, — покраснев, сказал Ячевский,

— пустовато.

— Я не голоден, — быстро сказал проезжий, — правда, не голоден.

Он вздохнул и обернулся. Неслышно оттянув дверь, вполз заиндевевший мужик, перекрестился и стал у порога; озорное, хилое лицо мужика хитро смотрело вокруг.

— Едем, — вскочил проезжий.

— Уготовил, — откашливаясь в кулак, пробормотал мужик. — Лошадей наладил, как стать, в одночасье, свояк едет мой, пару запрег вам.

— Ах ты, умная миляга, — сказал неизвестный, — хитрая, жадная, но умная; ну, так я готов, веди меня.

Он проворно надел малицу, рукавицы, шапку и подошел к столу. Все стояли, мужик у печки вытирал усы, стряхивая сосульки в угол.

— Прощайте, спасибо. — Проезжий крепко тряхнул протянутые руки, добавив: — Может, увидимся.

— Жаль, уезжаете, — располагаясь к этому человеку, простодушно сказал Кислицын, — опять сядем и заскучаем.

— Полноте, — ответил, неповоротливо двигаясь, человек в мехах, — скука... Я еду, думаю... все скучаем, это сон, сон, мы проснемся, честное слово, надо проснуться, проснемся и мы. Будем много и жадно есть, звонко чихать, открыто смотреть, заразительно хохотать, сладко высыпаться, весело напевать, крепко целовать, пылко любить, яростно ненавидеть... подлости отвечать пощечиной, благородству — восхищением, презрению — смехом, женщине

— улыбкой, мужчине — твердой рукой... Тело из розовой стали будет у нас, да... А я все-таки заболтался. Прощайте.

Он поклонился и вышел, а мужик, мотнув головой, опередил его, загремев по лестнице Кислицын, стоя у двери, улыбнулся в то место тьмы, где, как думалось ему, находится лицо беглеца, и, так же задумчиво улыбаясь, закрыл дверь. Огонь, сильно колеблясь, трепетал в пыльном стекле лампадки мутным погибающим светом.

IV

У оврага, возле кривой избы, где ныряющая в перелесок дорога чернела при луне навозом и выбоинами, — стояла, поматывая головами, пара кобыл; подвязанный к дуге колоколец тупо брякал, а мужик, расставив ноги, затягивал мерзлый гуж. Тут же, по привычке оглядываясь во все стороны, бросал в возок охапки сена проезжий, поверх сена растянул ватное одеяло, устроил выше, для головы, подушку и стал ходить от избы к возку и обратно, нетерпеливо дергая головой. В мутной, холодно осиянной дали темнел черный лес;

черные, без огней, избы, изгороди тянулись от леса к городу; тени, как сажа на молоке, резали глаз. Две собаки лаяли за версту от оврага, но так звонко, словно вертелись за спиной.

– Тпру-у, – подымая голову, зашипел мужик, – околеть тебе, нечистая сила, калека, падло несчастное. Тпрусь.

– Шевелись, борода, ехать надо, – сказал проезжий, – раньше смотреть надо было.

Мужик, молча тряхнув оглоблей, нахлобучил шапку, потоптался, шмыгнул носом и свалился боком на облучок, вытянув ноги, как неумеющие ездить верхом дамы, а пассажир, колыхая возок, разлегся внутри и блеснул спичкой, закуривая.

– Ну, тряси вожжами, – сказал он, – поехали... Да смотри, по деревням зайцем лупи, бутылка водки в кармане, тебе отдам.

– Уж я такой, – деловито оживился мужик, – со мной ничего... ничего, покойно, значит, сенца взял.

– Постойте, – запыхавшись, крикнул Ячевский. Он подбежал из-за избы и, торопясь, смущенно улыбнулся, заглядывая в возок.

– Это, ведь, вы... сейчас... были там... так вот я...

Он запнулся, и возбуждение его улеглось.

– Ах, вы, – сказал пассажир, – что вы, пальцы отморозите, зачем пришли?

– Я, – снова заговорил Ячевский, покоряясь внезапному чувству беспомощности, в котором задуманное разом обмякло и перегорело, – я очень прошу меня извинить, задерживаю, не можете ли вы... наложенным платежом русско-немецкий словарь, сделайте одолжение.

Горький стыд потопил его. В возке точками блестели глаза.

«Зачем я все это говорю? – подумал Ячевский. – Никакой словарь не нужен, и черт вас всех побери».

– Словарь? А какой? – нетерпеливо спросил проезжий, заворочался и прибавил: – Ну, хорошо, только это?

– Да, больше ничего, извините, – тихо сказал Ячевский. – Моя фамилия Ячевский. До востребования.

– Прощайте, – раздалось из возка, – трогай.

Ячевский отошел в сторону, а коренная, тряхнув дугой, рванула возок, и лошади побежали мелкой рысью. Воровской дребезг колокольца рассыпался по оврагу коротким эхо, на бугре, падая вниз, возок скакнул, мужик занес кнутовище над головой, и снежный вихрь, брызнув из-под копыт, комьями полетел в возок. Скрип полозьев, удаляясь, затих.

Ячевский, растирая отмороженную щеку, долго смотрел в перелесок, зяб и думал, что все, вероятно, к лучшему. Он шел с целью просить неизвестного беглеца достать и выслать ему хороший подложный паспорт; этому помешали различные практические соображения.

«Бежать, – думал Ячевский, идя домой, – это, в сущности, не так просто, чего я? Шальная вспышка; сорвался, побежал... русско-немецкий словарь, противно все это. Два года – пустяки. И здесь люди живут».

Он спустился к занесенному снегом мостику; на перилах его, вися грудью и подбородком, какой-то захмелевший, без шапки, человек скользил, шаркая ногами, и горько плакал навзрыд.

Ксения Турпанова

I

Жена ссыльного Турпанова, Ксения, оделась в полутемной прихожей, тихонько отворила дверь в кладовую, взяла корзину и, думая, что двигается неслышно, направилась к выходу. Из столовой вышел Турпанов.

Ксения смущенно засмеялась, делая круглые невинно-виноватые глаза и наспех соображая, как обмануть мужа. Но он уже увидел корзинку.

– Куда ты, Ксенюшка? – спросил хорошо выспавшийся Турпанов.

– Я – в лавочку... муки надо и соли. – Она открыла дверь, но муж схватил ее за руку и стал целовать в ухо.

– Не надо муки, не надо соли, – проговорил он, – на дворе сыро, слякоть.

– Я резиновые надела, – сказала молодая женщина. – Пусти меня.

– Пошли девушку.

– Но я не могу без свежего воздуха, мне надо гулять, я засиживаюсь.

– Ну, иди, иди, – лениво сказал Турпанов, расчесывая бороду гребешком.

Ксения кивнула головой и сбежала по лестнице. На дворе ей встретился Кузнецов. Это был круглоголовый, серый, семинарского типа человек, лет под тридцать, в рыжем драповом пальто, скучный и нездоровый.

– Дома Влас Иванович? – спросил он, вяло здороваясь, и, получив утвердительный ответ, поднялся наверх.

– Раздевайтесь, – сказал Турпанов. – Жену видели? Что нового?

Кузнецов хмыкнул, потирая озябшие руки, долго смотрел в глаза Турпанову и, словно очнувшись, скинул пальто.

– А? Нового? – сказал он. – Ничего нового нет. Я спрашивал у мужиков, когда река встанет. Никто ничего не знает. Лет тридцать, говорят, такой зимы не было. Теперь ведь шестое. А?

– Да, шестое ноября. – Турпанов расстегнул воротник сорочки, выпятив круглую, белую, волосатую грудь, и стал растирать ее ладонью. – Я хорошо выспался. Надоело сидеть на острове.

Поздняя северная зима сильно угнетала жителей Тошного острова. Река медлила замерзать; легкое ледяное сало, а потом более крупный, сломанный оттепелями лед плыл, загромождая русло грязно-белой коркой; по временам льдины скоплялись у берегов, примерзали, и вода затягивалась стекловидным полувершковым льдом; он держался ночь, а утром таял, дробился и уплывал в море. Маленькие пароходы, бегавшие летом из города к острову и обратно, постепенно перестали ходить совсем. Тошноостровцы вздыхали о санной дороге и маялись.

– Пароходы больше не пойдут, я думаю, – сказал Турпанов. – А хорошо бы в город попасть. Пообедать в ресторане, сходить в кинематограф даже просто пройтись по улицам.

– Глафира Федоровна вчера мужа за обедом ругала, – захохотал Кузнецов,

– я даже в тарелку прыснул. «Дурак, идиот, скотина», а он сидит и краснеет. Вчера зашел к Меркулову, он сидит и бьет себя по коленке молоточком – купил специально молоточек. На одной ноге стоял, – забавно смотреть. Сухотку спинного мозга отыскивает.

– Значит, все по-старому, – усмехнулся Турпанов. – А в табурлет сыграем?

Расположившись в одной из трех комнат турпановской квартиры, они сыграли несколько партий. Выиграл Кузнецов. Карты скоро надоели. После унылого молчания, во время которого каждый думал о своем, куря папиросу за папиросой, Кузнецов встал и собрался идти обедать. Посещение им Турпанова не имело другой цели, кроме потребности потолкаться в чужом доме; это было обычное бестолковое, хмурое хождение ссыльных друг к другу. На острове, в деревне их было семь человек, они жили замкнуто, хотя и виделись часто, говорили о пустяках и втихомолку сплетничали. Ксения не была ссыльной, она приехала к мужу с юга. Жизнь на севере казалась ей тоскливой и мрачной.

II

Короткий ноябрьский день переходил в сумерки Трехверстная ширина реки убегала в редком тумане к смутным контурам городских зданий, церквей и зимующих у набережной морских пароходов, издали, с острова, все это казалось зубчатой тоненькой лентой. Медленно плыл, кружась, грязный, изрытый дождями лед; на льдинах сидели вороны; сиплое карканье их надоедливо будило тишину. У дамбы, среди обмелевших лодок, стояли мужики; большой карбас, спущенный на воду, тыкался кормой в камни. Мужик без шапки, растрепанный, под хмельком, кричал:

– Кладь тащи, Емельян, да доски, доски приволоки, ловчае!

Мужик, стоявший на дамбе, отчаянно махал руками в сторону

переулка, откуда, медленно потягивая сани с грузом, осторожно, чтобы не оступиться на гололедице, выступала пегая лошадь. Рядом с лошадью шел высокий, кривоплечий старик без седины, с темным лицом.

– Привороти корму, – закричал он, – таскай, сто пудов взял, шестеро вас поедет, али как?

– Все тут, – сказал мужик без шапки и, широко расставляя ноги, потащил зашитый в рогожу ящик. Это были сельди из коптильни высокого старика Татарьина. Он поставлял их в городские рыбные лавки.

Остальные, скупо и медленно шевелясь, как во сне, поснимали с саней груз, закладывая им середину карбаса. Борта сели почти вровень с водой. Гора ящиков, прикрытая рогожей, разделяла корму от носа. Молодой парень в желтой клеенчатой винцероде[33] принес две длинные тесовины, – переходить, если понадобится, лед у городского берега.

– Степан Кирилыч, увезите и меня, пожалуйста, – сказала, проходя, Ксения.

Татарьин обернулся. Он был хозяин дома, в котором жили Турпановы.

– Садись, барыня, увезу, – деловито сказал он, шлепая сапогами по луже.

Мужики, бросив работу, тупо смотрели на барыню; один, неизвестно почему, ухмыльнулся, почесав за ухом. Ксения спустилась к воде. Мутно-желтая пена двигалась вдоль карбаса, шурша льдом. Маленькая, темно-русая женщина слегка боялась этой суровой воды, утлого карбаса, загадочных мужиков, льдин, серого неба, но в то же время боязнь приводила ее в легкое восхищение. Ей казалось, что плыть на карбасе совсем не обыкновенное дело, которым сотни лет, изо дня в день, занимается население, а такое же загадочное и новое, как, например, дрессировка змей. Самое себя она чувствовала теперь тоже не балованной городской женщиной, а новой, расположенной к мужикам и мужицкому Ксенией, которую мужики не могут только видеть, а если б увидели, то загалдели бы в ее присутствии, не стесняясь.

В то время, когда она, смотря на карбас и реку, думала, что все готово и можно ехать, мужики действительно загалдели все сразу, и нельзя было понять, в чем дело, тон голосов их заставил бы непривычного человека подумать, что случилось что-то такое важное, что ехать совсем нельзя. Покричав, все, однако, успокоились и начали размещаться. Четверо сели на носу, в весла, один – на корме; Татарьин подошел к Ксении, говоря:

– Садитесь, барыня, на скамеечку.

Ксения ступила одной ногой на борт, ожидая, что от этого карбас сразу наклонится и черпнет воды, но судно почти не шелохнулось.

---

[33] Винцерода - плащ из непромокаемой ткани.

Татарьин бросил на сиденье кусок брезента; в карбасе было тесно и сыро.

– Садитесь вот, посушее. Поехали. С богом!

III

Татарьин держал руль. Короткий плеск четырех весел мерно удалял карбас от берега. Черные кучи домов отходили в сторону и назад. Ксения сидела лицом к корме, плотно обтянув юбкой ноги; ей было слегка холодно и чуть-чуть страшно. За ее спиной и за грудой ящиков невидимые гребцы о чем-то говорили вполголоса; разговор их был отрывист и глух. «О чем бы таком интересном подумать?» – мысленно произнесла Ксения. Но мысли были только о том, что непосредственно относилось к настоящему положению. Она думала, что муж будет в большом недоумении, узнав об ее поездке, пожалуй, обеспокоится, а потом, когда завтра она вернется, – обрадуется и удивится. Она любила его сильной, думающей любовью. «Такой большой и славный, очень милый», – мелькнуло в голове Ксении.

Дул ровный, холодный ветер; мужики умолкли, а Татарьин, изгибаясь во все стороны, рассматривал проходящий лед, и Ксении казалось, что мужики не разговаривают потому, что ее присутствие их стесняет. От этой мысли ей стало неловко, она спросила более громко, чем было нужно:

– А сегодня назад поедете?

– Там видно будет, – сказал Татарьин и, помолчав, прибавил: – Из Заостровья попадать плохо теперь...

– Из Заостровья?

– Плохо попадать, – продолжал мужик, очевидно, следуя своим мыслям. – Попажа плохая. Сала там понаперло, вот что. А с Кикосихи ездиют, вчера мясо везли хорошо, слободно.

Водяное пространство, казавшееся раньше загроможденным льдом, теперь, когда карбас плыл по середине реки, немного очистилось. Только у городского берега стояла ровная, белая полоса. Сырой ветер знобил, студил ноги; Ксения, не выдержав, встала, переминаясь и подергивая плечами.

– Озябли, хе-хе! – сказал гребец с мочальной бородкой. – Город уже недалеко, чаю попьете.

Татарьин, меж тем, разговорившись, тянул низким негромким голосом рассказ о том, как шесть лет назад плыл из Соломбалы с пикшуем, а отец лежал пьяный и захлебывался водой, хлеставшей через борт.

– Нахлебался, протрезвел маленько, – сказал коптильщик, – и в ухо мне как звизданет: «Ты, говорит, Хам, а я Ной, отец я твой, ты это чувствуй» – однако, свалился опять, вот какие дела.

Ксения слушала, смотря на серую, длинную воду, уходившую к далеким берегам Заостровья и Тошного хмурым простором. Большие льдины, покрытые снегом и грязью, текли к морю; некоторые из них, шипя, ползли у самого карбаса. Сумеречный узор города показался вблизи, дома и пароходы как будто вырастали, подымаясь из воды. Ехали уже около часа, у Ксении окоченели руки; сзябшаяся, боясь пошевельнуться, чтобы не озябнуть еще больше, она тоскливо посматривала на берег, мечтая выскочить из неуклюжего карбаса, пробежаться по улице, согреться, зайдя в магазин.

Карбас плыл теперь в рыхлом береговом льду, на носу стоял мужик, раскачивая суденышко; карбас, переваливаясь с боку на бок, давил своей тяжестью лед; льдины, хрустящие, перемешанные как хлеб, накрошенный в молоко, спирали борта, гребцы отталкивали их баграми, крича: «Ну еще, Василий, обопрись ловчае, оттяни назад, не мешкай, дьявол, в русло попадай, норови, норови еще!» Карбас медленно и шатко скользил к пристани; наконец обмерзшие мокрые ступени каменного трапа поплыли у ног Ксении. Татарьин дернул багром, и карбас остановился.

– Вылезайте! – сказал он, помогая окоченевшей женщине. Она поднялась на пристань и улыбнулась от удовольствия.

– А назад скоро? – Ксения порывалась бежать, мужики, уложив багры, таскали селедку.

– Не мешкайте уж, барыня, – сказал коптильщик, – дотемна ехать надо.

Ксения, порывшись в кошельке, сунула ему тридцать копеек. Мужик охотно и быстро спрятал в карман, говоря: «Ну что, стоит ли, благодарим вас». Уходя с пристани, молодая женщина долго еще слышала шорох льдин, быстрый плеск весел и ровный гул ветра.

Возвратившись через час, нагруженная покупками, резавшими ей пальцы петельками тонких бечевок, усталая и запыхавшаяся, она не увидела ни мужиков, ни карбаса. Два других, причаленные в том же месте, были пусты, покачивались, и на дне их, жулькая и почмокивая, переливалась накопившаяся вода. Было почти темно, глухо и ветрено.

IV

Турпанов, после ухода Кузнецова, вспомнил, что жены долго нет, оделся, прошел к лавочке, увидел за стойкой мужика, рассматривающего картинки старых журналов, и спросил:

– Жены моей не было у вас?

– Нету, – сказал мужик, – не приходили.

«Что за черт, – подумал Турпанов, – не ушла ли она к Антоновым?» Но, тут же вспомнив, что жена Антонова давно в ссоре с ним из-за спора о «самоценности жизни», оставил эту мысль и прошел на берег. Из казенки шел парень с двумя четвертями под мышкой, трезвый, деловито посматривая на бутылки.

– Голубчик, – спросил Турпанов, – не видал ли ты барыню в белой шапке? Это моя жена, – прибавил он, думая, что так парню будет понятнее, зачем он об этом спрашивает.

– В белой? – переспросил парень. – Это Турпаниха, стало быть... видел никак супругу вашу, – поправился он, – на татарьинском карбасе давеча проехали в город, верно они, глаз у меной такой... приметливый.

Турпанов пожал плечами, покачал головой и, обеспокоенный, подошел к воде. В темнеющей дали, шурша, двигался невидимый лед, свистел ветер.

«Ну, Ксения, – подумал Турпанов, – зачем это?» Неужели правда? Ни вчера, ни сегодня между ними не было разговора о необходимости ехать. С почты, кроме газет, нечего было ожидать, знакомых в городе не было. «Ксения, что же это? – твердил Турпанов. – А вдруг утонет... нет, пустяки... а вот простудится, сляжет хрупкая»... И почему-то обманула его.

Ничего не понимая и начиная от этого слегка раздражаться, Турпанов медленно двинулся по дороге среди голых зимних кустов к мысу. Черные вечерние избы глухо проступали слева, среди замерзших полей; огонек спасательной станции горел высоко на мачте меж тусклых звезд. Мысли о Ксении, доехала ли она и когда вернется, преследовали Турпанова.

Он вдруг ясно и живо представил ее, бесшумную, иногда грустную молчаливо, подчас веселую тем внутренним, смеющимся, тихим и невинным весельем, которое непременно в конце концов передавалось ему, как бы он ни хандрил. – «Ах ты, славная Ксеничка». – сказал Турпанов, с удовольствием чувствуя, что любит жену, и вспомнил, что ему часто приходила в голову мысль: любит ли он ее.

«Вот странно, даже дико, – подумал он, – как же не люблю?» И опять стало страшно, что она утонет. Сам он чрезвычайно боялся воды, и ко всему, отмеченному риском, к рекам, лесу, охоте и оружию, относился с брезгливым недоумением интеллигента, – полумужчины, неловкого, головного человека.

– Сегодня приедет, как же иначе, – вслух сказал Турпанов. – Жена сбежала! – шутливо усмехнулся он. И вспомнил, что у Меркулова действительно убежала жена, не вынеся бедности в ссылке с мужем-истериком. Турпанов старался представить, могла ли бы сделать то же самое его Ксения. Вопрос этот интересовал его, но не беспокоил, отношения их были ровные и заботливые. «Мы все-таки с ней разные, – мои идеалы, например, чужды ей». Под идеалами он подразумевал необходимость борьбы за новый, лучший строй. Но представления об этом строе и способах борьбы за него делались у Турпанова с каждым годом все более вялыми и отрывочными, а остальные ссыльные даже избегали говорить об этом, как живописцы не любят вспоминать о недоконченной, невытанцовавшейся картине.

«Да, Ксения... человек внутренне свободный, – размышлял, прогуливаясь, Турпанов. – а все-таки...» Что «все-таки», – он хорошенько не знал. На языке сбивчивых туманных мыслей его – это выражало животное чувство превосходства мужчины. Она спорила редко, а если спорила, то утверждала всегда что-нибудь шедшее вразрез со всеми его установившимися понятиями, и было видно, что высказанное принадлежит ей. «Пожалуй, я не знаю ее, – подумал Турпанов, – и не надо знать, так лучше, может быть, она просто недалекая, но добрая».

Он перешел дорогу, думая повернуть назад, как вдруг заметил двигающийся, неясный силуэт человека, идущего навстречу. Очертания фигуры показались ему знакомыми. Через минуту он поклонился и обрадовался. Это шла Марина Савельевна Красильникова, ссыльная, вдова убитого на войне офицера; на Тошном ее звали попросту Мара. Турпанов разглядел ее улыбку, выразившую веселье и зябкость. Полная, белокурая и высокая, она в темноте казалась стройнее и меньше.

– А, здравствуйте, – более бодрым, чем всегда, голосом сказал Турпанов.

– Вы гуляете?

– Да вышла пройтись. А вы?

– Тоже. Я провожу вас, – сказал Турпанов. – Знаете, жена в город уехала. И не предупредила. Я вот хожу и ломаю голову: зачем?

– Ну, по хозяйству что-нибудь, а вы беспокоитесь?

– Нет, зачем же... – Турпанов перебил себя: – Ну что, как дни вашей жизни?

– А вот скоро срок мой оканчивается, – радостно и серьезно заговорила Мара. – Вы, бедняжки, будете здесь сидеть, а я уеду. Уеду, – повторила она, как бы стараясь полнее представить прелесть освобождения. – В Москве остановлюсь на месяц; там ведь у меня, знаете, знакомства... Два года жизни убито. Теперь догоняй! И догоню.

– Вы можете, – медленно произнес Турпанов, сбоку оглядывая женщину. Она шла рядом с ним, на одном и том же небольшом расстоянии. Про нее ходили смешные и раздражающие сплетни, а сослали ее за дело о каком-то партийном спектакле. Турпанов сказал:

– Рисковать будете?

Мара сдержанно засмеялась.

– О, нет! Довольно с меня. По горло сыта!

– Вы откровенны.

– И вы будьте таким. – Она посмотрела на него внимательно, строго. – Актеры вы все, и плохие, плохенькие. Ну, чего там? Какая еще революция? Живы

– и слава богу.

– Позвольте же, Мара, – начал было Турпанов, но вдруг убедительно и просто почувствовал, что спорить, а тем более горячиться не о чем. – «Все это странно, однако, – подумал он, – неужели я... – но об этом не хотелось даже думать. – Доступна, или недоступна? – глухо подумал он. – Ну и свинья я, а Ксения?»

– Ваша жена сегодня приедет?

– Не знаю, – сказал Турпанов, – а вот что интересно!.. Да, она не приедет, конечно, уже темно и ветер. В гостинице переночует, я думаю... Так интересно, я говорю, вот что: в молодости мы треплемся черт знает как, и теперь...

– Ну, и что же? – усмехнулась Мара.

– Да все равно. – Ему хотелось изменить разговор в легкую и двусмысленную игру словами, но он не мог уловить подходящего момента. В том, что жена уехала, а он идет с нравящейся ему женщиной и не знает ее отношения к себе, было что-то жестокое и приятное.

– Слушайте, – сказал вдруг Турпанов, втягиваясь в это немного хмельное, немного лукавое настроение, – а пойдемте ко мне. Вы ведь у меня никогда не были, – повторил он, вспомнив, что Мара лишь две недели переведена на остров из уездного города, – а у меня хорошо, городская квартира. Ну, как? Есть конфекты.

– Если есть конфекты, – помолчав, сказала Мара, – завернем. Только я ненадолго. А что у вас хорошая квартира, то этим меня, знаете ли, не удивишь.

– Да разве я хотел вас удивить?

– Ну, не хотели, а подумали.

– Глупости, – сказал Турпанов, сердясь на то, что действительно это подумал. – Налево в переулочек.

У крайней избы села, видя, что Мара нерешительно ступает по льду лужиц, он хотел взять ее под руку, но почему-то не сделал этого. Они подошли к дому, где жил Турпанов. Крутая, темная лестница вела наверх; женщина оступилась, Турпанов поддержал ее неловко за локоть, теплый и упругий, и заметил это; и от этого стало душно. Чиркнув спичкой, Турпанов отворил дверь, стоя возле Мары и тупо следя за движениями ее рук, сбрасывающих пальто; огонь подошел к пальцам, обжег их; Турпанов взял другую спичку, а женщина засмеялась.

– Что же вы, зажгите лампу, – сказала Мара, – или в темноте будем сидеть?

– Виноват! – Он бросился в столовую и, сняв зеленый колпак лампы, осветил комнату. Мара села к столу, оглядываясь, держась как бы принужденно, Турпанов стоял. Он вдруг забыл, что нужно что-нибудь говорить, занимать гостью, или вызвать ее самое на разговор; грудь, шея и руки женщины, ее полное, овальное, затаенно-дерзкое лицо путали все мысли Турпанова; трусливое волнение наполняло его; он сделал усилие, остыл и, подойдя к буфету, вынул коробку.

– Пожалуйста, прошу вас, – сказал Турпанов, стараясь быть просто корректным, но, против воли, сердце стучало быстрыми, замирающими толчками.

– Эта комната вашей жены? – громко, шелестя конфектной бумажкой, спросила Мара.

– Да, вот посмотрите. – Турпанов взял лампу и пошел в соседнюю комнату, но гостья не встала, а только кивнула головой, и он вернулся. – Там она устроилась...

– Да, мило у вас, – сказала Мара и принялась есть конфекты.

186

«Однако, нужно же говорить что-нибудь», – думал Турпанов.

– Знаете, я недавно читал Бельше[34], «Любовь в природе»...

Она молчала, ела, откинув голову к стене; сомкнутые губы двигались сосущими движениями, и было видно, что молчание нисколько не стесняет ее. Турпанов, стараясь не смотреть на Мару, сбивчиво и путано говорил о Бельше, и чем больше говорил, барабаня по столу пальцами, тем яснее становилось ему, что Мару Бельше вовсе не интересует. Она смотрела на него пристально, блестящими глазами и молчала. Сердце Турпанова успокоилось, но осталось ровное, тяжелое раздражение. Посидев немного, он встал, принялся ходить по комнате, говоря о Бельше, синдикалистах, перемене министра, мужиках и, взглядывая на Мару, видел одно и то же, в одном и том же положении, здоровое, молчаливое лицо со странными, неотступно глядящими на него глазами. «Чего она, – подумал Турпанов, – я человек женатый, однако, и все это дурь... Самка...»

Поговорив, он замолчал, не слыша ни «да», ни «нет». Прошла минута; Мара развернула еще конфету, а Турпанов, посмотрев на нее, улыбнулся, остановился взглядом на подбородке, и вдруг желание стало мучительным, почти нестерпимым.

– Как вы смотрите, – сказал Турпанов, – вот вы какая...

– Какая? – Она тихонько зевнула. – Ведь и вы тоже смотрите.

«А что если», – мелькнуло в голове, но Турпанов смутился и встал. И, встав, увидел, что глаза Мары взглянули на него еще прямее и проще. Он подошел к ней с перехваченным спазмой горлом и, не думая ни о чем, ужасаясь тому, что хотел сделать, и в то же время бессильный воспротивиться жгучим толчкам крови, положил руки на плечи Мары. Она смотрела прямо ему в глаза, не отодвинулась и не пошевелилась, а Турпанов, продолжая ужасаться и радоваться, нагнувшись, поцеловал ее в бровь неловким и не давшим ему никакого удовольствия поцелуем. Он весь дрожал, губы его кривились; чувствуя, что теперь все можно, с душой замкнутой, даже слегка враждебной цветущему телу Мары, путаясь, расстегнул пуговицы на пышной груди, и захмелел.

«А Ксеничка, как же я... но я ее люблю, это во мне зверь», – бормотал мозг Турпанова; и вдруг без слов, качнувшись стремительно с закрытыми глазами, Мара левой рукой охватила его шею, притянула голову Турпанова к горячему бюсту; она стала вся неловкой, покрасневшей и жадной. – «Конфекты, Бельше... теперь надо крепко целовать», – подумал Турпанов и, весь затрепетав, вырвался, готовый закричать от страха... Быстрые шаги сзади замерли отчаянной тишиной. Он обернулся, ослабел и, задыхаясь от растерянности, увидел жену.

---

34 Бельше, Вильгельм (1861-1939) - немецкий биолог, популяризатор науки.

V

Ксения долго стояла на пристани, прислушиваясь к гулу ветра, оглядываясь и соображая, поедет ли теперь кто-нибудь на остров, или же ей действительно придется ночевать в городе.

Озадаченная, она не могла даже долго возмущаться Татарьиным, уехавшим, не дождавшись ее. Надоевший деревенский остров теперь, когда на него почти невозможно было попасть, казался таким близким и родственным ей, что у Ксении тоскливо, от нетерпения, сжалось сердце. Темная река шумела у ее ног; Ксения представила себе мужа, выбегающего на берег прислушаться, не плещут ли вдали весла, и почувствовала себя виноватой, почти преступницей. Это происходило оттого, что именно так тоскливо чувствовала бы она себя на его месте.

Поспешные шаги нескольких человек и стук телеги заставили ее обернуться; пятеро крестьян, три мужика и две бабы шли сзади ломовика, таща корзины с пустыми кадушками из-под молока, проданного днем. Лошадь остановилась у воды, огромный человек в кацавейке прыгнул в затрещавший карбас и принялся вычерпывать скопившуюся в нем воду. Тусклый фонарь пристани освещал погруженные на телегу мешки, остановившихся неподвижно баб и Ксению, подошедшую к ним. Колосс, черпавший воду, вылез на край мола, вытирая руки о штаны. Ксения сказала:

— Вы, кажется, едете на остров?

— Из Тошного, кладь вот наберем и пошли.

— Возьмите меня.

— С-с удовольствием! — Мужик зашмыгал носом, отвернулся, скрутил папироску, закурил ее, и блеснувший огонь спички осветил его круглое, темное лицо с маленькими глазами.

— Терентий, — закричал он суетливым, самодовольным голосом, — вот барыня просится, взять што ль?

Сутулый старик, встряхиваясь под съезжавшим со спины мешком и семеня к каменным ступеням, под которыми ожидал карбас, крикнул:

— Пущай, много ли весу в ей!

— Мы завсегда, — сказал круглолицый, поворачиваясь к Ксении и выставляя ногу каким-то особенно картинным вывертом: — значит, сочувствуем. Как я был серый мужик, — продолжал он, — а служил я в конной гвардии, в Петербурге, и что такое политиканы не знал, ну, то есть... понимаете... да.

Он подвинулся ближе и дохнул в лицо Ксении сивухой. Она молчала. Мужик затянулся папиросой и, не успевая договорить, потому что другой крикнул ему:

— таскай мешки, че-ерт! — пятясь задом, пробормотал:

— Как вы произошли курс вашей гимнастики и науки, а мы водяную часть, потому не боимся! Мне хоть сейчас скажи кто: «Иван, беги по льду» — и готово; это нам нипочем.

Он исчез в карбасе, укладывая мешки, и, видимо, форся, так как каждое движение других вызывало с его стороны взрыв авторитетных восклицаний.

Телега, постукивая, отъехала; бабы, волоча корзины и охая, уселись в корме. Третий мужик, вялый и благообразный, все время вытирая рукой рот, словно съел гадость, топтался на лестнице и, наконец, сел к мачте на корточках. Ксения поместилась против баб. Старик сел к рулю; круглолицый, толкая всех и немилосердно качая судно, поставил парус. Карбас сидел глубоко в воде; зыбь, полная льдин, терлась у самых бортов.

– Поехали! – сказал старик. – Темь, ну да и это бывало. С богом!

Он сдернул шапку, перекрестился, и этот механический жест без слов дал понять Ксении, что ехать теперь опасно и неудобно, но желание скорей попасть домой вытесняло страх. Она только бессознательно и доверчиво улыбнулась; улыбка эта выражала бессловесную просьбу к ночной реке – не очень пугать. Карбас отъехал, раздвигая льдины медленным, неуклонным движением.

– Ой, страшно, – равнодушно сказала баба и замолчала. Другая грызла орехи, встряхивая головой и шумно отплевываясь. Холодный, сильный ветер рвал воду; карбас приподняло, положило на бок, ударило о борт льдиной, отчего он весь затрясся и заскрипел, подбросило снова, взмыло еще выше и мягко швырнуло вниз.

– Вовремя поехали! – закричал старик, вертя руль. – Леший, прости господи, Иван мешкает который раз, наказанье с парнем.

– А что я тебе? – сказал круглолицый. – У меня часов нет, я не барин, не господин; ходил, верно, не доле тебя.

Ветер дул в бок, левый борт черпал воду, по временам бешеные скачки ветра срывали гребни, обдавая лица плывущих ледяной сыростью. Впереди на далеком берегу острова светился огонь спасательной станции, и старик упорно держал на него, хотя невидимые толчки залитых водой льдин повторялись все чаще и неожиданнее. Мужик, сидевший ранее на корточках, а теперь ставший на колени, держась за мешок, заговорил заискивающим, искусственно-веселым голосом:

– Развело, значит, да не попусту; попусту-то зворыхает куда сильнее, лед, значит, ест волну эту самую, утюжит, а то беда.

– Лет пятьдесят езжу, знаю, – быстро заговорил старик, видимо, говоря для барыни, так как все мужики знали, что каждый из них может рассказать о реке, – а в туман, либо морок путался часов по десять, отец еще учивал; смотри, – говорит, – по уху: как ветер дует; дует он тебе правильно, по одному месту, так и держись и-и, держи, говорит... головы не ворочай, слушай ветра, заместо компаса он... А то по волоску.

– По волоску лучше не надо, – с жаром подхватил стоявший на коленях мужик, – вот дым, ежели папироску закурить – унесет, а волосок никуда не денешь, он на башке; отпусти его, он и показывает.

Оба замолчали; карбас, стиснутый волной и льдиной, круто положило на бок, отнесло в сторону, и парус, выйдя из ветра, тревожно заполоскал, почти касаясь воды. Ксения встала; мешок муки упал к ее ногам, придавив завизжавших баб.

«Мы утонем», – подумала Ксения, но это был не страх, а жуткое, тяжелое возмущение. Со всей силой молодой жизни почувствовала она грозный, потопивший ее мрак, темную даль реки, беспомощность, отсутствие любимого человека, и ей захотелось жить не иной, а именно такой жизнью, какой жила она до сих пор и лучше которой, как показалось теперь, быть не может.

Старик, бросаясь, как угорелый, выдернул мачту, другой отпихивал багром льдину. Карбас кренило, он зачерпнул воды и остановился. И вдруг среди общего смятения раздался глухой, булькающий шум, льдина ушла под киль, карбас пошевелился, выпрямился и стал качаться.

– Весла бери, – крикнул старик, – весла, снесет вас, неуповоротные, греби што ль!

Несколько мгновений продолжалась возня, скрип уключин, беспомощные толчки, кряхтенье и брань – и все кончилось! Ветер дул с прежней силой, но волнение почти прошло, судно зашло за мыс.

– Ой, страшно, – снова сказала баба, охая и плюхаясь на мешок. – Что и делается, поехала я с вами!

– Пронесло, и слава богу, – сказал старик, и Ксения второй раз почувствовала, что была настоящая, серьезная и большая опасность.

VI

У дома Ксения остановилась и, запыхавшись, перевела дух, так как шла очень скоро, почти бежала, замирая от нетерпения и волнения. Душа ее, полная нежного оживления, влюбленности и хитроватой радости, торопилась высказаться; уже на ходу она улыбалась, представляя, как встретит ее муж, и какой нескончаемый, с восклицаниями, притворно-сердитыми упреками и вопросами начнется меж ними разговор, пока он снимет ее калоши, а она шапку. Как всегда, когда ей особенно хотелось быть с мужем, Ксения старалась думать об этом вскользь, и ей было чуть-чуть стыдно от сознания, что она теперь женщина и что меж ней и одним из бесчисленных мужчин нет ничего тайного. Поднимаясь по лестнице, она сунула руку в карман, где лежало нечто, купленное ею в городе; это был подарок мужу, часы с монограммой, которым завтра, в день своего рождения, он должен удивиться и обрадоваться. Пока же она решила сказать, что в город ехать совсем не думала, и это вышло случайно: вспомнила, что нужно кое-что по хозяйству.

Открыв дверь, Ксения увидела блеснувший свет лампы, заслоненной спиною мужа, быстро подошла и остановилась, еще продолжая машинально улыбаться. Турпанов с широко открытыми, помутившимися глазами подскочил к ней, отступил, оглянулся на Мару и побледнел. Мара инстинктивно закрыла грудь, хихикнув нервным смешком; глаза ее сузились, вспухли и заслезились; сделавшись вдруг некрасивой, вороватой и жалкой, пунцовая, она, быстро дыша, застегивала грудь.

Ксения подняла руку, машинально проводя ею по глазам, перевела взгляд с мужа на женщину, отошла в угол, продолжая неудержимо улыбаться, побелела и крепко зажмурилась. Тоскливое, холодное изнеможение овладело ею, два-три тупых слова – бессмысленных и случайных – заменили на мгновение ясность мысли, ноги ослабели, она прислонилась к столу и оцепенела, болезненно усталая, готовая закричать от боли. Мара, резко вскочив, бросилась в переднюю; Турпанов, мигая, захлебываясь от напряжения и потерянности, сказал:

– Ты не подумала ли... Марине Васильевне было, знаешь, нехорошо, легкое головокружение... – Он замолчал и жалким, громким голосом прибавил: – Ну, как мы съездили, маленькие путешественники?

– Куда? – сказала Ксения через силу, со страхом, что он будет теперь лгать, просить прощенья, извиваться. Ей было невыразимо стыдно от мысли, что муж может узнать об ее поездке. Часы, лежавшие в кармане, были ей отвратительны, смешны, глупы и тривиальны. Они могли быть нужными и важными, почти живыми, – раньше, но все это было оплевано. – Я была здесь, в гостях, но засиделась.

– Ксюша, – застонал Турпанов, ломая себе пальцы и делая мучительное лицо, – это был психоз, ей-богу, поверь мне, не надо катастроф, это был не я, я же люблю тебя!

Но говоря это, он чувствовал, что обращается к чужой, случайно зашедшей сюда женщине, пристальные, отталкивающие его глаза жены были теми новыми глазами человека, которыми он смотрит раз в жизни и, осмыслив ее по-новому, умирает верно, просто и стремительно для всех, кроме себя. Ксения молчала; передумать и осознать все, случившееся так резко, было ей не под силу. Мужчина, стоявший перед ней, сильно напоминал ей Власа, но был чужой.

– Ну, прощай, Влас, – тихо сказала Ксения, и ей стало жаль себя за то, что она не может какими-нибудь другими, такими же простыми, но огненными словами передать ему всю силу боли и ужаса. Она тронулась к выходу, обернулась и прибавила: – За что?

– Ксения! – закричал Турпанов. – Куда же, что за шутка, я не допущу! – Он бросился к ней, хватая ее за руку; она молча и сосредоточенно вырывалась; Турпанов уступил, думая, что этим смягчит ее. Она вышла без слез, еще не зная, что сделает: поедет ли в другую деревню, где можно переночевать, или наймет карбас к вокзалу, поедет по чистому и тихому рукаву, в темноте, с горем в душе и звездами над головой.

Турпанов, сбегая по лестнице вслед за Ксенией, бессвязно просил и плакал. На крыльце он остановился, совершенно упавший духом; маленький, стройный силуэт женщины быстро уходил в тьму. Скрипел снег; за овином пел пьяный, отчетливо выговаривая:

Было дело под горой, – На каку нарвался!
Раз-другой поцеловал, Три часа плевался!

Циклон в Равнине Дождей

I

– На запад, на запад, Энох! Смотрите на запад! – прокричал Кволль, стремительно проносясь мимо. Его белый парусиновый пиджак вздувался на спине пузырем от ветра, с ровным, унылым гудением стлавшегося по полю. Дрожки Кволля подпрыгивали, как угорелые, и чуть не опрокинулись, зацепившись за глубокую колею.

Почти в тот же момент Кволль, дрожки и лошадь скрылись в облаках едкой, красноватой пыли, поднятой копытами. Энох вытер рукавом пот и поднял голову; то же, но быстрее его, сделали два сына его, работавшие с ним.

– Жип, – сказал фермер, – кто кувыркался тут по дороге и кричал, что надо смотреть на запад?

– Кволль, отец, – ответил Жип, бросая лопату. – И он прав, в другой раз за деньги не увидишь того, что теперь делается. О-ох! – вскричал он, – да, это плохие шутки!

Три пары широко раскрытых глаз устремились к закату, и три вздоха соединились в один.

Солнце стало неярким. Низко над горизонтом, тускло и мрачно смотрело оно на желтую кукурузу Эноха; невидимая тяжесть ложилась от его красного диска на струящееся море стеблей, и низкие, как отколовшиеся пласты неба, облака приняли красный оттенок меди. Западная часть неба покраснела и стала мутной, словно за сто миль обрушились миллионы возов кирпичного щебня. Свет исчез: прямой, лучистый свет солнца превратился в прозрачную, красноватую муть, мгновенно лишая красок яркую зелень придорожных канав, ставших вдруг серыми, словно их облили купоросом. Затих ветер, земля, пропитанная удушьем, молчала. Отчаянно голося, хохлатый удод взлетел вверх, забил крыльями и пустился наперерез поля.

– Риоль! – сказал младшему брату Жип, – я как будто рассматриваю тебя сквозь красное стекло.

Энох, покрытый смертельной бледностью, с проклятием поднял руки и взмахнул сжатыми кулаками. Все кончено! Труды целого лета, постоянное беспокойство, мечты о прикупке земли – все превратится в вороха смятой соломы и обломки изгородей. Ну-ну! Он не ожидал этого.

Закат неудержимо притягивал его гневные, испуганные глаза. Отвратительный, красный пожар неба напоминал чью-то огромную, поднятую для удара ладонь.

Риоль тяжело вздыхал, судорожно почесывая затылок. Ноздри у Жипа бешено раздувались, он пристально посмотрел на отца и коротко рассмеялся. Фермер побагровел.

— Идиот! — заревел он. — Улыбнись-ка еще!

Жип стиснул зубы. Трепет, похожий на зуд и смех, проникал во все его существо. Его горе, мучившее его бессонницей и тяжелыми ночными слезами, казалось, нашло себе выход в притаившемся неистовстве атмосферы. Он не боялся, а наоборот, замер в бессознательном ожидании немедленного и грозного разрешения.

— Марш домой! — проворчал старик. — С богом плохие шутки. Это за грехи, слышишь, Риоль?

Охваченный отчаянием, он сразу осунулся и медленно шагал с непокрытой головой по дороге, изредка останавливаясь, чтобы бросить на запад взгляд, полный тоски и страдания. Риоль шел следом, испуганный, молчаливый; Жип замыкал шествие.

В полях, заворачивая и свивая метелками верхушки кукурузных стеблей, уже крутились маленькие, сухие вихри. Восток тонул в ранних сумерках, и сумрачно скрипели деревья, кланяясь обреченным полям.

— Риоль, — сказал Жип, — ты, конечно, поспешишь к Мери? Передай ей, что я озабочен ее участью не менее, чем своей. Всем нам грозит смерть.

Юноша с тоской посмотрел на брата.

— Ее не тронет, — убежденно проговорил он. — Мы — другое дело. Мы, может быть, заслуживаем наказания. А она?

— Риоль, — быстро проговорил Жип, — ты знаешь — мне весело.

Риоль вспыхнул. Поведение брата казалось ему предосудительным.

— Веселись, — сдержанно сказал он, прибавляя шагу, потому что налетевший порыв ветра толкнул его в спину. — Мне жалко людей. Жип, — что будет с ними?

— Ничего особенного. Поотрывает головы, снесет крыши.

— Жип! Безбожник! — закричал Энох, оборачиваясь и потрясая заступом: — Я проломлю тебе череп и наплюю на то, что ты мне сын! Какой черт вселился в тебя?

— Бежим! — простонал Риоль. — Бежим. Слышите, слышите?!

Далекий ревущий гул обнял землю. Энох остановился, ноги его подкосились и задрожали. Ему казалось, что тысячи поездов летят изо всех точек горизонта к центру, которым был он.

— Бежим! — подхватил он.

И все трое пустились стремглав к видневшейся невдалеке крыше фермы, дыша, как загнанные, очумелые лошади.

II

Первый удар циклона со стоном и лязгом рванул землю, замутив воздух тучами земляных комьев, сорванными колосьями и градом мелкого щебня. Ревущая ночь слепила, валила с ног, била в лицо. Жип лег на землю ничком и некоторое время пытался сообразить, в каком направлении лежит ферма. Затем, сдвинув на лицо шляпу, решил, что лучше и безопаснее остаться пока здесь, в поле, где нет стен и твердых предметов.

– Отец! Риоль! – вскричал он, пытаясь рассмотреть что-нибудь.

Разноголосый вой бешено прихлопнул его слова, точно это был не крик человека, а стон мухи. Крутящаяся тьма неслась над спиной Жипа. Он встал, повинуясь безумию воздуха и чувствуя, что неудержимое возбуждение организма толкает его двигаться, кричать, что-то делать. Но в тот же момент, как подстреленный, хлопнулся в дорожную пыль и покатился волчком, инстинктивно защищая лицо. Идти было немыслимо. Он лег поперек дороги, упираясь то ногами, то руками, в то время, как вихрь перебрасывал его по направлению к ферме.

Так прошло несколько минут, после которых все тело Жипа заныло от ссадин и ударов о почву. Временами он думал, что наступает конец мира, все умерли и только он, Жип, еще борется с безумием воздуха. Попав в канаву, Жип заметил, что циклон несколько ослабел. Быть может, то был случайный, ничего не значащий перерыв – трагедии, но ветер дул ровно, с силой, не угрожающей пешеходу смертью или полетом в воздухе.

Жип сделал попытку – встал и, с усилием, но устоял на ногах. Вихрь гнал его вперед, не давая остановиться. Он пробежал несколько саженей и с размаха ударился локтем о что-то твердое. Быстрее молнии другая рука Жипа обвилась вокруг невидимого предмета: это был столб или дерево.

– Улица, – сказал Жип, задыхаясь от вихря.

Теперь его самым мучительным желанием было отыскать Мери живую или лечь рядом с ее трупом. Жип побежал в сторону, тыкаясь о разрушенные стены; непонятная, почти ликующая ярость руководила его движениями. Это было временное безумие, восторг ужаса, но все совершающееся вокруг казалось Жипу давно ожидаемым и почему-то необходимым.

– Мери! – кричал он, падая и вскакивая, – Мери! Риоль!

III

Катастрофы полны неожиданностей, и крутящая сумятица ощущений в сердцах людей не дает им времени вспомнить впоследствии фактическую цепь событий, потому что все – земля и небо, и ум, потрясенный бешенством окружающего, – одно.

Тьма бледнела. Вся мелочь, весь земной мусор, труды людей, превращенные в грязный сор, пронеслись и очистили воздух, ставший теперь серым, как лицо больного перед лицом смерти. Прежняя сила воздуха густела над опустошенной равниной, и облака, не поспевая за ветром, рвались в клочки, как паруса воздушного корабля, гибнущего на высоте.

Жип перешагнул кучу бревен; помутившиеся глаза его остановились на лице Мери. Она сидела на корточках, прижавшись к уцелевшей части стены, Риоль сидел возле нее, прижавшись к коленям девушки, как зверь, ищущий защиты.

— Остатки людей, остатки имуществ! — прокричал Жип, нагибаясь к Риолю.

— Все кончено, не так ли, Мери? Все кончено.

— Все кончено! — как эхо отозвалась девушка.

— Мери, — продолжал Жип, — уйдем отсюда! Я пьян сегодня, пьян воздухом и не знаю, слышишь ли ты меня, потому что мой голос слабее бури! Брось этого размазню Риоля! Мы построим новый дом на новой земле.

— Ты — сумасшедший! — сказал Риоль, расслышав некоторые слова Жипа. — Пошел прочь!

— Мери! — продолжал Жип. — Я не знаю, что делается со мною, но я нисколько не стыжусь братца. Я при нем говорю тебе: когда он еще не целовал твоих рук, я любил тебя!

— Жип! — тихо сказала Мери, и Жип почти прижался щекой к ее губам, чтобы расслышать, что говорит девушка. — Жип, время ли теперь заводить ссору? Мы можем умереть все. Все разорены, Жип!

Жип прислонился к стене. Из груди его вырывалось хриплое, отрывистое дыхание; разбитый, осунувшийся, с кровавыми подтеками на лице, он был страшен. Но в душе его совершалось странное торжество: обойденный любовью, этот угрюмый парень радовался разрушению. В отношении его была явлена справедливость, — он понимал это.

— Кволли, Томасы, Дриббы и им подобные! — кричал он, приставляя руку ко рту: — Да, я давно знал, что пора это сделать по отношению ко всей этой дряни! Кто смеялся на похоронах Рантэя? Кто ограбил мать Лемма? Кто сделал подложные свидетельства на аренду Бутса и выудил у него процессами все денежки? Кто довел до чахотки Реджа? Послушайте, есть справедливость в ветре! Я рад, что смело всех, рад и радуюсь!

Он продолжал бесноваться, притопывая ногой в такт словам. Девушка плакала.

Риоль вынул револьвер.

— Жип, — сказал он, — уйди. Ты враг нам. Уйди или я застрелю тебя. Сегодня нет братьев — или друзья, или враги. Уйди же!

— Жип! Риоль! — воскликнула Мери.

Новая туча каменного града, сухих веток и стеблей кукурузы обрушилась на головы трех людей. Жип вынул револьвер, в свою очередь.

– Если это правда, – прокричал он, – то я ведь никогда не был неповоротливым! Сегодня все можно, Риоль, потому что нет ничего, и все стали, как звери! Прочь от этой девушки!

Мери встала, белая, как молоко.

– Убей и меня, Жип, – сказала она.

– О – ах! – вскричал Жип: – Люби мертвого!

И он выстрелил в грудь Риолю. Юноша повернулся на месте, затрясся и медленно упал боком. В тот же момент худенькая рука Мери с силой ударила Жипа по лицу, и он взвыл от ярости.

– Пусти же, подлец! – сказала девушка.

Но он уже ломал ее руки, притягивая к себе, приведенный в неистовство кровью, лязгом циклона и беззащитным девичьим телом. И вдруг, как разбежавшийся тапир, сраженный ядом стрелы, – упал вихрь. В воздухе еще кружилась солома, пыль, щепки, но все это падало вниз подобно дождю. Настала гнетущая тишина.

Жип вздрогнул и выпустил девушку. Это было ощущение чужой руки, опущенной на плечо. Закачавшись, с внезапной слабостью во всем теле Жип выбежал на дорогу.

Он увидел взлохмаченные, исковерканные, обезображенные поля, снесенные крыши, жилища, развалившиеся по швам, как ветошь; домашнюю утварь, разбросанную в канавах, сломанные деревья; одинокие фигуры живых.

И только что пережитое хлынуло в его душу тоскливой жалобой небу, земле и людям.

Малинник Якобсона

I

Геннадий долго сидел на набережной, щурясь от солнца и задумчивого речного блеска, пока острая тоска внутренностей не заставила его снова встать и идти на ослабевших ногах. Требовательный, злобный голод подталкивал его вперед, к маленьким тесным улицам, где в окнах домов меланхолически пахло воскресными пирогами, маслом, изредка и легким спиртным дыханием подвыпивших обывателей.

Сплевывая, чтобы не так тошнило от голодной слюны, попадавшей в пустой желудок обильными, раздражающими глотками, Геннадий плелся в теневой стороне домов, стиснув за спиной веснушчатые, покоробленные трудом руки. Он был плюгав, тщедушен и неповоротлив; наивные голубые глаза сидели в его поворобьиному взъерошенном, осунувшемся лице с выражением тоскливого ожидания. Он хотел есть, все его существо было проникнуто этой глубокой, священной мыслью. Рабочие, эстонцы и латыши, шли мимо него под руку с чисто одетыми женщинами и девушками.

«Жрали уже...» – завистливо подумал он, кряхтя от негодования.

Улица загибала вниз, к набережной, и Геннадий снова увидел воду, но не повернул обратно, а двинулся вдоль реки, по узкой полосе мостовой. Маленький, старинный городок отошел назад, навстречу попадались телеги, рыбачьи домики, лодки, плоты. Через две-три сотни шагов Геннадий остановился, присел на выдавшийся из глинистого откоса камень, свернул «собачью ногу» из махорки и хмуро плюнул в пространство.

Перед ним, переливаясь вечерним светом в зеленой полосе берегов, катилась река; у правого берега, разгружаясь и нагружаясь, стояли иностранные парусные корабли, паровые шхуны и барки[35]. Свернутые паруса, реи, просмоленные, исцарапанные погрузкой борта дышали крепкой морской жизнью, свободой и тяжелым трудом и чем-то еще, похожим на затаенную тоску о далеком, всемирной родине, гармоничных углах мира, беспокойной свободе.

– За тридевять земель, – коротко вспомнил Геннадий.

Чужие страны развернулись перед ним, как противоположность его собственному, полуголодному существованию. Он представлял себе неимоверно тучные, бархатного чернозема поля, здоровеннейших, краснощеких людей, огромной величины коров, лоснящихся богатырей-коней, синее, аккуратно дождливое небо и отсутствие странников. Хозяева этой прекрасной страны ходили в ослепительно-ярком платье, не расставаясь с золотом.

Докурив, Геннадий тоскливо осмотрелся вокруг. Чужой город вызывал в нем легкую, тревожную злобу чистотой и уютностью старинных маленьких улиц; протянуть руку за милостыней здесь было почему-то труднее, чем в любом другом месте. Он встал, тихо, сосредоточенно выругался и зашагал по берегу с твердым решением попросить кусок хлеба у первого попавшегося окна.

II

Деревянный одноэтажный дом, к которому подошел Геннадий, стоял почти у самой воды. На Кольях, возле небольших мостков, сушился невод, в окне, уставленном горшками с растениями, колыхались чистые занавески. На крыльце, у почерневшей, массивной двери сидел, покуривая английскую трубку, человек лет семидесяти, колоссального роста, одетый в кожаную, подбитую красной фланелью куртку и высокие сапоги. Лицо, изъеденное

---

[35] Барка - небольшая деревянная баржа с открытой палубой.

ветром и жизнью, пестрело множеством крепких, добродушных морщин, рыжие волосы, выбритая верхняя губа и умные зрачки серых глаз сделали его похожим на грубое стальное изделие, тронутое желтизной ржавчины.

– Здрасьте! – сказал Геннадий, угрюмо ломая шапку.

Старик кивнул головой. Геннадий натужился, вобрал воздуху и вдруг, жалко улыбаясь, сказал:

– Не будете ли так добры, Христа ради, кусок хлеба безработному? Верьте совести – не жравши два дня.

– Работай... – меланхолически произнес старик, пуская трубкой дым. Лицо его стало натянутым и рассеянным. – Работа есть, много работы есть.

– Игде? – с отчаянием воскликнул Геннадий. – Вот ей-богу, каждый так говорит, а поди достань ее. Хлопок грузили малость, это верно, а опосля и затерло. И то есть, как я попал сюда – не приведи бог!

– Марта! – крикнул старик и по-эстонски прибавил несколько слов, в тоне которых Геннадий уловил спокойное приказание. – Ты из Питера?

Геннадий открыл рот, но в это время на крыльцо вышла круглая, быстрая в движениях девушка, с загорелыми босыми ногами, протягивая ему кусок хлеба и новенький монопольный грош. Он взял то и другое, хлеб сунул за пазуху, а грош повертел в руках и неловко зажал в ладони.

– Премного благодарствуйте, – сказал он, отойдя в сторону.

Старик молча кивнул головой, девушка смотрела вслед удалявшемуся Геннадию прямо и равнодушно. Свернув в ближайший, каменистый, вытянутый меж двух высоких заборов переулок, Геннадий торопливо присел на корточки и съел хлеб.

Полуфунтовый кусок мало утолил его вожделение; высыпав с ладони в рот быстро высохшие крошки, он встал, голодный не менее, чем десять минут назад. Новенький, красноватый грош тупо блестел в его задрожавших от еды пальцах; Геннадий скрипнул зубами и злобно швырнул монету в побуревшую от жары крапиву.

– Чухна[36] рыжая, – сосредоточенно выругался он, облизывая припухлым языком сухие губы. Небо и десны ныли, натруженные сухой жвачкой. – Рыбу жрут, мясо... небось, – продолжал он, вспоминая невод и кур, бродивших у калитки. – Мужик... тоже!..

Саженный забор, торчавший перед ним острыми концами почерневших от дождя вертикальных досок, кой-где расходился узенькими, молчаливыми щелями. Низ их скрывался в репейнике и крапиве, середина зеленела изнутри, и изнутри же верхние концы щелей пылали нежным румянцем, словно там, в огороженном небольшом пространстве, светилось вечерней зарей свое, маленькое, домашнее, пятивершковое солнце. Геннадий прильнул глазом к забору, но не увидал ничего, кроме зеленой, красноватой каши.

---

[36] Чухна - в дореволюционной России - презрительное прозвище эстонцев.

Угрюмое любопытство бездельника, которого раздражает всякий пустяк, подтолкнуло Геннадия. Осмотревшись, он подхватил валявшийся невдалеке кол, приставил его к забору и, подтянувшись на длинных, цепких руках, выставился по пояс над заостренными концами досок.

Перед ним был малинник, принадлежавший, без сомнения, тому самому старику эстонцу, с которым он разговаривал десять минут назад. Внутренний фасад дома горел в низком огне вечернего солнца отражением стекол, яркими цветами, рассаженными по длинным, полным сочного чернозема ящикам, и путаницей кудрявых вьюнков, громоздившихся на водосточные трубы. Все остальное пространство высокого заграждения рябило багровым светом наливающейся малины.

– Госпожа ягодка! – умилился Геннадий, и в сердце его дрогнуло что-то родное, крестьянское, в ответ безмолвному голосу этого взлелеянного, выхоленного, как любимый ребенок, крошечного куска земли. Он пристально рассматривал отдельные, рдеющие на солнце ягоды, и челюсти его сводило от сладкой, кисловатой слюны.

III

Геннадий спрыгнул и отошел в сторону. Малинник, пылающий ягодами, стоял перед его глазами, сквозь серый забор, заросший со стороны переулка крапивой и одуванчиками, мерещились ему пышные, высокие лозы, рассаженные на одинаковом расстоянии друг от друга, и зубчатая листва, обрызганная красным дождем. Вершины лоз, заботливо подвязанных, каждая отдельно, суровой ниткой к высоким кольям, – соединялись над узкими проходами, образуя длинные своды из переплета стеблей, освещенных листьев и ягод. На разрыхленной, чисто выполотой земле тянулся дренаж.

Геннадий взволнованно переступил с ноги на ногу. Древний огонь земли вспыхнул в нем, переходя в глухой зуд мучительной зависти. Бесконечные, оплаканные потом поля, тощие и бессильные, как лошади голодной деревни, – выступили перед ним из вечерних дубовых рощ. Соломенные скелеты крыш, чахлые огороды, злобная печаль праздников и земля – милая, грустная, больная, близкая и ненавистная, как изменяющая любимая женщина.

– Эх-ма! – угрюмо сказал Геннадий. – Чухна проклятая!

Расстроенный, он вновь подошел к забору. Бесконечно враждебным, похожим на издевательство, казался ему этот клочок земли; мужик выругался, стукнул кулаком в доску, ушиб пальцы и побледнел.

Это не было пламенное бешенство оскорбленного человека, когда, не рассуждая, не останавливаясь, совершает он, охваченный яростью, – все, что подскажет закипевшая кровь. Холодная, нетерпеливая злоба руководила Геннадием; неопределенное, мстительное настроение, где голод и одиночество, брошенный кусок хлеба и чужой, мужицкий достаток смешивались в тяжком чувстве заброшенности. Трусливо озираясь, Геннадий вскарабкался на забор, тяжело спрыгнул и очутился в зеленой тесноте лоз.

Пряная духота, тишина, полная предательского внимания, и легкий шум крови привели его в состояние некоторого оцепенения. Присев на корточки, он с минуту прислушивался к дремотному дыханию сада, ощупывая глазами пятна теней и света; отдышался, шмыгнул носом и, убедившись, что людей нет, пропол в глубину. Оборванный, исхудавший, трясущийся от ненависти и страха, он напоминал крысу, облитую светом фонаря во тьме погреба. Еще что-то удерживало его руки, словно упругий лесной сук – идущего человека, но, понатужившись, мужик встал, поднял ногу и сильно ударил подошвой в ближайший кол.

Стебли, затрещав, вытянулись на земле. Стиснув зубы, Геннадий бросился всем телом в кусты, топча, ломая, выдергивая с корнем, скручивая и вихляя листья; брызги свежей земли летели из-под его ног и с корней выхваченных растений. Дух разрушения, близкий к истерическому припадку, наполнял его дрожью сладострастного исступления. Перед глазами кружился вихрь, пестрый, как лоскутное одеяло; через две-три минуты малинник напоминал вороха разбросанной, гигантской соломы. Пошатываясь, потный от изнурения, мужик подошел к забору. Спину знобило, усиленные скачки сердца расслабляли, перебивая дыхание. Заторопившись, он стал карабкаться на забор, срываясь, подскакивая, шаркая ногами по дереву; но через мгновение увидел рыжую голову Якобсона, вытянул вперед руки и замер.

Эстонец постоял на месте, раскачиваясь, как медведь, и вдруг положил ладони на плечи Геннадия. Горло старика клокотало и всхлипывало, как у человека с падучей, он хотел что-то сказать, но не смог и бешено обернулся к искалеченным кустам сада. Тогда Геннадий увидел, что рыжие вихры Якобсона тускнеют. На голову старика садилась таинственная, белая пыль: он быстро седел. Тягучий ужас раздавил мужика.

– Ты что делал? – хрипло спросил эстонец.

– Пусти! – взвизгнул Геннадий, подымая руки к лицу. Но его не ударили. Железные, пытливые пальцы давили плечи так, что болела шея.

– Ты ломал! – сказал шепотом Якобсон. От горя и волнения он не мог вскрикнуть и судорожно мотал головой. – Что будем делать теперь?

«Убьет!» – подумал Геннадий, тоскливо следя за прыгающими зубами эстонца. Мужику захотелось завыть, убежать вон, уткнуться лицом в землю.

– Я работал, – продолжал Якобсон, – десять лет. Ты приходил. Ты просил хлеба. Я дал тебе хлеб. Зачем был неблагодарным и ломал?

– А вот и ломал! – почти бессознательно, срывающимся голосом произнес Геннадий.

Отчаяние толкало его к вызову.

– Бей! Что не бьешь? Ломал! Э-ка! Чухна проклятая!

Загнанный, он озверел и теперь готов был на все. Пересохший язык бросил еще одно бессмысленное ругательство. Но не Якобсона хотел оскорбить он, а все, что появилось неизвестно откуда, рядом с обездоленной пашней, первобытным веретеном и мякиной: город, господа, книги, звон ресторанного оркестриона – неведомыми путями соединились в его сознании с нерусским, выхоленным куском земли. Но он не смог бы даже заикнуться об этом.

Старик согнулся, и вдруг голова его куда-то исчезла. В тот же момент Геннадий задохнулся от сотрясения, увидел под собой край забора, вверху – небо и грузно шмякнулся в переулок, затылком о камень. Багровый свет брызнул ему в глаза; он вскрикнул и потерял сознание.

Через полчаса он очнулся и сел, покачиваясь от слабости. Острая боль рвала голову. Поднявшись, мужик нащупал дрожащими пальцами висок, мокрый от крови, и заплакал. Это были теплые, злые слезы. Он плакал, неведомо для себя, о беспечальном мужицком рае, где - хлеб, золото и кумач.

Четвертый за всех

I

Кильдин, Крыга и Иванов сидели в кафе. Все они были давно знакомы, давно надоели друг другу, но тем не менее каждый вечер проводили вместе три-четыре часа, сходясь как бы случайно. На самом же деле каждый уже с утра, если не искал, то думал об остальных, забегал в ресторанчики, оглядывая ряды поднятых с бокалами рук, наконец попадал в кафе, здоровался, улыбался, и через минуту уже думал про себя, что говорить им троим не о чем.

Так и было. Но в этот раз Крыга пришел навеселе. От него пахло вином и бриллиантином: он получил деньги. Обыкновенно неразговорчивый, хроникер разошелся. Он умел, когда хотел этого, оборвать анекдот на интереснейшем месте, прищуриться на шелковую юбку ночной бабочки, обвести чмокающих губами слушателей застывшим взглядом и расцвесть снова, увлекая за собой в мир похотливого смешка и ужасающего простотой солдатского остроумия. Спор его был меток и зол, рассказы о пережитом – картинны, остроты принадлежали к числу тех, над которыми смеются, подумав.

Устав, он посмотрел в стороны. Из зеркала в зеркало метались фигуры проходящих людей, имеющих обманчивый вид сытой и благообразной толпы, цветы шляп женщин бросались в глаза более, чем неживые их лица; у телефона, поглядывая на часы, толпились смуглые молодые люди, а три ряда мраморных столиков держали в одной плоскости, как бы разрезая пополам, сидящую обкуренную толпу. Из булочной шел запах горячего хлеба и отпотевшего сахара.

– Крыга, а у тебя деньги есть? – сказал Иванов.

– Есть.

– Поедем!

– Куда?

– Да хоть бы на поплавок.

Иванов расточительным жестом бросил из жилетного кармана на стол рубль.

– Это тебе в долю. И напьемся.

Крыга почесал нос.

– Я бы поехал, – сказал он, – да мне нужно... Ах, вот что: кто эта дама? Смотри, пожалуйста: от голубой шляпы и розового лица кудри ее кажутся синими.

– Ты зубы заговариваешь, – нетерпеливо вздохнул Кильдин, – а здесь душно, выйдем на воздух. Человек, получите. Сколько? Чай – десять, верно, папиросы и лимонад – двадцать пять... а разве я кофе пил? Да, да, по-варшавски... да, да... это возьмите себе... Ну, вот и все.

– Человек, – с достоинством подхватил Иванов, – сколько с меня? Сельтерская с сиропом – пятнадцать, папиросы – десять... кулебяка? Кулебяка... Пятачок ваш.

Пока двое рассчитывались, Крыга смотрел в сторону. Злобная, тоскливая скука охватила его. Это кафе он знал десять лет, сотни вечеров судорожной, грошовой, ломаной жизни прошли здесь, между стаканом чая и папиросой, профессиональной улыбкой девушек и сосаньем набалдашника палки, и вдруг, как у школьника от затянувшегося урока, бросился в ноги зуд, нервное нетерпение и тревога тела, утомленного бесцельным сидением.

– Ну, идем, что ли, – вскакивая, сказал Крыга, – здесь, как в горячем тесте: липнешь и мокнешь.

Не зная еще по слабохарактерности, куда попадет: на иллюминованный поплавок к белой под утро реке, или домой, в тишину уснувшего здания, Крыга с Ивановым и Кильдиным вышел на улицу.

II

Шествие совершалось в молчании. Кильдин думал, что Крыга, уклоняющийся от поплавка, просто не понимает прелестей жизни.

Иванов размышлял о делании шара клопштоссом[37] через весь биллиард, о женщинах, знакомых и незнакомых, проходящих мимо и существующих в его воображении. Крыга скучал.

— Мухи дохнут, — сказал он, — изобретем что-нибудь.

— Все изобретено, — мрачно возразил Иванов.

— На поплавок надо идти, — с худо скрываемым раздражением произнес Кильдин.

Трамвай с шумом рассекал воздух. Еще видя невидное людям солнце, блестела адмиралтейская игла, городовые чинно подымали белые палки, и множество — среди всяких других — двигалось над тротуаром нежных лиц женщин с равнодушно смотрящими глазами, чистых в своей неизвестности, ярких и безответных.

Приятели шли, замедляя шаг; им некуда было торопиться, и они не знали, куда идут. Крыга почти с ненавистью взглянул на шагающего рядом Иванова и остановился.

— Куда идем? — сказал Крыга. — Мне что-то не по себе. Я, видимо, протрезвел. С души воротит. Что мы будем делать на поплавке? Выпьем графин водки? Общение душ устроим? Тайну неба похитим? Прекрасную незнакомку встретим? Графин, два графина, три графина, — хочешь ты сказать, Иванов... Допустим — три. Мы, черт его знает, — монстры какие-то. Нам всем вместе неполных сто лет, здоровья для Петербурга довольно, дураками тоже не назовешь, а ведь над нами любой богомолке заплакать не оскорбительно.

— Для разнообразия и я на эту тему поговорить люблю, — сказал, зевая, Кильдин, — да ведь все это не настоящее...

— Ты идиот, — перебил Иванов, — тут как-то в рассеянной толкучке этой ловишь по частям вечное. Раздражает — да, не удовлетворяет — да, а все-таки здесь ближе к себе, понимаешь, чувствуешь свою сущность.

— А вот что, — сказал Крыга, — выйдем из шаблона хоть раз, побродим в одиночку... Нате вам по пяти рублей, обойдите вы от зари полгорода: может, хоть вас автомобиль переедет, — все-таки интереснее.

— А что же! — лукаво, но горячо, в тон Крыге, произнес Иванов. — Сделаться на час искателем приключений! Давай деньги, дорожные расходы необходимы.

Кильдин, приободрившись, протянул руку.

— И мне, — сказал он. — Но ведь ты придумал интересную штуку, Крыга... Только знаешь что? Дай мне еще рубль, я тебе завтра отдам.

— Нет! — уже увлеченный случайной своей выдумкой, вскричал Крыга. — Ведь может же быть что-нибудь.

На миг каждый поверил этому, — тон голоса Крыги прозвучал детской верой в дракона. И каждому из них дракон был необходим, как воздух и хлеб; дракона же не было, лишь в зоологическом саду крылатое из картона туловище дышало горящей паклей, а

---

[37] Клопштосс - название удара в игре на биллиарде.

Брунегильда[38] Ляпкова держалась за хребет чудовища безопасней, чем за ременную петлю трамвая.

Миг, как всякий миг, кончился скоро, оборвался на голубой вспышке проволоки; ни говорить, ни думать об этом более не хотелось; однако, еще будучи в плену выдумки, Крыга сказал:

– И я бродячую бессонницу делить буду. До завтра в кафе! Если б хоть одному из нас повезло!

Поговорив немного, все трое разошлись в разные стороны. Иванов, сжимая в кармане и в кулаке золотой, подошел к углу, с перехваченным радостью горлом купил двадцать пять штук папирос, взял под руку жизнерадостную брюнетку, позвал извозчика, сел и поехал.

Кильдин, бессознательно улыбаясь, вышел к Пассажу, понял, что жить радостно и легко, взял под руку задорно болтливую блондинку, позвал извозчика, сел и поехал.

Крыга сказал себе своими словами: «Ерунда пришла в голову: нет приключений, городок глух, нем и жесток» – остановил печальную рыженькую, раздумал, сказал: «Прощайте», позвал извозчика, сел и поехал спать.

Взвесив шансы на интерес, последуем мы за ним.

III

По дороге домой Крыга думал о прелести черных ночей юга, блаженстве темноты, когда, забывая свет, мирно отдыхает натруженное за день тело, а глаза спокойно, не вглядываясь, остаются открытыми.

Белый, без улыбки и блеска свет томил город глухим раздражением ночи, лишенной своего естественного лица – мрака. Извозчик сидел понурясь. Он спал, а просыпаясь, – зло дергал вожжами и бормотал что-то непонятное.

Наконец, он остановился, а Крыга, слезая у железных ворот дома, где жил, испытал ту небольшую радость суетливого горожанина, когда после коварных, но деловых, пустых, но нужных свиданий, посещений и встреч возвращается он домой, к постели и книге.

Щелкнув французским ключом, Крыга вошел в переднюю, а потом в комнату. Представляя, как Иванов и Кильдин обходят глухие набережные, мосты, заплатанные вывесками переулки, где кошки с деловым видом обнюхивают тумбу, а женщины в нижних юбках, сжимая под накинутой шалью пустые бутылки, перебегают дорогу, Крыга невесело усмехнулся. Приятели думают о нем то же самое, а он – изменник, но результат – ясно – один. Те двое тоже придут домой, – дальше идти некуда.

---

[38] Дракон, Брунгильда - персонажи древнегерманского эпоса "Песнь о Нибелунгах".

В комнате было светло, как на рассвете. Крыга подошел к настежь открытому окну, куря папироску. Тихий лежал внизу двор, а впереди, чередуясь с зеленью берез и лип, тянулись хребты крыш. Золоченые купола церквей казались в отдалении туманным рисунком. Где-то стучала машина электрической станции.

«Хорош Петербург, – подумал Крыга, – люблю я этот чудесный город, сам не знаю за что. Может быть, потому – что он, как истинное сокровище, не знает и не ценит себя сам; это русский Париж, русская в нем душа, и весь он похож на то, как будто остановился живой человек с высоко поднятой головой, забродило в ней столько, что и сил нет сделать все сразу, дышит тяжело грудь; грустно и хорошо».

В этот момент с Невы, ухая в отдаленных улицах резкими вздохами, вылетел к окну крыши гибкий, поражающий даже привычное ухо странностью звука, пронзительный вопль сирены. Прошла минута, в течение которой Крыга старался согласовать бессознательно тихое свое настроение с тревожным криком реки, и вдруг за стеной слева, – так неожиданно, что журналист, не успев опомниться, вздрогнул и затрясся всем телом, – раздался долгий оглушительный вопль, точное подражание стальной глотке.

Вопль стих, возвратилась разбитая на мгновение вдребезги испуганная тишина, а Крыга еще стоял, как человек, смытый за борт, захлебывался испугом и вздрагивал. Сильное биение сердца удерживало его на месте; взяв себя в руки, Крыга выбежал на цыпочках в коридор и, потянув соседнюю дверь, взглянул в щель. За спиной стула на столе лежал голый локоть. Тотчас же рука пошевелилась, стул отодвинулся; молодой, в одном нижнем белье, человек подкрался босиком к двери, остановился в двух шагах от нее и принялся, наклонив слегка голову, нервно теребить маленькие усы.

Крыга и он стояли друг против друга, лишь случайно не встречаясь глазами. Лицо неизвестного – так как, по-видимому, это был новый жилец, которого Крыга еще не видел, – лицо это выражало крайний предел загнанности и угнетения. Сильно блестели глаза; рот с опущенными углами сжимался и разжимался, словно в него попал волос, и человек движениями губ стремился удалить раздражающее постороннее тело.

– Да он повесится, – сказал Крыга, – надо войти туда. – И вызывающе постучал.

Неизвестный, выпрямившись, отбежал к столу, сел и, сунув руки между колен, уставился на дверь таким полным страха и тоски взглядом, как если бы сейчас должен был вкатиться локомотив. Не дожидаясь ответа, Крыга отворил дверь и вошел.

К его удивлению, сосед поднялся с изменившимся выражением лица, немного сконфуженного, но улыбающегося той улыбкой, когда человек знает, что ему скажут, Крыга, притворив дверь, сказал:

– Вы, пожалуйста, извините, но я подумал, что с вами случилось бог знает что... Я прямо не в состоянии был сидеть в комнате. Что такое? Меня зовут Крыга.

– Пафнутьев, – сказал молодой человек, – у меня бессонница, я в дезабилье[39], прошу извинить.

– Мне показалось... – взволнованно начал Крыга, пристально, с немного жутким чувством смотря на Пафнутьева, – что это самое... вы... расстроены, вероятно?

Пафнутьев покорно и виновато улыбнулся, отводя взгляд. Сидел он, согнувшись, в такой позе, как если бы был разбит параличом, но не желал показывать этого.

– Вот не знаю. Не передашь. В этой сирене какое-то заразительное отчаяние.

Наступило молчание. Маленький растрепанный человек сидел перед Крыгой и улыбался.

– Вы откуда?

– Из Рязани, – сказал Пафнутьев, – я здесь три месяца.

– Учитесь?

– Да. Студент.

– А знакомые у вас есть?

– Нет.

– Как нет? – удивился Крыга. – Чтоб в Петербурге не завелись знакомые?

– Да нет же! – упрямо и сердито повторил Пафнутьев. – Нет никого. Я людей боюсь, – с неловкой искренностью прибавил он, – так вот сжимаешься, сжимаешься, да нет-нет, кто-нибудь и уязвит, и тогда одно отвращение.

– А родственники есть?

– Нет.

– Совсем нет?

– Совсем нет, – весело улыбаясь, подтвердил Пафнутьев.

– Вам надо лечиться, – серьезно сказал Крыга, – что же это, ведь пропадете так?

– Пропаду, – вдруг зло и глухо бросил Пафнутьев; вскочив, он быстро забегал по комнате, шлепая босыми ногами. – Да, нервы расстроены, денег нет! И черт их дери, пропаду, так пропаду... А зачем жить? Скучно, холодно... Холодно, – остановившись и подергивая, как от озноба, плечами, повторил он.

– Да вы идите, вам спать нужно, я уж не закричу.

– Ах, милый, – сказал Крыга, – слушайте, я вам валерьянки дам. Хотите? Уснуть-то ведь нужно.

– Не надо мне валерьянки, – сказал Пафнутьев, забегал, суетясь руками по незастегнутому вороту рубашки, остановился и, посмотрев рассеянно на Крыгу, прибавил: – Валерьянки?.. А дайте, отлично.

Крыга, торопясь, вышел, плотно закрыв дверь. В полутьме коридора разбуженные криком и разговором жильцы высунулись из дверей, притаив дыхание; видны были только заспанные, обеспокоенные лица и руки, придерживающие дверь.

– Что там? – шепотом спросила курсистка с усиками.

---

[39] В дезабилье (франц. deshabille) - не вполне одет.

– Да маленькое приключение, – сказал Крыга, – так, городская мелочь, шелуха жизни; человек пропадает – только и всего.

Курсистка сделала озабоченное, недоумевающее лицо.

– Что с ним, припадок?

– Нет, насморк. Я ему валерьянки дам.

Когда Крыга вошел снова, Пафнутьев, кутаясь в одеяло, сказал:

– Черт его знает, еще погонят отсюда.

– Зачем? – сказал Крыга. – Скажите, что во сне кошмар был. Полсотни накапайте. Уснете.

– Усну. Спасибо.

Крыга сунул ему графин и ушел спать. За стеной было тихо. – «Нет, теперь не уснешь, – собираясь раздеваться, сказал Крыга, – гвоздем засел в голове крик, весь дом насторожился после него. Так вот что...»

Он взял шляпу, вышел на улицу и, чувствуя с некоторым удовольствием, что есть законный предлог по случаю бессонницы выпить, исчез в ресторане.

IV

Франтоватый, выспавшийся Кильдин, увидев Крыгу, лениво взмахнул бровями, как бы говоря: «да, вчера пошалили, а впрочем, ничего особенного» – сосредоточенно поздоровался, корректно сел, сдвинув колени, высморкался и развалился на стуле, погрузив большие пальцы рук в верхние карманы жилета.

– Мало сегодня в кафе народа, – сказал Кильдин. – А где Иванов?

– Нет Иванова, – усмехнулся Крыга, – он придет, а ты расскажи.

– Что?

– А что вчера говорили.

Кильдин гордо вздохнул.

– О, есть приключения и приключения, – веско сказал он, – но ты, жестокий материалист, хочешь фактов.

– Факты, конечно, были, – серьезно, с завистливым, вытянутым лицом произнес Крыга, – я знаю все: ты встретил солнечную женщину, прелесть девической мировой души, и сказкой прошла ночь.

– Почти, – нагло сказал Кильдин, – но это все вне фактов, это особенное: улыбка, жест и полное соединение взглядами.

– Здравствуйте, – сказал, роняя стул, Иванов. – Я так торопился; если бы вы знали...

– Знаю, – подхватил Крыга, – улыбка, жест и полное соединение взглядами.

– Это о чем? – холодно спросил Иванов.

– Она была спелого золотистого цвета, – невозмутимо продолжал Крыга, – ее несло по течению вниз с нимбом над головой, ты спас ее, а потом снял носки и повесил их на Тучковом мосту; солнышко высушит.

– Я буду пить черный кофе, – сказал Иванов и нахмурился. – Но ты, Крыга... ты, кроме шуток, что вчера делал?

– Да все то же. – Крыга зевнул, говоря. – Удел тут один, братцы, – улыбка, жест и полное соединение взглядами.

Кошмар

I

Каждый вечер, перед тем, как уйти в свою комнату и лечь спать, я с женой читал вслух какую-нибудь книгу. Чтение продолжалось обыкновенно до тех пор, пока утомленный глаз переставал различать буквы. Самые остроумные, художественные места казались тогда непонятными алгебраическими формулами, смертельно хотелось спать, и сон манил так неудержимо, что никакое интересное положение, описанное автором, будь это дуэль, раскрытие преступления, любовь с сомнительным исходом, – не могло заставить меня бодрствовать и прочесть главу до конца. Книга захлопывалась, я целовал жену, желал ей спокойной ночи и, захватив свечку, отправлялся к себе.

Раньше, год или два назад, пока жизненные заботы еще не расшатали наши нервы и не сделали нас типичными, раздражительными горожанами, чтения эти не были так регулярны и происходили тогда, когда мы чувствовали общий действительный интерес к какому-нибудь литературному или общественному явлению, новому роману, критическому этюду. Тогда часто мы долго спорили по поводу прочитанного, полные искреннего сожаления о том, что в книге слишком мало страниц. А когда стало скучно спорить и читать вместе, потому что вкусы и мнения другого были заранее известны, незаметно окрепшая привычка заставляла меня каждый вечер раскрывать книгу и читать, а жену слушать, пока чрез определенное, небольшое количество страниц не приходил крепкий, здоровый сон.

В тот вечер, о котором идет речь, мы долго не ложились: жена увлеклась разборкой платьев, выбирая те, которые, по ее мнению, можно было подарить прислуге; а я шагал по комнате, машинально останавливаясь около разбросанных юбок и кофточек и время от времени делая бесполезные замечания по поводу той или иной вещи.

208

Ольга была в добродушном настроении и не сердилась на меня, как обыкновенно, если я мешался в ее, женское дело; но все же, когда я выразил сомнение в пользе длинных рукавов, она сказала мне, не отрываясь от сундука:

– Ну и ладно. Если ты ничего не понимаешь, то, сделай одолжение, замолчи.

– Однако я не раз давал тебе советы, – возразил я, – и ты соглашалась со мной. А сейчас я высказал свое мнение только принципиально.

– Держи его про себя, свое мнение, – отрезала Ольга, расправляя пожелтевшие кружева. – Вот.

– Милая, – сказал я, смеясь, – ты бы легла. Ты сонная и раздражаешься. А платья посмотришь завтра; торопиться, кажется, некуда.

– Ну, я уж не могу, – сказала жена, нерешительно рассматривая голубой шелковый лиф. – Начала, так надо кончить. А если скучаешь, почитан мне.

Я послушно сел к окну и раскрыл новую книжку журнала, приготовляясь прочесть рассказ известного, давно не писавшего литератора.

– Ну, слушай, – сказал я. – «Тяжелые дни», глава первая.

– Знаешь, Павлик, – встрепенулась жена. – Я лучше завтра это сделаю. Надо будет и нафталином пересыпать. А?

– Конечно, – усмехнулся я, – ведь это же я и сказал тебе две минуты назад.

– Спасибо.

– Не за что.

Наступило короткое молчание.

– Крошка, – сказал я. – Ты, детка, капризничаешь. Бай-бай пора... Ложись-ка, ложись.

– Спа-ать... – зевнула Ольга. – Скучно. А ты мне почитай, пока я усну...

– Ну, разумеется.

Она стала раздеваться, и я, сидя спиной к ней, по шороху угадывал, какая часть туалета сейчас снимается Ольгой. Вот легкий, упругий треск – это расстегивается кофточка; неуловимый, интимный шум – падают юбки; мягкое волнение воздуха – распущены волосы. Стукнули отброшенные ботинки, и Ольга босиком подошла сзади ко мне, закрывая мои глаза маленькими, теплыми руками. Я поцеловал ее пальцы, встал и сказал:

– Пол холодный, и ты простудишься.

Она сонно улыбнулась прищуренными глазами и села на кровать. Потом юркнула под одеяло и выставила розовое, хорошо знакомое мне и милое лицо.

– Бр... вот холодище, – капризно протянула она. – Завтра с утра – все печи; слышишь, Павля?

– Слышу, – сказал я; разделся, поправил огонь свечки, развернул книжку и стал читать.

Ольга слушала, закрыв глаза, и дыхание ее постепенно делалось все ровнее и глубже. Читал я вяло, но одно место, довольно яркое и с претензией на философское обобщение, расшевелило меня. Я улыбнулся и тронул Ольгу за плечо.

– Оля. Не находишь ли ты, что автор врет? Оля...

Повернув голову, я убедился, что жена спит. Сладкое, медленное дыхание ее грело мои волосы. Жаль. Интересно было бы узнать, что она скажет.

Я мысленно повторил, снова улыбнувшись, строки, показавшиеся мне избитой чепухой:

– «Нет свободы; нет никакой свободы... Только мысль разве свободна, да и то, как подумаешь, что ничего-то мы не знаем, – так и в этом усомнишься. Так-то, Григорий Абрамович...»

– Нет, Григорий Абрамович, – мысленно обратился я к лицу, выведенному автором в образе юноши, жаждущего подвига, – врет ваш автор.

Мне сильно хотелось спать, и я, даже при большом усилии, не мог бы стройно продумать и высказать свое опровержение. Но казалось мне, что если я, скромный, среднеодаренный человек, бухгалтер большого банка, из мелкого, голодного ничтожества выбился повыше, к незаметному, но полезному интеллигентному труду, женат на хорошенькой доброй женщине и свободен в своем двухсотпятидесятирублевом бюджете, – то есть у меня некоторое право поспорить с автором рассказа. Я сам работал, сам прошел все стадии борьбы за право жить и быть сытым, – а никто другой.

Положив книгу на столик, я обвел глазами красивую, со вкусом выбранную обстановку жениной спальни, и мирная тишина теплой, уютной освещенной комнаты приятно отозвалась во мне спокойным, любовным сознанием трудности жизни и прочности своего места в ее суматохе. Ольга крепко спала и смешно двигала сонными, розовыми пальцами, полузакрытыми шелком стеганого одеяла. Осторожно поднявшись, я оправил подушку, поцеловал жену в маленькое, оголившееся плечо, захватил свечку и вышел в свою, соседнюю комнату.

II

Очень хорошо помню, что за ужином в этот день не было съедено ничего тяжелого или сырого, ничего возбуждающего, что могло бы расстроить желудок или нервы. Но когда я лег, закурил папиросу и потушил огонь, то сразу неприятно убедился, что заснуть – по крайней мере сейчас – мне не удастся. Не было привычного, хорошо знакомого и приятного чувства усталости во всем теле, желания потянуться, закрыть глаза; напротив, я чувствовал себя странно легко и беспокойно, как будто теперь утро и я только что встал.

Тоскливое сознание этого было мне хорошо знакомо.

210

Обыкновенно в подобных случаях я нетерпеливо двигался на кровати, без конца курил, думал в темноте о чем-то бессвязном, таинственном и неуловимом, чутко отмечая малейший шорох, малейший скрип потолка в уснувшей квартире. Потом тяжело засыпал и вставал поздно, с головной болью и скверным аппетитом.

Тьма, наполнявшая спальню, не была полной, напряженной чернотой ночи, настраивающей бессонного человека болезненным пугливым ожиданием неопределенных звуков и навязчивых мыслей. Поэтому я решил не зажигать огня и постараться задремать.

Слабый месячный свет падал в окно, и переплет рамы на фоне тускло-голубоватых стекол казался толстой, черной решеткой. Столы, стулья и предметы, висевшие на стенах, выделялись из сумрака тяжелыми пятнами, хмурыми и неподвижными. За стеной, в комнате жены, громко и пугливо, как беспокойное сердце, стукал маятник, и по временам, переставая думать, я с автоматической тупостью начинал мысленно повторять вслед за ним: «Ук... ук... ук...»

Не помню, сколько так прошло времени, но постепенно мною стала овладевать странная тяжесть, соединенная с беспокойством и желанием двигаться. Я высвободил руку из-под одеяла, вытянул ноги, но тело было свинцовым, жарким и, как я ни поворачивался, томление не проходило.

Человек я физически вполне здоровый, крепкий, не легко устающий, и если бы такой упадок сил, соединенный с почти полным отсутствием мысли, наступил после трудной, изнурительной работы или сильных треволнений, – это было бы в порядке вещей. Но в этот день я даже не выходил из дома, день был воскресный. Продолжая удивляться и досадовать на предстоящую бессонную ночь, я невольно стал прислушиваться к странному, незнакомому звуку, медленно и тихо проникшему в глубокую тишину ночи. Звук равномерно усиливался, рос, затихал и снова наполнял комнату своим одиноким, легким присутствием.

В темноте чувства обостряются. Думая, что меня, быть может, обманывают мои собственные, бессознательные движения, производящие легкий, незаметный днем шум, я закрыл ладонями уши и совсем замер, вытянувшись лицом вверх. Потом отнял руки и прислушался. По-прежнему глухо и сонно стучал маятник, углубляя царящую тишину, но так же, как минуту назад, ровный, легкий шум, похожий на шарканье калош за окном, вздыхал в темноте, таял, как притаившийся человек, и оживал вновь.

Тихонько, опираясь руками на кровать, я встал и, напряженно ступая босыми ногами, осмотрел стены и мебель. Луна скрылась за тучами, стало темнее. Комната молчала зловеще и хитро; казалось, тысячи невидимых, зорко натянутых струн пронизывали по всем направлениям воздух, проникая в мозг, тело; тысячи струн, готовых крикнуть и загреметь при малейшем стуке или резком движении.

Дверь в спальню жены, плотно закрытая мной, смутно выделялась из мрака огромным, расплывающимся четыреугольником. По-прежнему неуловимый, вздыхающий звук полз в темноте, и вдруг, как-то сразу, неожиданным сотрясением мысли, вспыхнувшим, подобно зажженной спичке, я понял, что звук этот – ровное, глубокое дыхание жены, крепко спящей за толстой стеной комнаты и плотной, ковровой драпировкой двери.

Еще не убедившись в реальности этого открытия, я поверил ему и испугался. Новый звук заворочался в темноте – биение моего собственного всколыхнувшегося сердца. В самом деле, даже громкий, оживленный разговор был всегда плохо слышен из одной комнаты в другую и доносился лишь невнятным, слабым гулом. Теперь же легкое дыхание спящего человека раздавалось вполне ясно и так близко, что невольно казалось, будто человек этот дышит здесь, рядом со мной.

Испугавшись, я машинально схватил ручку и приоткрыл дверь. Холодное прикосновение меди слегка успокоило меня, а затем встревожило еще больше, так как, просунув голову в дверь, я убедился в правильности своего заключения; действительно, это было дыхание моей жены, наполнявшее теперь ее комнату едва слышными, ровными колебаниями.

Растерявшись и вздрагивая от холода, я затворил дверь, стараясь не скрипнуть, и вдруг весь затрясся в припадке дикого, животного ужаса. Мгновенное, сильнейшее сотрясение разбило все мое тело, разразившись тоскливым, неудержимым воплем. Я задыхался. В ужасе и тоске, хватаясь руками за горло, я старался хлебнуть воздуха и не мог. Потолок низко опустился надо мной, и все вокруг, черное, хмурое, кинулось прочь. Заплакав тихими, пугливыми взвизгиваниями, я стукнулся рукой о кровать, очнулся и сел.

III

Некоторое время мысли мои были так безобразно хаотичны, что я с трудом мог дать себе отчет, где нахожусь. Наконец сознание вернулось ко мне, но тело все еще ныло и содрогалось, как от противного, омерзительного прикосновения. В ушах носился далекий, плывущий звон, ноги дрожали от слабости, слегка подташнивало. Голубоватый свет месяца тусклой пылью озарял письменный стол и серебрил черные переплеты окна.

Мне было так страшно, так непонятно овладевшее мною состояние, что я ни минуты более не мог оставаться один. Но что же делать? Разбудить Ольгу и, быть может, испугать ее? Все равно. Я побуду немного с ней, приду в себя и усну. Остановившись на этой мысли, я встал с кровати, но тут же с крайним удивлением заметил, что ноги отказываются мне повиноваться. Они гнулись, как веревки, и тянули вниз. Опустившись на колени, я пополз к дверям, хватаясь за стулья и жалобно вскрикивая. Вместе с тем, в голове бродила сонная и детская мысль, что если жена увидит меня стоящим на коленях, то не рассердится, а укутает и поцелует.

212

Дрожа от нетерпения и глухой, тяжелой тоски, я подполз к двери и вдруг легко и быстро поднялся на ноги. Произошло это без всякого усилия с моей стороны, словно посторонняя сила мягко встряхнула меня и подняла вверх. Страх исчез, сменившись ожиданием успокаивающей близости живого человека и смеха над своей развинченностью. Но когда я медленно отворил дверь, то сразу и с некоторым смущением увидел, что попал не в женину, а в чужую комнату.

IV

Или, вернее сказать, я не был еще уверен окончательно, чья это спальня
— Ольги или посторонней, незнакомой мне женщины. Произошло какое-то неожиданное и странное перемещение хорошо известных предметов. Прежде всего
— свет. Жена моя, засыпая, никогда не оставляла огня в комнате. Теперь же по стенам и потолку разливался слабый, желтоватый отблеск, проникавший из неизвестного источника. Большое зеркало из трех овальных стекол, висевшее раньше на стене, соединявшей обе комнаты, очутилось теперь вместе с маленьким мягким диваном против меня, и сбоку его висела прибитая булавками картинка, рисованная карандашом. Картинка изображала мельницу, еловый лес, плоты, и раньше этого рисунка, как я хорошо помню, у Ольги никогда не было. Все остальные предметы сохраняли прежнее положение.

Но больше всего удивило меня то обстоятельство, что Ольга или женщина, которую я принимал за Ольгу, хозяйка этой комнаты, лежала на диване, одетая и, по-видимому, крепко спала. Я сильно сконфузился, мелькнула мысль, что это действительно незнакомое мне лицо, что она может проснуться и испугаться, увидя у себя в поздний ночной час дрожащего, полусонного мужчину босиком и в нижнем белье. Однако неудержимое любопытство преодолело стыд и заставило меня подойти ближе к дивану.

Женщина спала, несомненно, и крепко. Кофточка на ее груди была расстегнута; из-за лифа вместе с кружевом рубашки просвечивало нежное, розоватое тело. Вглядевшись пристальнее, я убедился, что это действительно Ольга, подошел смелее и тронул ее за плечо.

Она зашевелилась, проснулась, но, прежде чем открыть глаза, хихикнула гадкой, хитрой, больно уколовшей меня улыбкой. И затем уже, медленно вздрогнув ресницами, подняла к моему лицу непроницаемый, омерзительный взгляд совершенно зеленых, как трава, лукавых, немых глаз.

Я вздрогнул от непонятного, таинственного предчувствия грядущего страха, непостижимого и панического. Взял ее за холодную, гибко поддавшуюся руку и сказал:

213

– Пойдем, но не надо. Вставай, но не лежи.

Сейчас нельзя припомнить, зачем это было сказано. Но тогда я знал, что слова мои важны, значительны, имеют какой-то особый, понятный лишь ей и мне смысл. Она лежала неподвижно, гадко улыбаясь, и притягивающе глядела сквозь мою голову в дальний, закрытый тьмой угол комнаты.

Тысячи голосов, испуганных, захлебнувшихся ужасом, содрогнулись во мне звонкими, истерическими выкликами, подступая к горлу и сотрясая все тело той самой горячечной, туманящей сознание дрожью, которую я испытал во сне. Как будто молния ударила в комнату и, ослепив глаза, показала весь ужас, всю тайну творящегося вокруг. Тут только я заметил, что у Ольги не русые, как всегда, а неприятно-металлически золотистые волосы, что она – и она и не она.

Я бросился к ней, схватил ее на руки, зарыдал, прижался к ее груди мокрым от слез лицом, тискал, тормошил, а она легко, как кукла, поворачивалась в моих руках, по-прежнему зло, ехидно смеялась в лицо. Глаза ее стали больше и зеленее.

Без памяти, в состоянии близком к помешательству, я потащил ее на кровать. Мне казалось, что стоит лишь бросить эту, так странно изменившуюся женщину на подушки и провести рукой по ее щеке, как она сейчас же станет прежним, хорошо мне известным близким человеком. Но, когда, шатаясь от тяжести, я подошел к кровати, то увидел на ней – другую, настоящую Ольгу, с милым и добрым лицом, спокойно спящую, как будто вокруг не было ни тайны, ни страха, ни тоски.

Я положил женщину с зелеными глазами на Ольгу и вдруг бессознательно ясным движением мысли понял, что жена не проснется, пока я не задушу эту чужую, неизвестную женщину.

Я задушил ее быстро, нечеловеческим усилием мускулов и отбросил. Она стукнулась о пол, мертво улыбнувшись искаженным, почерневшим ртом.

– Оля, – сказал я, дрожа от тоски и бешенства, – Оля!

Жена спала. Я повернул ее голову, попытался открыть глаза. Веки вздрогнули, и был момент, когда, как показалось мне, она просыпается. Но лицо шевельнулось и приняло снова спящее, мучительно-спокойное выражение. Потом тихая улыбка тронула углы губ, и Ольга открыла глаза.

Они смотрели с горькой, страдальческой покорностью, пытаясь что-то сказать. Плача от невыразимой жалости к себе и к ней, я гладил ее по лицу и тупо повторял:

– Оля. Да встань же. Ведь я люблю тебя... Оля!

Нет, она не проснется. Я убедился в этом. А если... Еще, еще одно, самое главное усилие.

– Оля, – сказал я, – мы пришли, а ты лежишь. Если все будут лежать, – что же это в самом деле? Подожди!

И здесь я проснулся уже действительно, проснулся в состоянии, близком к отчаянию, с мокрым лицом и с горячечным пульсом.

V

Почувствовал я себя таким разбитым, таким немощным, что даже мой мозг, еще полный сонного бреда и диких, таинственно убегавших образов, не в состоянии был заставить тело вскочить и кинуться в соседнюю комнату, под защиту присутствия другого, живого человека. Чувствовал я себя так, как если бы, идя по обрыву горной кручи, упал, разбился, потерял сознание; а потом, открыв глаза, стал припоминать, что произошло.

Прошла минута, другая, и, когда безумно колотившееся сердце успокоилось, а грудь вздохнула ровнее, мною овладел детский, беспомощный страх и омерзительное, содрогающее воспоминание. Ясность пережитого была так реальна, что я, вскочив с кровати и направляясь в комнату жены, не был уверен, что не встречу там желтого света и женщины, задушенной мною. Организм мой вдруг потерял привычное равновесие, колеблясь между фантомами и ожиданием реальной, действительно существующей бессмыслицы. Открыв дверь, я быстро подошел к жене и разбудил ее.

Должно быть, я весь дрожал и говорил странно, потому что, когда проснулась жена и увидела мой темный силуэт, в движениях ее и голосе скользнули сонная, испуганная растерянность и непонимание. Она приподнялась, а я жался к ней, щупал ее руки, плечи, целовал голову, стараясь убедиться, что это не сон, а живой человек, и все время повторял слабым, всхлипывающим голосом:

– Оля, милая. Это ты? Ты? Да?!. Ох, что я видел – Олечка, Оля!..

И вдруг маленький, колючий страх съежил меня. Что, если это не Ольга, а та женщина, и у нее зеленые глаза?

Она обнимала меня, называла нежными именами и успокаивала. Два или три раза я пытался рассказать ей свой сон – и не мог; при одном воспоминании об этом все тело знобила мерзкая, гадкая дрожь.

– Павлик, – сказала жена, – это оттого, что ты лежал на спине.

Сон прошел у нее, и она лежала с открытыми глазами.

– Да, – пробормотал я, – пожалуй, ты права.

– Выпей валерьянки, милый, – вспомнила Ольга. – Ну, зажги свечку и выпей.

Я и сам сознавал необходимость этого. Но тьма, окружавшая нас, и яркие воспоминания сонных видений, при одной мысли о том, что надо встать, двигаться в бесшумной, ночной пустоте, снова наполняли душу тупым, беспредметным страхом. Все вокруг, что не было мы, двое, казалось мне странно живым, враждебным, притаившимся только на время, готовым сойти со своих мест и зажить особой, таинственной жизнью, лишь только я закрою глаза.

В окнах тускло белели снежные крыши, светилась воздушная пустота, накрытая темным куполом. Там было тихо, так же странно тихо, как и везде ночью. Все, что раньше казалось нелепым и диким, теперь вдруг оживало передо мной, наполняя мир призраками, лохматыми лешими, домовыми с хитрыми, седенькими бородками, ночными кошками, черными, как чернила на белом снегу крыш; зелеными водяниками, там, далеко, за чертой города ведущими свою непостижимую, удивительную жизнь; оборотнями, маленькими мышами, которые, может быть, вовсе не мыши, а гномы. И, крепко прижавшись к жене, гладившей меня по голове, как маленького мальчугана, я осторожно думал о том, что, может быть, и в самом деле, она – не она, что вдруг разольется в комнате странный свет и блеснет из-под одеяла гадкая, гнетущая улыбка ночного призрака.

Видя, что я лежу молча, притворяясь спящим, жена встала сама, зажгла свечку и налила мне в рюмку валерьяновых капель. Свет мало успокоил меня, и, принимая рюмку из рук Ольги, я с некоторым страхом посмотрел на ее лицо. Но это были ее, озабоченные голубые глаза и распущенные, русые волосы.

– Детка, – сказал я, – а ведь, ей-богу, мне кажется, что я все еще сплю.

Она засмеялась, и я тоже улыбнулся, думая про себя, что все-таки еще неизвестно – сплю я или нет.

Жена потушила свечку, легла на кровать и спрятала мою голову под одеяло, а я лежал там в душном, темном мраке, упираясь щекой в ее плечо, лежал, как бедный, загнанный дикарь, измученный бесчисленными фетишами, и глупо, блаженно улыбался, стараясь уснуть. Вскоре мне это удалось. Но последняя мысль, мелькавшая в засыпающем мозгу, – была та, что я – и солидный господин в золотых очках, проверяющий конторские счеты, платящий свои долги и принимающий гостей по субботам, – что-то различное.

А что – я так и не мог решить.

Утром я вскочил свежий, бодрый, с душой такой ясной и радостной, как будто она умылась. Ольга еще крепко спала. Солнце торопливо бросало в сияющие стекла окон длинные зимние лучи.

Тайна леса

I

Гудок заревел. И толпа черных людей ринулась в фабричные ворота. Спеша и перегоняя друг друга, они наполнили вечерний воздух смутным гулом, криками и ругательствами.

Дорога в город шла лесом. Лес, пьяный от воздуха, очаровательная тишина чащи, пахучий сумрак полян, – чего еще требовать от земли – алкой, пригородной земли севера? Бродить в лесу вечером – значит купаться в теплой, смолистой ванне.

Лес, или парк – как угодно, был прорезан тропинками. Каждая из них довольно болтливо говорила о том, кому принадлежат ноги, проложившие ее.

Там, где бродили влюбленные, образовались петли, спирали, неровные причудливые зигзаги, прерываемые более или менее широкими, утоптанными местами, где она садилась, а он клал ей голову на колени, примащиваясь в траве. Охотники оставляли глубокие, запутанные следы, терявшиеся в зарослях. Рабочие проложили широкую, почти прямую тропу, ведущую от опушки к городу через самое сердце леса. Им некогда было ни останавливаться, ни сворачивать.

Так шли они каждый вечер, прямой, скучной тропой возвращения, в одиночку, попарно, группами, задыхаясь от быстрой ходьбы. Кругом благоухал лес, невидимые цветы кропили воздух ароматным благословением. «Спокойной ночи, земля!» – говорило небо, закрывая глаза. Но голубые зрачки их еще долго, полусонные и ласковые, следили за миром.

Угрюмый полировщик двигался медленным развалистым шагом. Попутные кабачки вставали перед его глазами, и пьяный дух стойки заносил над его душой властную руку демона. Это был человек, за неимением водки прибегающий к лаку и политуре, ибо всякому порядочному человеку известно, как много спирта в этих вещах.

Темнело, благодать сумерек окутывала стволы сосен, ели казались черными, замолкли иволги, осторожно стучал дятел. Зеленые огни светляков вспыхнули крошечными, двигающимися изумрудами: погасло небо.

Все медленнее шел полировщик – и были тому причины. Жена поджидала его с сжатыми кулаками. Он знал это так же верно, как то, что вчера была получка и он, отец трех детей, ночевал не дома, а на кровати с ситцевыми занавесками, бок о бок с купленным за два рубля телом. И пропил он, как последняя каналья, все свое жалованье.

Совесть его была спокойна. Давным-давно, полируя дерево для вагонных окон, обдумал он, день за днем, год за годом, всю свою жизнь и отчетливо решил плюнуть на всех и на все. Угнетенный промозглым воздухом городского подвала, кислым ароматом пеленок, ненавистным до одури утомлением труда, долгами и драками с женой в дни получек, – он отводил душу в зеленом тумане хмеля, где плавают красные глаза пьяниц и пахнет свалками. Это была ничтожная, нелепая месть дикаря ушибившему его дереву.

II

Когда последний рабочий торопливо обогнал полировщика, стремясь к горшку с кашей и сну, – полировщик свернул с тропы и углубился в темноту леса, путаясь в серых от росы кустах и кочках, покрытых упругим мохом. Он выдумал кое-что и хихикал, улыбаясь новизне положения. Один день отсрочки казался ему блаженством: ночь в лесу, день на работе, и только завтрашний вечер оскалит румяный рот на окна подвала, где будет вопить взлохмаченная, костлявая, плоскогрудая женщина, требуя денег. Да, он решился переночевать в лесу. Подходящие к случаю пословицы прыгали в голове. День да ночь – сутки прочь. Летом каждый кустик ночевать пустит. Лег – свернулся, встал – встряхнулся.

В глубоком молчании тишины прозвучал отрывистый, тупой звук, охнуло эхо, и все стихло. И стало еще тише, чем раньше. Полировщик остановился, прислушался, лениво махнул рукой и снова побрел, тяжело придавливая сапогами скользкую хвою. Он мог бы, конечно, лечь просто там, где стоял, но ему все время казалось, что впереди, шагов за пять – пятнадцать, приготовлено какое-то место поудобнее. Но это был просто лес – трава, корни, кусты и кочки.

Он шел, пока не споткнулся, сунувшись на четвереньки, лицом в мелкий рябинник. Руки его уперлись в мягкое, податливое; ноготь скользнул по пуговице. Толчок был довольно силен, и полировщик выпрямился скорей, чем упал, приготовляясь на всякий случай к возражению действием.

Лежащий безмолвствовал. Мало того – он даже не захрапел и не перевернулся на другой бок, как это принято у порядочных пьяниц, когда их тревожат.

– Ох, сердце мое! – сказал испуганный полировщик, хватаясь за левый бок, и стал искать спички. Они у него были раньше, а теперь упорно не находились...

– Почему же нет спичек? – обиженно спросил полировщик. – А были хорошие спички, пороховые. Спички, которые в жилетном кармане – и сбегли! Вот покури теперь тут, кузькина мать, покури!

– Хорошо, – продолжал он после некоторого размышления. – Я, представьте, иду ночью – и ежели еще в потемках пьяное туловище спящее, то я без спичек не могу осветить его физиономии! Спишь! Спи, спи, приятель, до сладостного утра. Где ты, там и я. Жилеточку постелю, пиджачком накроюсь, чтобы, значит, дух теплый из глотки под мышки шел, а в головы, с вашего позволенья, пьяное благородие, сунем кустик. Так оно все и выйдет.

И, разговаривая, он стал укладываться, довольный близким соседством пьяного, но живого тела, быть может, знакомого слесаря или литейщика, с которым завтра они будут таращить друг на друга заспанные глаза, вздрагивая от резкого холода. Прежде, чем лечь, он ткнул спящего в бок и, стоя на коленях, долго прислушивался к хриплому, рвущемуся дыханию. А тот был неподвижен и молчалив.

III

Полировщику не спалось. Тьма беззвучно клубилась перед его глазами; хвоя колола шею; он вертелся, вздыхая и охая, как самый добродетельный человек, мучимый совестью за кражу в детстве соседского яблока. Тысячи ушей выросли на его голове; телом, сапогами и брюками, даже последней пуговицей ловил он разнообразный шепот леса, микроскопические звуки тишины, сонные голоса ночи. Вкрадчивая, напряженная тревога смотрела ему в глаза густым мраком. Рядом хрипел пьяный.

Полировщик, поворочавшись минут пять, лег на спину. Душная, смолистая сырость распирала его легкие, ноздри, прочищенные воздухом от копоти мастерской, раздувались, как кузнечные меха. В грудь его лился густой, щедрый поток запахов зелени, еще вздрагивающей от недавней истомы; он читал в них стократ обостренным обонянием человека с расстроенными нервами. Да, он мог сказать, когда потянуло грибами, плесенью или лиственным перегноем. Он мог безошибочно различить сладкий подарок ландышей среди лекарственных брусники и папоротника. Можжевельник, дышавший гвоздичным спиртом, не смешивался с запахом бузины. Ромашка и лесная фиалка топили друг друга в душистых приливах воздуха, но можно было сказать, кто одолевает в данный момент. И, путаясь в этом беззвучном хоре, струился неиссякаемый, головокружительный, хмельной дух хвойной смолы.

Полировщик лежал, слушая, как глухо, с замираниями и перебоями, стучит его сердце, отравленное алкоголем. Томительное волнение боролось в его душе с дремотой. Сон убежал вдруг, большими, решительными скачками; мысли, похожие на шелест ночного ветра, наполнили голову; тонкая, капризная грусть стеснила волосатую шею. Полировщик вздыхал, охал; темные невысказанные желания распирали его. В траве, резко отделенные ничтожным пространством, ползли сосредоточенные, извилистые шорохи.

Сперва ухо поймало два или три из них, но потом их прибавилось; невидимая армия насекомых пробиралась в стеблях и хвое, снуя по всем направлениям, и чудилось, что тихо, чуть слышно, звенит трава. Измученный смех совы просыпался в глубине леса. Вслед за этим детский, отчаянный плач зайца резнул ухо и смолк. Прошла минута безмолвия; где-то поблизости разбуженная, маленькая, как орех, синкагайка пропела печальным, милым, отрывистым свистом, фыркнула крыльями и утихла. Кукушка подала голос, ее отчетливые, мелодичные восклицания звучали подобно металлическому шарику, подскакивающему на медном подносе. И с недалекой реки жалобной флейтой пропел кулик, вспархивая над сонной водой.

– Мать честная, отец праведный! – сказал полировщик. – Одно беспокойство, а не то, чтобы что-нибудь.

Нестройная армия воспоминаний маршировала в его возбужденной голове. Палящий, краснощекий, голубоглазый деревенский зной полудня вспыхнул и закружился ослепительным светом. Уютный простор полей пестрел крыльями голубей, лохматыми, увядающими снопами и движущейся вереницей красных бабьих платков. Синяя жидкость озер среди зеленых, плюшевых отворотов осоки.

Крупное дыхание вспотевших лошадиных тел, темные силуэты людей на фоне красной зари. Божественный, великолепный запах земли, сладкий, как только что подоенное молоко, и острый, как запах женщины!

Но это были только расстроенные нервы. Душа этого человека, разбуженная лесом, тянулась к земле, свободной от унылого буханья машинных прессов и мелкой железной пыли, отравлявшей растительность. Он испытывал тяжелое, бессознательное, хныкающее страдание и умиление перед неизвестным, трогающим его щедрой мощностью сил, брызжущих во все стороны, как кровь из раненого, полнокровного тела. Он только сказал, вспоминая слова песни:

Хорошо бы во лесочке Под-оехать ко милочке...

К себе он чувствовал сладкую, тягучую жалость и глубокую ненависть за все: нищету города и слякоть подвала, убийственный монотонный труд и золотушных детей. И за то, что никак не мог уяснить – чего же он хочет, и чего не хочет, и где же радость?

Крупное, трехэтажное ругательство выползло на его губы и скорчилось, придавленное безмолвием. Щеки полировщика вздрагивали, а слезящиеся, узенькие глаза скупо точили на них нудную, соленую влагу. Он повернулся лицом к земле и поцеловал ее в колючую хвою нежным, исступленным лобзанием, как целуют грудь женщины.

Но едва ли знал он, почему это так вышло: голова, проспиртованная суточным пьянством, одиночество, расстроенные вконец нервы...

Желтые лоскутки солнца, блеклая ржавчина сосновых стволов и пестрые, цветные лужайки. Небо еще бледно, заспано и холодновато-холодновато, как утренняя вода для горячего, после сна, лица.

Полировщик проснулся. Пробуждение его было резко от холодного воздуха, ночная сырость, постепенно проникая в одежду, копила там дрожь утреннего озноба; полировщик, содрогаясь всем телом, сел, застучал зубами и осмотрелся.

Пьяница лежал рядом, ничком. Тело его, одетое в приличный черный костюм, напоминало положением своим букву Т – раскинутые и согнутые в кистях, ладонями вверх руки. Его шляпа высовывалась из-под лица смятым краем, коротко остриженные, черные волосы смотрели на полировщика слепым взглядом затылка. Сохраняя в лице выражение осторожной предупредительности, полировщик нагнулся, взял руку соседа, испуганно подержал ее несколько моментов и выпустил, рассматривая круглыми, как пуговицы, глазами почерневшую кровь лица. Из-за уха к щеке лежащего тянулась запекшаяся, неровная полоса, и пьяный вчера – сегодня стал для полировщика трупом.

Опущенная рука хлопнулась на траву и, повернувшись, приняла

прежнее положение. Возле нее лежал револьвер, полузакрытый стеблями.

— Караул, — закричал полировщик, пятясь, как лошадь от узды. — Ай! Ай! Ай!

Весь в жару от волнения, он то подходил ближе, то оглядывался, топтался, кружась вокруг мертвого, охая бессмысленно, торопливо ругаясь. Труп казался ему обманщиком, чем-то вроде пройдохи, клянчащего на бутылку, и возбуждал в нем острое любопытство, смешанное с презрением.

— Дурак... ах ты господи! Дурак! — выпячивая губы, тянул он. — Руки на себя наложить, какие же это способы... а?

Бодрый от сна, он вспомнил, какой он хороший мастеровой, как его уважает начальство, как в следующую получку он непременно, непременно принесет домой все, решительно все, до одной копеечки, и почувствовал к мертвецу презрительную жалость, нечто вроде презрения мужика к барину, выпиливающему по дереву. Затем, струсив, что его могут увидеть здесь, возле трупа, поспешными, большими шагами зашагал в сторону, туда, где по просвечивающей среди деревьев тропе тянулись группы рабочих.

Монотонная ярость гудка будила окрестности. Пар насмешливо выдувал:

Для рабов - Ни полей, Ни цветов!

Человек, который плачет

— Не может быть...

— Вы шутите...

— Это арабские сказки.

— Однако это так... Повторяю... мне тридцать пять лет, и я до сих пор не знаю женщины.

Человек, взбудораживший наше мужское общество таким смелым, исключительно редким заявлением, стоял прислонившись к камину и сдержанно улыбался. Голубые, холодные глаза его смотрели без всякого смущения и, казалось, ощупывали каждое недоверчиво и любопытно смеющееся лицо.

Однако солидные манеры этого человека, интеллигентная внешность и спокойная уверенность голоса произвели впечатление, выразившееся в том, что возгласы утихли и в физиономиях отразилось напряженное, тоскливое ожидание целого ряда анекдотов и пикантных повестушек, приличествующих случаю.

После короткой паузы доктор Клушкин, человек очень нервный, очень веселый и очень несчастный в личной жизни, выпрямил

221

скептически поджатые губы, потянул носом и пристально посмотрел на девственника. Тот вежливо улыбнулся и коротко повел широкими плечами, как бы сознавая свою обязанность дать в данном случае надлежащие объяснения.

– Я с большим удовольствием слушал ваш разговор, – сказал этот господин, представленный нам хозяином под фамилией Громова, – и теперь действительно жалею, что молодость моя прошла... сухо. Собственно говоря, к чему бы делать мне такое признание. Но бывают минуты, когда случайные стечения обстоятельств, случайный разговор, анекдот зажигают желания и дразнят тело, наполняя его бессознательным тяготением к этой стороне человеческой жизни, жгучей, таинственной и...

– Да, но позвольте, – сухо перебил доктор, нервно ерзая на стуле и вскидывая пенсне повыше. – Вы говорите, что вы... ну, одним словом... вполне.

– Совершенно.

– И – никогда?

– Всецело.

– Ни-ни..?

– Могу вас уверить в этом.

Доктор вдруг побагровел, прыснул и хихикнул так громко, что сконфузился сам. Снисходительно улыбнулись остальные.

Дело происходило в курительной комнате богатого инженера, после хорошего обеда и основательной выпивки. Дамы перешли в гостиную, а мы, люди тугого кошелька и веселого расположения духа, удалились сюда, отчасти для пищеварения, отчасти для того, чтобы выкурить по сигаре и поболтать, пока не приготовят столы для карт. Надо сказать, что заявление Громова пришлось как нельзя кстати. Запас нескромных анекдотов уже иссякал и теперь явилась большая надежда воскресить угасавшее оживление...

– Скажите... э-э... – спросил доктор, отделавшись от душившего его смеха: – вы развиты нормально?

– Да.

– Влюблялись?

– Конечно.

– И...

– Как видите.

Сказав это, Громов отряхнул пепел сигары на каминную решетку и полузакрыл глаза. Доктор встал, шумно отодвинул стул, подошел к Громову и, взяв его двумя пальцами за пуговицу сюртука, сказал печальным подвыпившим голосом:

– Вредно-с. Вы расстраиваете себя, свой организм, губите умственные способности... Да-с...

– Ну что же, – улыбнулся Громов, – видно уж так мне на роду написано...

– Но, – сказал худой плешивый фельетонист, похожий на картонного Мефистофеля, – но... почему же? Это же странно... Красивый, здоровый человек, умный...

– О, – смутился Громов, и лицо его приняло виноватый оттенок, – дело очень просто... Я не имею успеха.

– Да, – обрадовался толстый учитель, заикаясь и причмокивая. – Я пп-они-мм-аю вас... Вв-ы... ззз-астенчивы... а-а... жж-енщины... этт-ого н-не-ллю-ббят...

– Да. Я застенчив и, представьте, застенчив как-то болезненно. Одна мысль о том, что мне могут засмеяться в лицо, обливает меня с ног до головы холодным потом.

– И..? – хихикнул фельетонист.

– Ну... и идешь себе прочь.

Все дружно расхохотались.

– А я хотел бы, – вздохнул Громов. – Хотел бы знать, что такое страсти, супружество, весь этот особый таинственный мир, скрытый от меня...

– Позвольте, – заволновался пивовар, жирный и необычайно кроткий человек с глазами навыкате. – Если вы хотите – я...

Он, грузно пыхтя, протискался между стульев и, подвалившись к Громову, таинственно зашептал ему что-то на ухо. Физиономия пивовара выражала сладостное и блаженное самоуглубление в тайны жизни. Громов серьезно усмехнулся и кивнул головой раза два. Но у пивовара, когда он отошел, в кротких масляных глазах изображалась полная огорошенность.

Художник сидел, все время склонив на бок черную, кудрявую голову, и в его раскрасневшемся от вина лице таилось вдохновенное глубокомыслие. Вдруг он встряхнулся, ударил рукой по колену и закричал:

– Меня убили. Ха-ха. Убили. Ну, ей богу же, я не вру... Женщины. Женщинами полон свет. Они везде. Они как воздух, как вода, везде, на улицах, площадях, в театрах, подвалах, кафе. В церквах, лугах и лесах. На крышах. На чердаках. На башнях. На колокольнях. Под ногами, над головой. И вы не знаете женщины?.. А... Чудеснейшего, любопытнейшего, святейшего, развратнейшего существа в мире вы не знали? А духи вы нюхали? Цветы целовали? В лесу гуляли? Наконец – ели, пили, спали? Так как же вы не знаете жен-щины..?

Он остановился, перевел дыхание и посмотрел на Громова, стараясь придать взгляду торжественную строгость, но это не удалось. Его пухлые, румяные губы расплывались в жизнерадостную улыбку, а глаза лукаво смеялись лукавыми блестками.

– Постойте, – воскликнул доктор. – Это ненормальность, несправедливость. Как так. Да есть же, наконец, женщины... жрицы любви. Хе. Что вы, в самом деле...

Громов пожал плечами.

– Боюсь, – сказал он. – Ну, что вы будете делать.

– Да-а, – протянул фельетонист, ковыряя в зубах, – вы того... действительно незадачливый... Ну, а как... в теории-то... вы представляете... того...

– Д-да, конечно... но... Я как-то избегал вообще всякого общества и... Вообще, у меня большие пробелы в этом отношении...

– Слушайте, господа, – сказал доктор, воодушевляясь и подымая вверх пухлый, белый палец, – вот перед нами человек который... не смеется, а... плачет. Но, клянусь вам, в моей практике был такой случай...

Захлебываясь и горячась, он рассказал нам своим скрипучим, нервным голосом историю о том, как он заставил жениться одного человека, дав ему прочесть скабрезный роман.

Рассказ то и дело прерывался громкими одобрительными возгласами. Но после этого фельетонисту тоже захотелось рассказать что-нибудь из этой области, и он, еле дав доктору кончить, пустился в необыкновенное фантастическое повествование о бесчисленных совращениях, романах, изменах во всех частях света.

Скоро заговорили все. Сочинялись небывалые истории, никем и никогда не слышанные анекдоты; упоминались имена несуществовавших женщин, сверхтрогательные идиллии и любовные объяснения, в которых рассказчик неизменно участвовал сам, соблазнял, похищал и покупал. Присутствие человека, никогда не знавшего женщины и, следовательно, завидующего всякому поцелую, полученному другим мужчиной, действовало пришпоривающим образом. Каждый хотел, чтобы ему, именно ему, а не другому, завидовал Громов; чтобы его, именно его, рассказчика, женщины, рожденные фантазией в необычайном количестве, – казались желанными, прекрасными и доступными только тому, кто сочинил их.

Прошло немного времени, и пол, казалось, был сплошь усыпан осколками разбитых невинностей и супружеских честей. И только тогда, когда лакей пришел доложить, что столы готовы и нас, скромных отшельников, просят пожаловать – родник эротической поэзии иссяк. Забытый Громов стоял у камина и докуривал сигару.

В глазах его сверкало живейшее, искреннее любопытство.

– Так вот, батенька, – сказал доктор, подмигивая и тыча Громова в жилет указательным пальцем, – такое дело... Ну, идемте... Ну, идемте... А кстати, я представлю вас Нине Алексеевне... да вы ее знаете... Нет? Ба, простите, совсем забыл, что вы приезжий... Ну – это... знаете, я вам доложу... По секрету: три года назад хотел из-за нее стреляться... Как честный человек...

Все тронулись и, войдя в гостиную, увидели несколько новых, незнакомых лиц, а между ними – и женщин.

А когда навстречу Громову поднялась красавица в белом шелковом платье и крепко пожала его почтительно протянутую руку, Громов сказал, улыбаясь и смотря в сторону...

– Господа... позвольте представить... моя жена.

Я с некоторым любопытством посмотрел направо и налево. Там, где секунду назад стояли фигуры наших недавних собеседников, – виднелись окаменевшие, шире обыкновенного раскрытые рты.

И только учитель спросил, беспомощно двигая челюстями:

– Кк-ак..? Вв-а-шш-а жж-ена..?

Список